高校乒乓球教学与训练研究

刘子强 著

吉林摄影出版社
·长春·

图书在版编目（CIP）数据

高校乒乓球教学与训练研究 / 刘子强著. －－ 长春：吉林摄影出版社，2022.8

ISBN 978-7-5498-5489-9

Ⅰ. ①高… Ⅱ. ①刘… Ⅲ. ①乒乓球运动－体育教学－教学研究－高等学校②乒乓球运动－运动训练－研究－高等学校 Ⅳ. ①G846.2

中国版本图书馆 CIP 数据核字（2022）第 166647 号

高校乒乓球教学与训练研究

GAOXIAO PINGPANGQIU JIAOXUE YU XUNLIAN YANJIU

著　　　者：刘子强
出 版 人：车　强
责任编辑：罗　晗
封面设计：刘　华
开　　　本：787mm×1092mm　1/16
字　　　数：304 千字
印　　　张：12.25
版　　　次：2022 年 8 月第 1 版
印　　　次：2022 年 8 月第 1 次印刷
出　　　版：吉林摄影出版社
发　　　行：吉林摄影出版社
地　　　址：长春市净月高新技术产业开发区福祉大路 5788 号
　　　　　　邮编：130118
网　　　址：www.jlsycbs.net
电　　　话：总编办 0431—81629821
　　　　　　发行科 0431—81629829

ISBN 978-7-5498-5489-9　　　　定　价：48.00 元

版权所有　侵权必究

前　言

乒乓球被誉为中国的"国球"，乒乓球运动是集健身、竞技、娱乐于一体，具有球体小、速度快、变化多、设备简单、趣味性强、不受参与人群年龄和性别限制等特点的一项运动。经常参与乒乓球锻炼可以对心血管系统和呼吸系统的机能进行有效调节，促进速度、灵敏、协调、力量等身体素质的发展，有利于培养运动者沉着机智、顽强拼搏的良好心理素质和意志品质。因此，它是我国广大人民群众喜闻乐见的体育项目，同时也是各高校开展较为普遍的运动项目之一。中国的乒乓球运动在世界乒乓球竞技领域中长期占据霸主的地位，同时也成了引领世界乒乓球运动发展的带头人。随着社会的不断进步，以及全民健身的不断普及，乒乓球运动在学校体育教育中同样占有非常重要的地位。现阶段，各级教育部门已将乒乓球运动作为体育课的基本内容而列入教育计划，高等体育院校把乒乓球运动作为一门学科，高等普通院校则将乒乓球运动列入公共体育选修课中。由此可见乒乓球运动在我国高校体育中的地位举足轻重。

高校乒乓球运动的发展不仅要以乒乓球教学为主要着眼点，还要以高校乒乓球高水平运动队的发展为突破口，让专业乒乓球运动员进入大学深造，学习知识，提高文化水平，在专项能力与知识储备上形成相互助力的关系，延长运动寿命。这有助于营造良好的运动氛围，激发更多学生参与乒乓球运动的热情，提高学生学习的积极性，为乒乓球教学的发展创造良好条件。总之，高校乒乓球的发展对专业运动员、高校乒乓球乃至整个乒乓球事业的健康持续发展都有重要的现实意义。为了进一步加深乒乓球运动在学校的普及程度，同样也为了让更多人了解并且熟悉乒乓球运动，本书整合了乒乓球运动的基本知识以及现实训练和比赛中应该注意的问题，以便大家在学习和训练的时候有所参考。在深入阐述乒乓球运动各方面的同时还有效地结合乒乓球比赛的组织方法等内容，在实用性方面具有很大的价值，使高校学生能够在体育选修课中吸收更多的乒乓球运动的营养，从而喜欢乒乓球运动，更加热衷体育活动。

本书共分十一章，第一章着重阐述乒乓球运动的基础知识与发展，以初步了解乒乓球运动，并为后面的研究奠定基础。第二章从高校乒乓球运动的教学任务、教学原则、教学文件的制订以及高校乒乓球课程的组织与考评方面对高校乒乓球运动教学的基础理论体系作了研究。第三章探讨了高校乒乓球运动教学模式的改革与创新，为高校乒乓球教学的开展提供理论指导，提高乒乓球教学的科学性与有效性。第四章为乒乓球运动技术学练实践指导。第五章为乒乓球运动战术学练实践指导。第六章重点研究了高校乒乓球运动项目的的科学训练研究。第七章从乒乓球运动竞赛的组织、规则、抽签与编排方面研究了高校乒乓球运动竞赛。第八章对高校乒乓球游戏运动的具体分类作了阐述。第九章探讨了高校乒乓球健身运动的保健养护。第十章论述了高校高水平乒乓球运动队的综合训练及其管理。第十一章探讨了高校乒乓球健身运动的研究意义。

编者的学识与经验有限，在编写时，幸得诸多专家学者的热心指导和大力支持，在此一并向这些学者和专家致以由衷的敬意和深深的感谢！由于时间仓促，书中难免有所疏漏，望读者能够给予批评指正。

作　者
2021 年 9 月

目 录

第一章　乒乓球运动概述 ··· 1
　第一节　乒乓球运动的起源 ·· 1
　第二节　中国乒乓球技术的发展历程 ····································· 4
　第三节　乒乓球运动的组织机构和赛事情况 ··························· 8

第二章　高校乒乓球运动教学的基础理论体系研究 ··················· 17
　第一节　高校乒乓球运动的教学任务 ··································· 17
　第二节　高校乒乓球运动的教学原则 ··································· 17
　第三节　高校乒乓球运动教学文件的制订 ····························· 19
　第四节　高校乒乓球课的组织与考评 ··································· 23

第三章　高校乒乓球运动教学模式的改革与创新 ······················ 33
　第一节　体育教学模式在乒乓球运动教学实践中的运用及效果 ·· 33
　第二节　高校乒乓球运动教学中的几种常见模式 ···················· 36
　第三节　高校乒乓球运动教学模式改革创新的整体思路 ··········· 40
　第四节　多种创新教学模式在高校乒乓球教学中的应用探讨 ····· 41

第四章　乒乓球运动技术学练实践指导 ··································· 47
　第一节　乒乓球运动无球技术学练指导 ································ 47
　第二节　乒乓球运动有球技术学练指导 ································ 51

第五章　乒乓球运动战术学练实践指导 ··································· 65
　第一节　乒乓球运动战术概述 ·· 65
　第二节　乒乓球运动基本战术学练指导 ································ 71
　第三节　乒乓球运动双打战术学练指导 ································ 77

第六章　高校乒乓球运动项目的科学训练研究 ·························· 81
　第一节　高校乒乓球运动训练的目的和发展情况 ···················· 81
　第二节　高校乒乓球运动训练的原理和方法研究 ···················· 86
　第三节　高校乒乓球运动的科学训练和教学管理 ···················· 90

第七章　高校乒乓球运动竞赛 … 95
　　第一节　乒乓球运动竞赛的组织 … 95
　　第二节　乒乓球运动竞赛的规则 … 103
　　第三节　乒乓球运动竞赛的抽签与编排 … 106

第八章　高校乒乓球游戏运动 … 115
　　第一节　单人趣味游戏训练 … 115
　　第二节　双人趣味游戏训练 … 116
　　第三节　多人趣味游戏训练 … 118

第九章　高校乒乓球健身运动的营养需求 … 121
　　第一节　乒乓球健身运动与营养 … 121
　　第二节　乒乓球健身运动与合理膳食营养 … 144
　　第三节　乒乓球健身运动膳食的最优化方案 … 147
　　第四节　乒乓球健身运动易损伤的部位 … 149
　　第五节　造成运动损伤的原因 … 152
　　第六节　运动损伤的预防与紧急处理 … 155

第十章　高校高水平乒乓球运动队的综合训练及其管理 … 161
　　第一节　高校乒乓球运动员体能与身体功能训练 … 161
　　第二节　高校乒乓球运动员心理训练 … 164
　　第三节　高校乒乓球运动队训练的管理方法与机制创新 … 165
　　第四节　高校乒乓球运动队训练管理的发展建议 … 167

第十一章　高校乒乓球健身运动的研究意义 … 169
　　第一节　高校学生身体健康现状 … 169
　　第二节　乒乓球运动在高校的开展状况与趋势分析 … 176
　　第三节　高校乒乓球健身运动开展的时代意义 … 185
　　第四节　高校乒乓球健身运动运行机制的构建 … 186

参考文献 … 189

第一章　乒乓球运动概述

乒乓球运动起源于19世纪80年代前后，到现在为止，已经经过了一百多年的发展。在这一百多年的发展进程中，乒乓球运动逐渐由一种民间的游戏活动变为现代的竞技体育运动，传播的范围也越来越大，从最早的区域限制发展到现代的全球性体育活动。

分析乒乓球运动发展过程，有2个因素始终起着重要作用：竞技制度安排和乒乓球技术的发展。它们的基本关系是：乒乓球项目组织通过竞赛方法制定、赛事安排以及训练条件的提供，能够保证乒乓球运动技术的发展以及确定今后乒乓球的发展方向，乒乓球技术的发展以及创新同时又促进了乒乓球竞技制度的不断完善。

第一节　乒乓球运动的起源

一、乒乓球运动的起源

（一）游戏阶段

关于乒乓球运动的起源，我国目前较为一致的观点是，乒乓球运动在19世纪末创始于英国，从网球运动派生而来。

1880年，英国的一家体育器材公司刊登的乒乓球器材广告上出现了最早关于乒乓球运动的文字记载，当时这项运动还不叫"乒乓球"，而是以"高西马""弗利姆·弗拉姆"等名称在英国盛行。最初的这项运动作为一种游戏，并没有统一的规则。

根据文献记载，19世纪末，英国的一些大学生在室内以餐桌作为球台，用书排一排或者在两把高背椅之间拉一根线作为球网。在单局记分上，有10分或20分一局的，也有50分或100分一局的。

对球拍的大小和样式也没有统一的规定。最初的球拍，是两面贴有羔羊皮纸的空心球拍，球拍的长度类似小的网球拍。发球时很随意，可像打网球似的将球直接发到对方台面，亦可把球先发到本方台面再跳至对方台面。最初使用的球是在橡胶或软木实心球外部包一层轻而结实的毛线，这种游戏很像是在桌上打网球，故而也有人称其为"桌上网球"（Table Tennis）。

1890年，英国一位著名越野跑运动员詹姆斯·吉布从美国带回了一些用赛璐珞制成的空心玩具球，弹跳力很强，于是产生了用小球代替软木球和橡皮球的想法。由于这些球打起来发出"乒乓"的声音，故称为"乒乓球"。因英国乒乓球协会发现"乒乓"二字是商业注册商标，因此成立了"桌上网球"协会，并一直沿用至今。汉语中的乒乓球是从声音上得名，日本称"桌上网球"为"桌球"。

1900年，英国成立了乒乓球协会，同年12月，在伦敦皇后大厅举行了英国第一次乒乓球比赛，参赛者三百余人，开创了乒乓球比赛的历史。

1905年，乒乓球运动相继传入奥地利、匈牙利及整个欧洲，尔后逐步扩展到埃及等非洲国家。

这一时期，乒乓球运动尚处于游戏阶段，体现的基本特征是：乒乓球运动尚无统一的竞赛规则；处于普及、传播阶段，各国尚未成立乒乓球协会，也没有一个国际性的组织机构；比赛次数和比赛时间都不固定；乒乓球运动自身项目特征也不明显，有明显的网球运动移植痕迹。

（二）竞技运动项目阶段

1918年之后，欧洲许多国家相继成立了乒乓球协会，乒乓球比赛开始在国家间展开，这在促进乒乓球技术水平提高的同时，也为国际乒乓球组织的建立奠定了基础。

1926年1月，在柏林举办的一次乒乓球邀请赛期间，应德国勒赫曼博士的倡议，相关人员在德国柏林网球俱乐部召开了一次关于建立乒乓球国际组织的座谈会，会议决定成立"国际乒乓球联合会"（简称"国际乒联"），并委托英国乒协举办第一届欧洲乒乓球锦标赛。

国际乒联决定将"第一届欧洲乒乓球锦标赛"更名为"第一届世界乒乓球锦标赛"，由此树立了世界乒乓球历史上第一个重要的里程碑，揭开了乒乓球运动新的发展篇章。

1926年12月12日，国际乒联会议代表召开了第一次全体会议，会议决定每年要举行一次世界乒乓球锦标赛。

1940—1946年，世界乒乓球锦标赛因第二次世界大战而中断。

1957年，第24届世界乒乓球锦标赛之后，国际乒联将其改为每两年举办一届。

1980年，国际乒联创办了乒乓球运动的另一大赛事——世界杯乒乓球比赛，规定每年举办一届。

1988年，乒乓球成为奥运会的正式比赛项目，比赛最初设男子单打、女子单打、男子双打、女子双打共4个项目。

2008年北京奥运会上，将男、女双打改为男、女团体，项目总数未发生改变。

2000年，世界乒乓球锦标赛的团体项目和个人项目开始分时、异地举办。

截至2011年，世界乒乓球锦标赛共举办了51届。

1927年，中国第一次参加正式的国际乒乓球比赛。

1949年，新中国成立后，中国乒乓球协会在北京正式成立。

这一时期，乒乓球已成为正式竞技运动项目，体现的基本特征是：成立了国际性协会组织，制定了国际乒联章程，制定了统一的比赛规则，定期举办世界大型赛事。

二、乒乓球运动的发展

乒乓球从游戏到竞技体育项目，经历了几个重要的发展阶段。

（一）欧洲国家称霸世界乒坛

1926—1951年，乒乓球运动在欧洲发展较快，参赛队主要来自欧洲各国。此间共举行了18届世乒赛，先后共产生117个冠军，其中匈牙利获得了57.5个冠军，捷克和斯洛伐克获得了25.5个冠军，英国获得10个冠军，美国获得8个冠军。这一时期欧洲选手在世界乒坛占有绝对优势。

这一时期的主要打法是削球，削球的指导思想就是在进行乒乓球比赛的时候，一定要尽量减少自己的失误，尽可能让对手增加失误的次数。由于比赛没有时间限制，所以多次出现"马拉松"式的乒乓球比赛。如第10届，奥地利与罗马尼亚的男子团体决赛竟打了三天之久；波兰的欧立克与罗马尼亚的巴奈斯，为争夺1分球竟用了2.5个小时。

第11届世乒赛后国际乒联对比赛规则进行了修改，球台增长，球网降低，球改为硬球，规定比赛时间，禁止用手指旋转球的那卡尔式发球。规则的改变和器材的变革有力地促进了乒乓球技术的发展，减少了比赛时间，开辟了新技术、新打法的道路，削攻结合的打法开始发展起来，并且出现了一些以攻为主的选手。

（二）日本队震惊世界

1928年日本乒协加入国际乒联，并且于1952年参加了世乒赛，在这届世乒赛中日本夺得了男单、男双、女双和女团4项冠军。虽然日本队只有三男两女五名运动员参加，他们手握海绵球拍，采用直拍全攻型打法，却连续击败了许多欧洲削球名将，使世界乒坛大为震动。这一时期共举行了7届世乒赛（第19～25届），产生了49个冠军，日本队夺走24个。自此之后，亚洲逐渐在世界乒坛中占据优势。

（三）中国队后来居上

在1958年前后是日本的长抽打法最为鼎盛的时期，但是中国运动员利用自己的快攻打法获得了第25届世乒赛的男子单打冠军，这次冠军的获得也为中国获得了第一枚世界冠军的金牌。

20世纪60年代共举行了5届世乒赛，中国队仅参加了3届（第26、27、28届），共获得21个冠军中的11个。具有"快、准、狠、变"独特风格的中国近台快攻打法，把世界乒乓球运动推向了一个新的发展阶段。

（四）欧洲复兴，中国队重整旗鼓

自乒乓球项目从1988年进入奥运会以来，欧洲乒坛职业化迅速发展，加上大批前中国国手的加入，极大地促进欧洲乒乓球技术的发展。在 1989 年的第 40 届世乒赛上，中国队陷入低谷，男队不仅丢了团体冠军，连男单和男双的桂冠也被别国所夺。

在第 41、42 届世乒赛上，欧洲运动员连续获得了男子团体和男子单打的冠军。中国女队痛失第 41 届团体冠军，第 42 届女子单打只有一人进入半决赛，这是中国女队 14 年来第一次在单打比赛中未能进入决赛。"世界打中国"成绩卓著，欧洲队领先 5~6 年。

（五）中国队走向辉煌

在 1995 年的第 43 届世乒赛上，中国队再次囊括了 7 项冠军，又一次从低谷中奋起，重攀世界高峰。

在第 44、45 届世乒赛上，中国队都夺得 6 项冠军。

在第 26、27 届奥运会上，中国队连续两次获得"大满贯"。

在 21 世纪开始的第 46 届（2001 年）世乒赛上，中国队再一次囊括 7 项冠军，再创世纪辉煌。

在第 47 届世乒赛上，中国队夺得 6 项冠军。

在 2004 年第 28 届奥运会上，中国队获得了女子单打、男子双打、女子双打 3 项冠军。

在第 48、49 届世乒赛上，中国队又获得"大满贯"。

在第 51 届世乒赛上，中国队再获"大满贯"。

在第 52 届世乒赛上，中国队夺得 6 项冠军。

第二节 中国乒乓球技术的发展历程

五十多年以来，中国的乒乓球运动一直保持着世界先进的水平，同时也是我们国家运动项目上的"常青树"。乒乓球运动作为体育竞技中一个非常典型的现象，备受世界瞩目。乒乓球这一运动项目的成功是多种因素综合的结果。

讨论中国乒乓球技术的发展，涉及的主要论题是：中国化的乒乓球技术和训练竞赛制度安排问题。

一、乒乓球技术中国化的进程

所谓的乒乓球技术中国化主要是指在乒乓球运动中很多技术动作、打法甚至是在技术工具以及指导思想上的中国化。

真正开始的乒乓球技术的中国化是在 1952 年举行的第一届全国乒乓球比赛中，在经过了这次比赛的磨炼和洗礼，很多运动员都形成了各自的技术风格，有三种中国化的乒乓球技术，为中国乒乓球技术在世界乒坛中的发展和霸主地位奠定了良好的理论和实践基础。

（1）1950年前后的乒乓球技术中的握拍方法和站位逐渐向中国化靠拢。

（2）在1958年和1970—1980年两个历史时期中，乒乓球球拍的性能逐渐向中国靠拢。

（3）19世纪50年代末，乒乓球进攻技术的中国化。

（一）站位和握拍

在站位的时候，中国的运动员的站位和欧洲以及日本人运动员的站位相比，中国运动员的站位离球台更近一些。在20世纪的50年代前后，中国乒乓球运动员离球台的距离大概在40厘米。

在握拍的时候，中国运动员没有沿用当时比较先进的日本式握拍方法，而是根据自己的特点研究出了适合自身发展的直握球拍方法。

这种握法兼顾正手进攻和反手推挡在技术上的需要，放在球拍背后的3个手指呈半弧型，握拍的食指和拇指可以根据正反手技术的需要进行调整，并把这种握法和近台站位结合起来。

在1957年前后，直拍近台快攻技术逐渐兴起，正是由于这种打法的存在，让中国乒乓球在世界乒坛中始终处于领先的地位，与此同时，中国还创造性地发明了直拍削球打法的握拍方法。

中国运动员在学习日本和欧洲人关于乒乓球的站位技术和握拍技术时，没有模仿他们中远台站位和直拍的日本式握法，而是形成了中国人自己的技术风格。

在引进乒乓球技术时，中国运动员能够对乒乓球技术从乒乓球竞技的本质进行理解，这是中国乒乓球技术发展能够走出一条自己的并且是成功的道路的根源。他们发现了乒乓球制胜的一个关键性要素——"速度"。

其实这一点与欧洲人认为的制胜的关键是"旋转"，以及日本人认为的制胜的关键是"力量"有根本性的不同，所以，在进行技术的引进和学习的过程中，并不是简单的模仿他们的形式，而是要以"快"为核心，真正消化和吸收他们的站位以及握拍技术，并形成了完全中国化的技术形式。近台站位技术的形成，一直深刻地影响着世界乒乓球进攻型技术打法。

（二）球拍性能

1957年，日本人发明了海绵正贴胶皮拍和海绵反贴胶皮拍。日本运动员用它们来打中远台长抽进攻，中国运动员则用正胶海绵拍打近台快攻，并形成了直拍正胶快攻打法。

正胶球拍和中国的近台快攻的结合，可以说是乒乓球技术中国化比较突出的表现。中国运动员发现了正胶海绵拍与近台快攻的天然关系，1959年中国夺得了世界冠军，本次冠军的获得证明了两种打法结合的成功，在今后二十多年的时间里，出现了很多运用该技术获得世界冠军的人。

事实上人们已经把正胶和直拍近台快攻打法等同起来。在胶皮拍和海绵拍的时代，中国运动员尝试了在近台采用进攻的打法，这就是正胶能够成为近台快攻打法得力工具的主要原因，而中国运动员又使正胶海绵拍这个技术工具发挥出了它本质的功能。

与正胶海绵拍近台快攻打法不同的是，日本运动员在反胶海绵拍上打出弧圈球技术时，我国当时没有与反胶球拍相应的进攻性的技术打法。

如果用反胶球拍打快攻，速度比较慢，不如正胶有利；如果学习当时的弧圈球技术，动作比较大速度比较慢，如何坚持近台快攻成为问题。

中国尝试学习弧圈球技术是以 20 世纪 60 年代的余长春和 70 年代的刁文元为代表，可以说是一种尝试性的学习和摸索中的发展。

在使用两面不同性能球拍的技术打法方面，蔡振华又使其有了新的发展和变化，他的两面不同性能球拍的反手面是由奥地利人发明的防弧圈胶皮，正手面是反胶，他把这种球拍和中国快攻技术打法中前三板技术结合起来，具有非常强的得分能力。

（三）近台快攻

1960 年前后，中国运动员有效地结合站位、握拍和直拍正胶海绵拍这三个要素，对乒乓球的进攻技术进行了本质上的改造，逐渐形成了以左推右攻和两面攻技术为标志的近台快攻技术。

近台快攻技术在当时是一个高起点的技术。具体原因分为以下几个方面。

1. 正确的握拍方式

在握拍方法上，中国运动员总结了日本运动员握拍方法的优缺点，认为直拍打法必须要兼顾正反手技术运用。即在技术发展中要考虑如何实现技术的全面发展。

2. 把控好速度

把对速度重要性的认识，变成实际的技术操作。改变欧洲运动员和日本运动员中远台的站位方式，站位靠近球台，在球的高点期甚至上升期击球。

这一点不仅对进攻有意义，对反手搓球、推挡技术同样有意义。即有了一种提高速度的具体操作手段。

3. 占据主动

在 50 年代，日本人运用海绵拍打中远台长抽进攻技术战胜了欧洲削球的技术，经过国人对这一现象的不断总结和分析，逐渐开始认识到主动性在比赛中的重要性，实现主动性的最好手段就是加快进攻，在加强进攻的同时，在进攻速度上要进一步加强。这也是对世界乒乓球技术发展的深刻性认识。

4. 灵活站位

中国运动员在注重对新工具的理解和运用上做得是比较出众的，他们在总结和利用正胶海绵拍优点的基础上，开创性地改变了自己的站位和握拍方式，最终找到了一种比日本运动员更具侵略性的进攻技术。

把近台站位、中国式握拍方法、正胶海绵拍与正手攻球、反手推挡技术结合起来，构建了中国式快攻技术体系的基础。

这个强调积极主动、快速多变的进攻性技术体系，包括了发球和抢攻技术、推攻技术、搓攻技术、拉攻技术和两面攻技术，这些围绕着以快速进攻为核心的主要技术内容。

使用直拍正胶打近台快攻是中国快攻技术体系的代表性技术，并成为传统打法。在近台快攻技术体系发展过程中，运用反胶球拍和不同性能球拍的运动员、采用横握球拍的运动员，也在积极主动和快速进攻的技术思想指导下，丰富和发展着近台快攻技术。

他们在不断创新中保持技术优势，以此来克服不同时期国外强手形成的技术冲击，并且形成了中国近台快攻技术的又一类型——非直拍正胶的近台快攻技术打法。

从20世纪70年代的刁文元、郁恩庭，80年代的郭跃华、施之皓，90年代初的邓亚萍、王涛、马文革，90年代后期的孔令辉、王励勤、马琳的弧圈球技术中，可以看到弧圈球技术和中国传统近台快攻技术打法逐步融合的过程。

他们的弧圈球技术是在传统近台快攻技术体系上成长起来的近台快攻技术。他们是传统近台快攻技术在乒乓球新技术时代中的新发展，可以称之为新近台快攻打法。

最终结果，产生和确立了中国乒乓球强国地位。乒乓球技术中国化的近台快攻技术体系是中国乒乓球技术在学习和发展中的一个重要成果，也可以说是中国竞技运动在学习和发展现代体育技术方面的一个成功典范。

二、训练竞赛制度的安排与中国乒乓球技术的发展

中国的乒乓球技术在不断发展的过程中，逐渐形成了一种具有中国特色的乒乓球技术，这种技术为中国乒乓球事业的发展奠定了良好的基础。它使得中国乒乓球技术更加具有秩序性和规则性，中国乒乓球运动训练的竞赛制度具有和世界上任何一个国家都不相同的运行机制。政策的制定以及管理体制的实施，有效地推动了乒乓球技术的发展。

（一）技术政策

技术政策的制定和实施在乒乓球技术发展的过程中，逐渐体现出了以下几点特征。

1. 技术政策制定的专家性

对于乒乓球的发展方向，相关的专家具有充分的决策权。

2. 技术政策的整合性

需要从各个角度去分析和考虑关于这些技术政策的整合性，把乒乓球技术的发展和国家的利益挂钩，最大限度地实现国家利益与乒乓球利益呈正相关的态势发展。

3. 技术政策的激励性

技术政策制定的专家性质，保证乒乓球技术发展中遵循技术发展规律。使技术训练能

够从现实情况出发。自 20 世纪 60 年代中国乒乓球兴起开始，乒乓球技术专家都直接参与了技术发展政策的制定，这对中国乒乓球技术持续发展发挥了关键性作用。

技术政策的整合性质，是指在技术政策上提出把"百花齐放、以我为主"所强调开放的技术环境以及抓住乒乓球制胜因素主要方面的技术发展策略和"国内练兵、一致对外"所强调的局部利益服从整体利益的技术政策统一起来。并强调"百花齐放、以我为主"的技术政策服务于"国内练兵、一致对外"的技术政策，目的是为国争光。

20 世纪 60 年代初期形成了中国式近台快攻技术打法，并成为当时世界上先进的技术打法。此后，为解决中国乒乓球技术如何发展，如何处理好传统技术和其他技术的关系问题，中国乒乓球队提出"兼容并蓄、形成特色"的技术政策。

随后又提出"国内练兵，一致对外"的技术政策，它是对前一个技术政策在技术目标方面的补充说明。它强调技术发展以国家利益为重，以为国争光为重，确保在国际比赛能够取得优异成绩。

"兼容并蓄、形成特色"的技术政策，使中国乒乓球事业得以朝着正确的方向前进，一定程度上避免了中国乒乓球技术的自我封闭，从根本上保证了中国乒乓球技术的发展。

所谓的技术政策的整合性主要是在我们国内建立起一个乒乓球圈子。在这个圈子中每个人会有各自擅长的技术，他们之间的相互交流和借鉴，无形中带动了乒乓球技术的发展，各种打法和技术相互融合，相互促进，能够最大限度地提高人们的乒乓球运动技术。

所谓的技术政策的激励性主要是制定出公平公正的训练竞赛制度，在进行运动员选拔的时候，尽量减少主观因素，任人唯贤，只要你有过人的技术，就可能被选拔上，对于那些成绩比较好的运动员，不努力一样会落后于人。在利益的分配上，要适当考虑优秀运动员的培养需要高水平的教练员，让乒乓球教练员的教授学员在成绩上分出高低，并决定是否受到奖励。

（二）管理体制

乒乓球管理体制的制定是为了能够在一定的框架内使技术政策变成实际的行动，并且这种实际行动是在管理体制的框架中稳步发展的。

我国乒乓球管理体制由两个方面组成：一是技术管理体制；二是国家队的管理体制。

第三节 乒乓球运动的组织机构和赛事情况

一、乒乓球运动的国际组织机构

（一）国际乒乓球联合会

国际乒乓球联合会于 1926 年 12 月在英国的伦敦成立，国际乒乓球联合会是由各个国家和地区的乒乓球协会组成的。

1. 国际乒乓球联合会宗旨

（1）确定奥运会的参赛资格，确定并维护乒乓球竞赛规则和国际竞赛规程，出版包括章程、竞赛规则和规程在内的规章的标准本。

（2）国际乒联的原则是行动一致、相互尊重，不得对任何组织和个人进行政治的、宗教的或其他任何形式的歧视。

（3）国际乒联遵守奥林匹克宪章中的基本原则，维护国际乒联的原则，发扬协会和运动员之间的友好精神。

（4）发展友好的体育比赛，消除不公正的行为和诸如服用药物来影响比赛成绩的非体育行为。

（5）协调各协会之间以及协会同其他团体之间的关系，继续提高乒乓球技术水平，并在全世界扩大乒乓球运动的影响。

（6）鼓励用其他文字出版规章并核对这些版本的准确性。

（7）资金的使用要有利于乒乓球运动的开展。

（8）促成和监督世界级比赛的举办。

2. 国际乒乓球联合会管理机构

国际乒乓球联合代表大会是国际乒乓球联合会的管理机构，也是最高权力机构。

3. 国际乒乓球联合会领导和部门设置

国际乒乓球联合会设主席1人，第一副主席1人，副主席6人（分别负责亚洲、非洲、欧洲、北美洲、大洋洲、南美洲工作），名誉司库和名誉秘书长各1人，均由代表大会选举产生。理事会在代表大会闭会期间处理国际乒联事宜，执行委员会处理日常工作，还有7个专门委员会负责其他事宜。

国际乒乓球联合会创立至今已有6位主席任职，首任主席是创始人之一伊沃·蒙塔古先生（英国），第二任主席是罗伊·埃文斯（威尔士），第三任主席是荻村伊智朗（日本），第四任主席是哈罗·哈马隆得（瑞典），第五任主席是徐寅生（中国），第六任主席是沙拉拉（加拿大）。

4. 国际乒乓球联合会的主要活动

国际乒乓球联合会的主要活动为每两年委托一个成员协会主办世界乒乓球锦标赛，同时、同地召开国际乒乓球联合会代表大会。此外，国际乒联每年还举行男子和女子世界杯比赛。为了适应市场化和职业化的需要，国际乒联于1996年推出了职业巡回赛。

（二）亚洲乒乓球联盟

1972年5月初，亚洲乒乓球联盟（Asian Table Tennis Federation，英文缩写"ATTF"，简称"亚乒联盟"）在中国北京饭店正式宣告成立。到目前为止，亚乒联盟共有会员协会四十多个。

亚洲乒乓球联盟的宗旨是增进亚洲地区人民和运动员之间的友谊，发展亚洲与其他各洲乒乓球界的友好联系，促进亚洲乒乓球运动的普及、发展和提高。

二、乒乓球运动的国内组织机构

(一) 中国乒乓球协会

中国乒乓球协会（Chinese Table Tennis Association，英文缩写"CTTA"，简称"中国乒协"）是具有独立法人资格的全国性群众体育组织。中国乒乓球协会是代表我国参加乒乓球项目活动的最高社会团体，是代表中国参加相应的国际乒乓球活动的唯一合法组织，也是国家体育总局乒乓球羽毛球运动管理中心的常设办公机构。

中国乒乓球协会是中华全国体育总会的团体会员，是中国奥林匹克委员会承认的全国性运动协会。该协会接受国家体育总局和民政部的业务指导与监督管理。

中国乒乓球协会于1953年3月正式加入国际乒联，从而使乒乓球成为新中国成立以后最早取得新时期体育组织国际代表资格的项目。同年，中国乒协首次派队参加了在罗马尼亚首都布加勒斯特举办的第20届世界乒乓球锦标赛。

中国乒乓球协会作为世界乒乓球大家庭的成员之一，多年来一贯支持国际乒联的工作，还向乒乓球运动不够普及的国家和地区选派了大量的教练员及其他技术人员，并提供了大量乒乓球运动器材，为世界乒乓球运动的普及和发展做出了巨大贡献。

1. 中国乒乓球协会的宗旨

(1) 在遵守国家宪法、法律和有关政策下，团结全国乒乓球工作者、运动员和积极分子，指导、发展我国的乒乓球运动，促进社会主义精神文明建设。

(2) 推动乒乓球运动的普及和技术水平的提高。

(3) 增进与各国乒乓球协会和运动员的友谊，加强与国际乒联和亚乒联盟的联系与合作。

2. 中国乒乓球协会组成

中国乒乓球协会下设6个专项委员会：教练委员会、裁判委员会、器材委员会、科研委员会、少年委员会、新闻委员会。

(1) 教练委员会职责如下：

①组织教练员理论探讨和业务交流。

②编写教练员教材。

③组织教练员培训。

④组织教练员观摩、学习和考察。

⑤负责各级国家队教练员的推荐和选拔。

⑥为各级国家队的组建、指导思想、训练、比赛、管理等提供建议。

（2）裁判委员会职责如下：

①审查、批准、公布《乒乓球竞赛规则》中文译本。

②组织管理裁判员队伍，制定有关的纪律和规定，由协会常务委员会批准后执行。

③编写裁判员教材。

④组织裁判员培训。

⑤审批国家级裁判员。

⑥指导和监督裁判员选派工作。

⑦向中国乒乓球协会推荐申报国际级裁判员名单。

（3）器材委员会职责如下：

①加强与国际乒联器材委员会的联系，传递国际乒乓球运动器材生产、经营等信息。

②制定、修改乒乓球器材的标准，审批我国生产的乒乓球器材。

③探讨、革新乒乓球运动器材，促进器材生产的技术进步和经济效益的提高。

④组织学术讨论和技术交流，组织乒乓球运动器材生产单位进行开发和研究。

（4）科研委员会职责如下：

①对乒乓球训练、比赛的理论和实践及乒乓球运动发展规律，进行学术研究和探讨。

②为中国乒乓球运动在科学训练上提供科学依据和理论指导。

③为运动员提高运动技术水平提供科研支持。

（5）少年委员会职责如下：

①指导、协调全国少年乒乓球运动的发展。

②对少年乒乓球运动的组织、管理、训练、竞赛等提出建议。

③指导和监督由中国乒乓球协会主办或承办的国际性少年比赛。

（6）新闻委员会职责如下：

①就中国乒乓球协会的新闻宣传工作提出建议。

②起草、修改有关的新闻宣传管理规定，报常务委员会批准执行。

③协助新闻单位组织与安排乒乓球新闻宣传。

④指导和监督乒乓球比赛电视、广播工作。

⑤指导和监督《乒乓世界》及其他报刊的出版工作。

（二）乒乓球运动管理中心

1994年，中国乒乓球运动的职能部门——乒乓球运动管理中心成立，它的成立使中国乒协对乒乓球工作的统一领导、管理和协调成为可能。1997年，原国家体委颁布的《国家体育运动项目管理中心工作规范暂行规定》对中心的定位是："承担运动项目管理职能的国家体委直属事业单位，是所管项目单项协会的常设办事机构，负责所管项目的各项工作"。现行的乒乓球运动管理中心下设办公室、乒乓一部和乒乓二部等部门。

1. 乒乓一部

乒乓一部负责研究和制定乒乓球项目的发展规划，建立本项目的法规；组织国家计划内全国竞赛及在国内举办的国际性比赛；协调和服务国家队，组织和实施后备人才培养工程，规划中国乒乓球协会训练基地建设；组织中国运动员参加国际比赛；开展教练员培训和乒乓球项目的科学研究；建设裁判员队伍。

2. 乒乓二部

乒乓二部负责策划和发展全国乒乓球俱乐部联赛，开发乒乓球产业，组织开展全民健身活动，推广中国乒协会员制，审批竞赛器材等工作。

三、乒乓球运动的国际赛事

伴随着乒乓球运动的不断发展，乒乓球赛事的种类和规模亦不断扩大。如今，世界乒乓球锦标赛、奥运会乒乓球比赛以及世界杯乒乓球赛构成了世界乒乓球运动最为重要的赛事。

（一）世界乒乓球锦标赛

1926年12月6日至12日，英国伦敦举行了第1届世界乒乓球锦标赛（简称"世乒赛"），设立了男子团体、男子单打、女子单打、男子双打、混合双打5个项目，因为当时参加比赛的女运动员太少，所以没有设立女子团体和女子双打项目。

当时国际乒联规定世界乒乓球锦标赛每年举行一届，但第2届由于经济原因，推迟到1928年1月在瑞典的斯德哥尔摩举办，这届比赛增加了女子双打项目，到了第8届世界乒乓球锦标赛才增加了女子团体项目。

至此，世界乒乓球锦标赛项目共7项：男子团体、女子团体、男子单打、女子单打、男子双打、女子双打、混合双打，成为乒乓球国际赛事中项目设置最多、最全的一项比赛。

1940至1946年，世界乒乓球比赛因第二次世界大战中断举行。1947年，第14届世界乒乓球锦标赛在法国巴黎举行。1957年，第24届世界乒乓球锦标赛之后，开始每两年举办一届。第45届世界乒乓球锦标赛因南斯拉夫局势被迫延时、异地举办，并且单项赛和团体赛分开举行。

第46届世界乒乓球锦标赛成为最后一届单项比赛和团体赛在一起举办的世界乒乓球锦标赛。从第47届起，单项比赛和团体比赛分别在两个不同国家或地区举行，先进行单项比赛，后进行团体比赛。到2012年为止，共举办了51届世界乒乓锦标赛。世界乒乓球锦标赛奖杯的设置情况如下所示：

（1）斯韦斯林杯——男子团体赛奖杯：由第一任国际乒联主席伊沃·蒙塔古先生的母

亲——前任国际乒联名誉主席斯韦思林女士捐赠，故而得名。

（2）考比伦杯——女子团体赛奖杯：由法国的乒协主席马赛尔·考比伦先生捐赠，故以他的名字命名。

（3）圣·勃莱德杯——男子单打比赛奖杯：由英国的伍德科克先生捐赠，以伦敦的圣·勃莱德乒乓球俱乐部的名称命名。

（4）吉·盖斯特杯——女子单打比赛奖杯：由前任匈牙利乒协主席吉·盖斯特先生捐赠，故以他的名字命名。

（5）伊朗杯——男子双打比赛奖杯：由前任伊朗国王捐赠，故以伊朗的国名命名。

（6）波普杯——女子双打比赛奖杯：由前任国际乒联主席波普先生捐赠，故以他的名字命名。

（7）兹·赫杜塞克杯——男女混合双打比赛奖杯：由前捷克斯洛伐克乒协秘书兹·赫杜塞克先生捐赠，故以他的名字命名。

以上7个项目的奖杯都是流动的，各项冠军获得者可保存该项奖杯到下届世界乒乓球锦标赛开始前，并在奖杯上刻上国名或运动员名字，然后，交给下届世界乒乓球锦标赛组委会。男、女单打冠军，如果连续3次获得圣·勃莱德杯或连续4次获得吉·盖斯特杯，则由国际乒联制作一个小于原奖杯一半的复制品，由获得者永久保存。

（二）奥运会乒乓球赛

奥运会乒乓球赛为乒乓球国际比赛的重要赛事。1981年，在巴登召开的第84届国际奥委会全体委员会决定将乒乓球列入1988年奥运会正式比赛项目，设立男子单打、男子双打、女子单打、女子双打4个比赛项目。

在2008年北京奥运会上，将男、女双打改为男、女团体。乒乓球进入奥运会后，大大提高了乒乓球运动在国际体坛的地位。众多国家开始高度重视乒乓球运动，对其投入了更多人力、物力和财力，有力地推动了世界乒乓球运动的发展。

到目前为止，中国仍然是奥运会乒乓球比赛的最大赢家，在已经举办过的7届奥运会乒乓球比赛中，中国选手夺得总计28枚金牌中的24枚，其中第26、第27、第29、第30届共有16枚金牌被中国选手包揽。

（三）世界杯乒乓球赛

世界杯乒乓球赛是国际乒联组织的又一项重要赛事。1980年8月29至31日，香港举行了首届世界杯男子乒乓球赛，参赛者由世界优秀选手和各大洲冠军以及东道主的1名选手组成。

1990—1995年，世界杯乒乓球赛增加世界杯团体赛和双打比赛，以促进团体和双打项目技术水平的提高。

1996年9月，在香港举办了首届世界杯女子单打比赛，共有16名选手参加，参赛名额的确定及竞赛方法同男子单打比赛一致。

目前,世界杯每年举办一届女子单打比赛和一届男子单打比赛。世界杯参赛人数少、比赛时间短、水平高、精彩场次多,所以很受观众欢迎。

四、乒乓球运动的国内赛事

(一) 全国乒乓球锦标赛

全国乒乓球锦标赛是中国乒乓球协会举办的全国规模的赛事,是全国最高水平的乒乓球比赛。参赛单位为在中国乒协注册的各省、自治区、直辖市乒乓球队。

1952 年,在北京举办了第 1 届全国乒乓球锦标赛。从 1956 年起,每年举办一次。由于受一些事情的影响,1967 至 1971 年未举办比赛,1972 年恢复,至 2010 年共举办了 51 届。全国乒乓球锦标赛设有男子团体、女子团体、男子单打、女子单打、男子双打、女子双打、混合双打 7 个比赛项目。

(二) 全国运动会乒乓球比赛

全国运动会乒乓球比赛简称"全运会乒乓球比赛",它是国内重要的乒乓球赛事之一,以省、市、自治区各行业体协为竞赛单位,每 4 年举办一届。自 1959 年 9 月,在北京举办第 1 届至 2013 年,已举办了 12 届全运会乒乓球比赛,比赛设有男子团体、女子团体、男子单打、女子单打、男子双打、女子双打、混合双打 7 个比赛项目。

(三) 中国乒乓球俱乐部比赛

中国乒乓球俱乐部比赛是由中国乒乓球协会和中央电视台联合主办的国内大型乒乓球赛事,其前身为 1998 年的红双喜中国乒乓球俱乐部甲级联赛,1999 年更名为阿尔卡特中国乒乓球俱乐部超级联赛,2000 年更名为鲁能杯中国乒乓球俱乐部超级联赛(其中 2000 至 2001 年和 2003 至 2004 年为跨年度比赛)。

比赛只设男子团体和女子团体两个项目,共包括 12 支男队和 12 支女队,均采用循环赛主客场制。每届比赛男、女队最后两名自动降级,参加次年度全国甲 A 联赛。该年度全国甲 A 联赛前两名将于次年升级参加超级联赛。

比赛不仅包括了现役的全部优秀国手,从 2000 年起,联赛已向世界其他国家和地区协会的运动员开放。目前,已有一些世界排名靠前的国外高水平运动员登陆中国俱乐部,参加中国乒乓球俱乐部超级联赛。因此,无论从参赛选手水平,还是参赛规模来看,中国乒乓球俱乐部比赛均已成为真正意义上的世界级俱乐部赛事。

与此同时,中国乒协自 1999 年起陆续推出了中国乒乓球俱乐部年度系列赛。其中包括:

(1) 中国乒乓球俱乐部甲 A 联赛,包括男女队各 16 支。

(2) 中国乒乓球俱乐部甲 B 联赛,包括男女队各 16 支。

（3）中国乒乓球俱乐部甲 C 联赛，包括男女队各 16 支。
（4）中国乒乓球俱乐部乙 A 联赛，包括男女队各 16 支。
（5）中国乒乓球俱乐部乙 B 联赛，包括男女队各 16 支。

比赛采取分站式的赛会制比赛方式，除甲 A 联赛每年设立 3 站比赛之外，其他联赛每年均设立两站比赛；各站比赛均采用先分组循环，再以相邻两个名次的队组成淘汰小组并增加附加赛排出全部名次。根据年度总名次，各级联赛的前两名晋升到上一级联赛，后两名降级进入下一级联赛。

第二章 高校乒乓球运动教学的基础理论体系研究

乒乓球教学是乒乓球教师根据一定的目的、计划和学生的身心发展特点，指导学生对乒乓球理论知识、技能加以掌握，从而使学生体质增强、认知能力发展、意志更加坚强的教育过程。在这个过程中，教师发挥主导作用，教师要在科学理论的指导下开展教学工作，保证乒乓球教学的顺利进行。本章主要就高校乒乓球运动教学的理论体系展开研究，包括高校乒乓球运动的教学任务、教学原则、教学文件制订以及教学组织与考评，通过这些研究来为乒乓球教师开展工作提供科学指导，从而提高教学效率与效果。

第一节 高校乒乓球运动的教学任务

高校开设乒乓球课程，系统开展乒乓球教学，主要是为了完成以下教学任务。

第一，使大学生在理解乒乓球基本理论知识、基本技战术及其他技能的基础上将这些知识与技能加以掌握。

第二，培养与提升大学生的健康理论素养，使大学生能够将所学知识与技能运用到日常锻炼实践中。

第三，使大学生掌握乒乓球健身锻炼方法与手段，掌握锻炼中常见伤病的处理方法、伤病预防方法和锻炼效果评价方法，养成良好的锻炼习惯，为终身体育锻炼奠定基础。

第四，在乒乓球教学中融入思想品德教育，使大学生形成良好的集体主义观念，培养大学生的意志力与竞争力。

第五，培养大学生组织赛事的能力与参赛能力，促进大学生全面协调发展。

第二节 高校乒乓球运动的教学原则

下面主要就高校乒乓球运动教学的几项基本原则展开分析。

一、直观教学原则

大学生在学习乒乓球动作技能时，多种感觉器官都要不同程度地参与活动。因此，在乒乓球教学过程中，教师要采用直观的方法和手段将学生的思维调动起来，充分发挥各种感觉器官的作用，使学生快速掌握动作技能，这就是乒乓球运动教学中的直观教学原则。

高校乒乓球教学中经常采用的直观教学手段如下。

（1）最主要的直观手段是乒乓球教师的示范。

（2）教师在示范击球动作的过程中放慢速度，配合语言讲解，使学生快速产生正确直观的动作概念。边打球示范边讲解是乒乓球教师需要掌握的一项重要技能。

（3）采用阻力或助力的方法使学生对正确动作的肌肉感觉加以体会。具体实施这些方法时，乒乓球教师可以将学生的手臂握住，使其徒手击球姿势摆正，然后准确快速击球。教师也可以将一些阻力施加到学生手臂的某一部位，使其动作幅度被限制，从而对其错误动作进行纠正。

（4）教师将辅助击球装置运用到教学中，对击球动作进行模拟，使学生从徒手练习慢慢过渡到台上练习，获得真实的肌肉感觉，这能够帮助学生快速形成动作技能，如用打吊线球的方法进行搓球或削球练习，用打支架球的方法进行抽球练习等。

（5）教师在课堂上播放教学录像片，使学生获得技术动作的表象，形成正确的动作概念。

二、区别对待教学原则

每个学生的学习基础不同，再加上各种客观因素的影响，所以学生对教学内容的理解能力和程度也有差异，因此，在高校乒乓球教学中，教师不仅要统一要求，还要因材施教、区别对待。

将区别对待原则运用到乒乓球教学中需注意以下几点。

（1）在统一要求的基础上区别对待，以促进教学任务的完成。

（2）对不同学习水平的学生提出不同的学习任务，使其通过练习不同的内容而完成各自的任务。

（3）对基础好或进步快的学生提高要求，促进其知识和技能的丰富与完善。

三、精讲多练教学原则

高校开设乒乓球实践课教学，主要是为了让学生将乒乓球技术动作技能掌握好，但因为课时数有限，所以只有贯彻精讲多练的原则，才能使学生在较为有限的时间内将精细分化的乒乓球技术动作学会并牢牢掌握。

"精讲多练"中的"精讲"是对教师提出的要求，要求教师在语言讲解中做到精确、简练易懂，而且要带有情感，如此就可以使讲解的效果大大提高，而且省下的时间可以让学生进行练习，这是"多练"。

教师讲解的方式有很多，按照讲解时机，可以分为在学生练习时讲解、学生停止练习时讲解等方式；按照讲解范围，可以分为集体讲解、小组讲解和个别讲解三种形式。

学生在练习时，一般按照模仿动作—分解动作—完整动作的顺序进行。

四、宽松有序原则

宽松有序原则是成功教育的重要因素。宽松有序原则强调乒乓球教学系统的开放性，要求营造宽松的教学环境，使学生在良好的环境下学习、思考，从而对学生的实践能力和创新意识进行培养，促进学生全面发展。

在高校乒乓球教学中贯彻宽松有序原则，需做到以下要求。

（1）更新教学观念，树立宽松有序的教学意识。宽松不是一味地给学生无限的自由，在宽松的教学中，教师要强化有序，使教学过程井然有序，让学生在宽松的环境中逐渐认识、重视"有序"，并做到自觉规范自己的言行。

（2）培养学生的好习惯，形成良好的教学规矩。在高校乒乓球教学中，教师应在教学中要形成自己独特的管理模式，培养学生的习惯，提高学生学习的自觉性。

五、巩固与提高原则

在乒乓球教学过程中，学生要不断练习所学技术，从而巩固与提高所获得的技能。贯彻该原则应做到以下几点。

（1）给学生留出练习时间，使学生在不断练习中实现正确动作概念和动力定型的强化。

（2）运用预防和纠正错误动作的教学方法直观地对比正确动作与错误动作，培养学生识别错误动作的能力和改正错误的意识。

（3）教师在不同教学阶段要为不同层次的学习制订技术动作的完成标准，当学生的技术动作达到规定标准后，再布置较难的技术练习任务，使学生的动作技能水平不断提高。

（4）加强考核，促进学生所学知识与技能的巩固提高。

第三节 高校乒乓球运动教学文件的制订

乒乓球教学文件包括教学大纲、教学进度以及教案三种形式，下面具体分析每种教学文件。

一、乒乓球教学大纲

（一）乒乓球教学大纲的概念

乒乓球教学大纲指的是以乒乓球教学计划中的教学任务和教学时数为依据，具体规定乒乓球教学内容、不同内容的教学时数以及考核办法的文件。教学大纲的内容主要有课程性质、课程目标、教学内容、教学时数、教学考核等。

（二）乒乓球教学大纲的结构

乒乓球教学大纲包括以下三个部分。

1. 说明部分

(1) 简要说明乒乓球课的教学目的、教学任务。

(2) 阐述乒乓球教学内容的范围、选择依据。

(3) 安排乒乓球教学进度。

(4) 提出在乒乓球教学中选用教学方法的建议等。

2. 基本部分

(1) 列出乒乓球课程的教学内容、教学要点、教学课时、布置作业、考核要求等。

(2) 为乒乓球理论课、实践课、考核课等分配教学时数。

(3) 为乒乓球理论课和实践课教学内容的若干小环节安排学时,提出内容纲要和相关规定。

3. 结束部分

列出教材和参考文献,提出在乒乓球教学中运用乒乓球教具和其他教学技术的可行性意见。

(三) 乒乓球教学大纲的制订

制订乒乓球教学大纲,需做到以下几点。

(1) 依据教学要求明确乒乓球教学目标、任务和内容。

(2) 依据教学任务和课时安排确定乒乓球课程的具体教学内容,所选内容要科学、系统,要包括理论内容和技术内容。

(3) 针对不同教学内容安排具体教学时数,注重不同类型教学内容的搭配。

(4) 将乒乓球基本理论、基本技术和基本技能作为主要考核内容,考核方法要能真实检验学生的学习情况和教学目标达成情况。

(四) 乒乓球教学大纲示例

高校乒乓球普修课教学大纲示例如表 2-1 所示。

表 2-1 乒乓球教学大纲示例

课程编号:
课程名称:乒乓球
课程类型:公共基础必修课
学时数:36
总学分:2
适合对象:大一学习
1. 课程性质、目的和任务:
2. 教学要求:
3. 教学内容与学时分配:

类别	授课内容	学时
理论部分	基本理论	2
实践部分	基本技术、组合技术、教学比赛	28
考核	理论、技术	4
机动		2

4. 考核内容、方法和标准
5. 教材和教学参考书

二、乒乓球教学进度

(一) 乒乓球教学进度的概念

乒乓球教学进度指的是按照要求将教学大纲中的教学内容和教学时数有序分配到每次课中的教学文件。乒乓球教师编写教案时将教学进度作为主要参考依据。乒乓球教学进度的安排体现了乒乓球教学计划的完整与连贯特征。

(二) 乒乓球教学进度的制订

制订乒乓球教学进度需做到以下几点。

(1) 以教学目标和教学要求为依据,全面安排教学内容。

(2) 合理分配基本理论、基本技术和基本技能等教学内容的教学时数和课次,突出教学重点。

(3) 循序渐进、系统地安排教学进度,保证乒乓球技战术本身的系统性,科学搭配教材,关注教材间的横向联系。

(4) 以不同阶段的教学任务与要求为依据,对理论课、教法课、实践课进行综合安排。

(5) 从学生数、设施条件等客观实际出发安排教学进度。

(6) 每次课的运动负荷要适宜,注意大强度、中强度、小强度的合理搭配。

(7) 体现课内外与校内外的一体化教学模式。

教学进度的常用格式如表2-2所示,在乒乓球教学进度制订中,可采用这一格式,可根据实际情况适当增删。

表2-2 教学进度的格式

课程名称				学期	
授课班级				授课教师	
教研室				授课周数	
教材				学时数	
周次	学时	教学形式	教学内容	备注	

(三) 乒乓球教学进度示例

高校乒乓球普修课的教学进度示例如表2-3所示。

表 2-3 乒乓球教学进度

周次	学时	授课形式	教学内容
1	2	理论	1. 乒乓球发展史 2. 乒乓球基本理论
2	2	实践	1. 熟悉球性 2. 学习站位、握拍动作方法及准备姿势 3. 学习反手推挡球技术动作
3	2	实践	1. 推挡 2. 学习步法 3. 学习反手发平击球技术动作
4	2	实践	1. 推挡 2. 学习步法 3. 学习正手发平击球技术动作
5	2	实践	1. 推挡 2. 学习步法 3. 学习正手攻球技术动作
6	2	实践	1. 推挡 2. 练习步法 3. 练习正手攻球
7	2	实践	1. 练习推挡、攻球 2. 素质练习
8	2	实践	1. 学习左推右攻技术动作 2. 素质练习
9	2	实践	1. 练习推、攻技术 2. 素质练习
10	2	实践	1. 学习步法 2. 学习推挡侧身攻技术动作
11	2	实践	1. 练习推、攻组合技术 2. 素质练习
12	2	实践	1. 学习步法 2. 学习推挡侧身扑右技术动作
13	2	实践	1. 练习全台攻组合 2. 素质练习
14	2	实践	1. 介绍推挡球变化技术 2. 素质练习
15	2	实践	1. 组织教学比赛，检验推、攻技术掌握情况 2. 素质练习
16	2	考核	理论考试
17	2	考核	技术考试
18	2	机动	机动

三、乒乓球教学教案

（一）乒乓球教学教案的概念

乒乓球教学教案是乒乓球教师依据教学进度而编写的课时计划，这是教师上课的主要参考。乒乓球教案中应包括本次课的教学内容、教学任务、教学要求、教学方法、课程每部分的组织形式等内容。

（二）乒乓球教学教案的编写

编写乒乓球教学教案时，需考虑以下几点要求。

（1）文字简洁精练。

（2）明确提出本次课的教学任务与要求。

（3）教学内容要科学，要为实现教学目标而服务，突出重点教学内容。

（4）明确在不同部分采用哪些教学方法，教学方法要多样丰富。

（5）提出课堂教学尤其是技术课上的安全措施。

具体来说，编写乒乓球教学教案应从以下几方面进行。

1．了解学生

了解学生的乒乓球基础、个性特征、身体条件、智力水平。

2．钻研教材

研究教学大纲，掌握教材内容的范围和深度，明确教材内容的重难点。

3．考虑教法

考虑如何组织教材、如何安排每节课的活动、如何将教学方法与练习方法运用到课堂中。教学方法要丰富新颖，避免单一老套。

4．确定课的任务

确定课的任务，任务应正确、全面、具体。

任务正确主要表现为符合教学进度的要求和学生的实际，确保学生通过坚持不懈的努力可以达成。但要区别对待基础好和基础差的学生。任务全面是指要包括提高学生身体素质的任务、提高学生技战术能力的任务、提高学生思想道德水平的任务等。任务具体也就是要明确，不能抽象有歧义，不能造成误解，要使人一目了然。

只有做到任务的正确、全面、具体，才能更好地安排组织教法与运动负荷。

5．安排课的基本结构

乒乓球课的基本结构由准备部分、基本部分和结束部分三个部分组成。

第四节　高校乒乓球课的组织与考评

一、乒乓球教学课的组织

乒乓球教学课主要分三部分，即准备部分、基本部分和结束部分，不同部分的教学任务、内容不同，各个部分密切衔接，形成完成的课堂教学。这三个部分的教学组织如表2-4所示。

表 2-4 乒乓球教学课的组织

教学结构	组织形式	教学时间（以一节课 90 分钟为例）	教学内容
准备部分	集体形式	15~20 分钟	身体素质练习、准备活动，以小强度为主
基本部分	依据课的目标、学生特点和教学条件选择组织形式	65~70 分钟	复习旧内容，学习新内容
结束部分	集体形式		放松活动

二、乒乓球课的考核理论

（一）乒乓球课的考核形式

乒乓球课的考核主要有以下几种常见形式。

1. 基础测验

基础测验是在学期教学开始时测试学生的身体素质与乒乓球运动基础，从而了解学生的个人情况，以便有针对性、目的性地展开教学工作。

基础测验一般安排在学期的第一次课，测验结果不计入最后成绩，在期末考试后，对比两次测试的结果，评价学生的进步情况，看学生的身体素质与乒乓球技术是否有提高和改善。

学生的身体素质（力量、协调性、反应能力、速度等）和乒乓球运动能力（一两项基本技术）是基础测验的两个主要内容，通过这个测验，教师也能基本了解学生对乒乓球课的兴趣爱好和学习态度。

2. 平时检查

平时检查工作是在课堂上完成的，一般在一个技术动作教学结束后教师会组织随堂测验，看学生的掌握情况，也通过该方法来激励学生学习，提高学生学习的主动性和自觉性。每次课堂测验结果，教师都要一一记录，以便在期末考试后将此作为评定总成绩的参考。一般在每节技术课的结束部分组织随堂测试和检查，时间大约 5 分钟，不宜太长。

在平时检查中，教师要严格要求学生准确、规范地完成每个技术动作，培养学生严谨的学习态度和良好的学习习惯。一旦在技术评定中发现学生动作不规范、不准确，教师要及时指出，并引导其改正，以免形成错误的动作定型。

3. 定期考核

定期考核的内容以身体素质为主，最后期末总成绩中会将这部分成绩计入其中。教师要提前做好考核计划，将考试时间、内容和要求告知学生，以便让学生有时间做准备，这也是提高学生学习与锻炼积极性的一个重要方法。

4. 总成绩评定

总成绩评定是期末测试的综合评定方式，这次考核的内容比较全面，包括身体素质、理论和技术，每项考核内容占一定的比重，以技术考核为主。

（二）乒乓球课的考核要求

在乒乓球教学考核中，要根据不同的考核形式提出相应的考核要求，客观准确是所有考核方式的共同要求，在此基础上提出具体的要求，争取通过考核能够真实反映出学生的学习情况和进步情况，以便安排接下来的教学工作。

下面具体分析乒乓球课程教学考核的主要要求。

1. 量的要求

在乒乓球教学中，学生要通过不断的练习才能掌握乒乓球技术，也就是说学生的练习要达到一定的量，否则无法实现质的突破，无法将乒乓球技术掌握好。在乒乓球考核中，同样提出了对量的要求，这个考核指标在一些乒乓球技术的考核中非常重要。例如，在正手攻球技术的考核中，如果学生可以连续数次攻球，说明其熟练掌握了这项技术。

2. 技术评定

量的要求是判断学生对乒乓球技术的掌握是否熟练的重要指标，但通过该指标无法了解学生技术动作的规范性与动作的完成质量，此时就需要进行专门的技术评定来为学生的动作质量打分。

3. 经验评价

教学经验丰富的乒乓球教师也可以通过平时教学观察评价学生的学习态度、思想品质和技术掌握情况。经验评价一般只是作为辅助性评价手段运用到乒乓球考核中。

4. 做好组织工作

教师要提前向学生告知什么时候考核，考核哪些内容，要达到什么标准等关于考核的相关问题，以激发学生积极主动学习，提高学习的目的性与学习效率。

教师要统筹安排乒乓球考核工作，包括对考核内容、方法、组织方式的安排等，通过合理的安排，充分发挥考核的功能与作用，达到预期的目的。

5. 做好准备活动

在乒乓球考核中，教师要留出一定的时间让学生做准备，教师提醒学生应该做哪些准备活动，以营造适度紧张的氛围，充分调动学生的积极性，使学生的身心尽快适应考试状态，为提高考核成功率而打好基础。

三、乒乓球专项技能考评

乒乓球专项技能考评包括乒乓球专项身体素质考评和乒乓球技术考评。乒乓球技术考核是按照乒乓球技术原理与技术规格，采用定性和定量的方法评价学生技术水平的一种手段。通过技术评定和达标测试可以评价乒乓球课的教学效果。从而发现教学中存在的问题，及时改进，最终促进学生技术水平的提高。

下面具体分析乒乓球专项技能的考核方法与评分标准。（其中正反手攻球，正、反手削球，左推右攻和连续拉弧圈球四项可按考生个人打法类型，自选一项。）

（一）专项身体素质

在乒乓球专项身体素质考核中，采用原地羽毛球掷远的方法来了解学生的挥臂速度。

1. 考核方法

学生在规定标志线后原地进行羽毛球掷远，掷3次，取最好一次掷远成绩。

2. 评价

原地羽毛球掷远测试要将男生和女生分开进行测试，评分标准如表2-5和表2-6所示。

表2-5 男生专项身体素质考核评分标准

分值（单位：分）	掷远距离（单位：米）
5	10
4.5	9.5
4	9
3.5	8.5
3	8
2.5	7.8
2	7.6
1.5	7.4
1	7.2
0.5	7

表2-6 女生专项身体素质考核评分标准

分值（单位：分）	掷远距离（单位：米）
5	9.2
4.5	8.7
4	8.2
3.5	7.7
3	7.2
2.5	7
2	6.8
1.5	6.6
1	6.4
0.5	6.2

（二）正手攻球

一般由教师为考生指定搭档（陪测人），注意搭档的水平要与考生水平基本接近，这是为了保证考试的公平。如果学生人数不够或实力悬殊，可在其他同年级的班级为考生选择水平相当的搭档。以下技术测验均是如此。

1. 考核方法

连续 1 分钟正手对攻斜线球,记录击球板数和失误次数,每失误一次扣 0.5 分。

2. 评价

(1) 达标。每 4 板得 0.5 分,总分 8 分,每人打 2 次,取最好一次成绩,如果搭档失误,考生则计连续板数,评分标准表如表 2-7。

表 2-7 正手攻球达标测试评分表

分值(单位:分)	正手攻球(单位:板)
8	64
7.5	60
7	56
6.5	52
6	48
5.5	44
5	40
4.5	36
4	32
3.5	28
3	24
2.5	20
2	16
1.5	12
1	8
0.5	4

(2) 技评。有 4 个等级标准,满分 2 分,如表 2-8 所示。

表 2-8 正手攻球技评标准

	分值(单位:分)	表现
优秀	2	动作完整、协调,有很强的控球能力
良好	1.5	动作完整、比较协调,有较强的控制能力
及格	1	动作基本完整、协调、控制球能力一般
不及格	<1	动作不完整、不协调,控制球能力差

(三) 搓中侧身突击

1. 考核方法

学生对搓,考生侧身突击,要求搓球的旋转程度达到中等,保持适宜高度。

2. 评价

(1) 达标。满分 8 分,考生突击 16 板球,记录成功板数,每板 0.5 分,如表 2-9 所示。

表2-9 搓中侧身突击达标测试评分表

分值（单位：分）	搓球突击（单位：板）
8	16
7.5	15
7	14
6.5	13
6	12
5.5	11
5	10
4.5	9
4	8
3.5	7
3	6
2.5	5
2	4
1.5	3
1	2
0.5	1

（2）技评。有4个等级标准，满分2分，如表2-10所示。

表2-10 搓中侧身突击技评标准

成绩	突击	侧身拉弧圈球
优秀	突击动作快，爆发力强，击球质量较高	动作协调，出手快，爆发力强，旋转质量高
良好	突击动作快，爆发力较强，击球质量较高	动作协调，出手较快，爆发力较强，旋转质量较高
及格	动作速度较快，爆发力、击球质量一般	动作基本协调，出手速度、爆发力、旋转质量一般
不及格	突击动作慢，爆发力、击球质量较差	动作不协调，出手慢，爆发力、旋转质量差

（四）正、反手攻球（自选技术）

1. 考核方法

搭档一点推两点，把球送到考生2/3台范围内，考生连续正、反手攻球，两点打对方反手位一点，时间1分钟，记录击球组数。

考生若出现失误，可重新开始，取最佳一次成绩。如果搭档失误，则记录考生的连续板数。

2. 评价

（1）达标。共8分，考生正、反手各攻一板为一组，每两组得0.5分，记录击球组数，评分如表2-11所示。

表2-11 正、反手攻球达标测试评分表

分值（单位：分）	正、反手攻球（单位：组）
8	32
7.5	30
7	28
6.5	26
6	24
5.5	22
5	20
4.5	18
4	16
3.5	14
3	12
2.5	10
2	8
1.5	6
1	4
0.5	2

（2）技评。有4个等级标准，满分2分，如表2-12所示。

表2-12 左推右攻技评标准

成绩	分值（单位：分）	表现
优秀	2	正、反手动作结合自如，步法移动迅速、准确
良好	1.5	正、反手动作结合比较自如，步法移动比较迅速、准确
及格	1	正、反手动作结合基本自如，步法移动基本迅速、准确
不及格	<1	正、反手动作结合不自如，步法移动不迅速、不准确

（五）正、反手削球（自选技术）

1. 考核方法

搭档一点拉两点，把球送到考生2/3台范围内，考生连续正、反手削球，两点削一点。

考生若出现失误，可重新开始，取最佳一次成绩。如果搭档失误，则记录考生的连续板数。

2. 评价

（1）达标。共8分，正、反手各削一板为一组，每组0.5分，记录击球组数。评分表如表2-13所示。

表2-13 正、反手削球达标测试评分表

分值（单位：分）	正、反手削球（单位：组）
8	16
7.5	15
7	14
6.5	13
6	12
5.5	11
5	10
4.5	9
4	8
3.5	7
3	6
2.5	5
2	4
1.5	3
1	2
0.5	1

（2）技评。有4个等级标准，满分2分，评分标准同正反手攻球。

（六）左推右攻（自选技术）

1. 考核方法

搭档一点推两点，将球送到考生2/3台范围内，考生连续左推右攻；两点打反手位一点，1分钟时间，记录击球组数。

考生若出现失误，可重新开始，取最佳一次成绩。如果搭档失误，则记录考生的连续板数。

2. 评价

（1）达标。共8分。考生左推右攻两板球为一组，每两组得0.5分，记录击球组数。评分见表2-14。

表2-14 左推右攻达标测试评分表

分值（单位：分）	左推右攻（单位：组）
8	32
7.5	30
7	28
6.5	26
6	24
5.5	22
5	20
4.5	18
4	16
3.5	14
3	12
25	10
2	8
1.5	6
1	4
0.5	2

(2) 技评。有 4 个等级标准，满分 2 分，评分标准同正反手攻球。

(七) 连续拉弧圈球（自选技术）

1. 测验方法

搭档把球送到考生左或右 1/2 台内，考生在移动中连续拉弧圈球。

考生若出现失误，可重新开始，取最佳一次成绩。如果搭档失误，则记录考生的连续板数。

2. 评分标准

(1) 达标。满分 8 分，每两板 0.5 分，记录拉球板数，评分如表 2-15。

表 2-15 连续拉弧圈球达标测试评分表

分值（单位：分）	连续拉弧圈球（单位：板）
8	30
7	28
6.5	26
6	24
5.5	22
5	20
4.5	18
4	16
3.5	14
3	12
2.5	10
2	8
15	6
1	4
0.5	2

(2) 技评。有 4 个等级标准，满分 2 分，评分标准如表 2-16 所示。

表 2-16 连续拉弧圈球技评标准

成绩	分值（单位：分）	表现
优秀	2	动作协调，步法移动迅速、准确
良好	1.5	动作协调，步法移动比较迅速、准确
及格	1	动作基本协调，步法移动基本迅速、准确
不及格	<1	动作不协调，步法移动不迅速也不准确

(八) 实战测验

1. 考核方法

教师根据学生人数组织乒乓球循环赛或淘汰赛，从而了解学生的技术水平和战术意识。

2. 评价

以技评为主，满分 5 分，分 4 个等级，评分标准如表 2-17。

表2-17 乒乓球实战测验技评标准

成绩	分值（单位：分）	表现
优秀	5	个人打法风格突出，技术全面，实战能力强
良好	4.5	个人打法风格比较突出，技术比较全面，实战能力较强
及格	4	个人打法有一定风格，技术基本全面，实战能力一般
不及格	<3	个人打法没有明显风格，技术不全面，实战能力弱

第三章 高校乒乓球运动教学模式的改革与创新

在高校乒乓球教学中，学生的水平良莠不齐，所以采用同一种教学模式实施教学会导致部分学生不适应，因此需改革传统单一的教学模式，并构建多元化的教学模式。多元化教学模式的改革与创新主要是对各种教学模式的优化整合，这在教学实践中的应用较为灵活，能够实现不同层次的教学目标，而且更加适合现代高校乒乓球课程教学。本章主要就高校乒乓球运动教学模式的改革与创新展开研究，主要内容包含体育教学模式在乒乓球运动教学实践中的运用及效果、高校乒乓球运动教学中的几种常见模式、高校乒乓球教学模式改革创新的整体思路及创新性乒乓球教学模式的应用。

第一节 体育教学模式在乒乓球运动教学实践中的运用及效果

一、体育教学模式概述

（一）体育教学模式的概念

体育教学模式是在体育教学思想或教学理论的指导下，按照体育认知规律和技能形成规律的要求，在体育教学环境下，为提高教学效益而建立的较为稳定的、多维指向的教学实践系统。

（二）体育教学模式的分类

体育教学模式的分类方法有很多，按照不同的标准，可以分为不同的类型，下面简要分析两种常见的分类方法。

1. 按体育教学的本质特征分类

体育教学的本质特征是"运动技术的学练"，在"二分法"原理的指导下，按照体育教学的本质特征，可以将体育教学模式划分为两种类型：运动技能类和非运动技能类。两种教学模式各自包含丰富的具体的模式内容，在体育教学中要灵活运用。

2. 按体育教学的目标分类

随着体育教学的不断改革，体育教学目标越来越具体，层次越来越清晰，有学者在新课程标准下提出了五大体育教学目标，分别是身体健康目标、心理健康目标、社会适应能力目标、运动参与目标和运动技能目标。按照体育教学的这些多元目标，可以将体育教学模式划分为体能训练类、心理发展类以及运动技能类三种类型。不同教学模式有不同的目标侧重点，因此在具体教学中，要根据教学任务和教学目标来合理选择教学模式，从而充分发挥各个模式的作用，顺利实现教学目标。

（三）体育教学模式的结构

在体育教学模式的结构分析中，需要综合考虑教学条件、教学主体、教学内容、师生合作状况等体育教学模式的构成要素，然后在此基础上对完整的体育教学模式结构进行建立。

二、体育教学模式在乒乓球运动教学实践中的运用要求

（一）更新教学观念

体育教学模式要求乒乓球教师主动转变教学思想，在教学过程中从学生实际情况出发，引进新的教学理念和教学思想。在教学中，教师要养成做阶段性总结的习惯，及时反思教学中出现的问题，并分析原因，探索解决措施。在乒乓球教学中，教师要依据教学目标对教学方案进行合理设计，对相应的教学方法进行合理选择与实施，不断创新教学方式。不同学校的教学特点、教学目标不同，教师应该根据本校的具体情况合理安排具体教学内容，选择能够吸引学生注意力的内容与方法，提高教学效果。

（二）发挥学生的主体性

随着新课程的改革，培养适应社会需要的、全面发展的新型人才成为高校新的教学目标。为了响应国家号召，实现该目标，乒乓球教师需要对新的教学目标有深入的理解与充分的把握，将学生的主体地位重视起来，不能完全从主观意识出发进行教学。新课改之后，课堂教学中教师已经不再是主角，教师要明确自己的课堂定位，切实体现学生的主体地位。在传统教学模式的影响下，有些学生思想被束缚，不能全身心投入新的学习中，缺乏主体意识，因此教师必须加强这方面的正确引导，使学生在乒乓球课堂上成为主人公。

（三）正确引导学生

在新型教学模式下，学生是课堂的主人，但也不能忽视教师的责任与重要性，教师要正确引导学生的学习思想和行为，不能完全放任学生让其自由发展，当学生在学习中遇到难关时，教师要适当引导，反思问题，让学生的主体性得到充分发挥，这对达成乒乓球教学目的更有利。

（四）创建良好的师生关系

在乒乓球教学中创建良好的师生关系也是实施体育教学模式的一个要求，教师要主动和学生沟通，拉近与学生的距离，赢得学生的信任，让学生在遇到问题时可以主动向教师寻求帮助，从而促进学生身心健康发展和学习效率的提高，促进乒乓球课堂教学的顺利开展。

三、体育教学模式在乒乓球运动教学实践中的运用效果

（一）提高了教学的针对性

体育教学模式主张在乒乓球教学中实施分层教学的方法，要求教师因材施教，从学生的实际水平出发对其进行层次划分，针对各个层次的学生制定不同的教学方案，满足每个学生的需求，更有针对性地教学，提高教学的有效性。在乒乓球技术教学中，教师以学生掌握基本技术为主要目标，细致讲解每个动作，学生自主练习，不断巩固熟练。在实战中，让学生先将搓球、挡球等基本单项技术掌握好，然后再进行推挡侧身攻、反手攻等组合技术的学习。

此外，在技术教学中还要不断强化步伐移动的速度。对乒乓球基础较好的学生，组织定量训练，提高其练习的兴趣和积极主动性。对于技术较差的学生，合理安排运动负荷，循序渐进，使其不断进步。对于有丰富实战经验的学生，要指导其进行素质训练，提高专项素质水平，为技术水平的进一步提高打好基础。

（二）提高了教学质量

新的体育教学模式提出在教学中组织学生进行合作学习和共同学习。在具体实施中，以小组为基本单位，教师为不同的小组安排相同或不同的学习任务，鼓励小组成员共同探讨，相互学习与帮助，然后进行学生互评，使每个学生都能够融入课堂氛围。小组合作学习模式能够提高学生的学习兴趣与积极性，活跃课堂气氛，提高课堂教学效率，在有限的课堂时间内取得良好的教学效果。例如，在乒乓球比赛规则教学中，先让学生进行小组学习，然后教师归纳总结，通过引导使学生的知识进一步完善。

新的教学模式改变了古板单一的传统教学方式，将理论与技术结合起来，合理分组，关注学生的学习过程，促进学生身心与技能的全面发展。

（三）提高了教学的现代化水平

传统教学模式呆板老套，现代化教学模式生动形象，这二者形成了明显的差距。体育教学模式要求在教学中适当采用多媒体教学手段，将其声形兼备、图文并茂的优势充分发挥出来，强化学生的听觉、视觉等直观感受，使学生进入更生动形象的学习意境中。和单纯的语言教学相比，调动学生多个感官的多媒体教学更能够使学生获取丰富的知识。乒乓球技术速度快，教师瞬间完成的技术示范使学生一时间很难反应过来，对动作细节可能看不清，此时教师可运用多媒体技术对所教动作的视频进行慢放、回放、定格，让学生学习动作细节，获得更好的领悟。尤其是在旋转球的教学中，采用多媒体技术可以给学生带来视觉上的直观体验，使学生对实战的效果有深刻的体会。

通过多媒体教学，还能让学生及时发现自己的错误，并按照标准动作要求及时纠正。在乒乓球教学中，教师可以抓住学生崇拜和模仿偶像的心理特征，播放优秀乒乓球运动员

的比赛或训练视频,以此激发学生学习的热情,使学生更好地掌握乒乓球技术。

第二节 高校乒乓球运动教学中的几种常见模式

一、运动技能传授模式

运动技能传授模式是指乒乓球教师在运动技能教育观的指导下,从运动技能形成规律出发去设计乒乓球教学程序的教学模式。

运动技能传授模式作为一种传统体育教学模式,在新课改中也得到了一定的改革,并在原来模式结构的基础上衍生出一些新的教学模式,如"师生合作式""教师辅助式"等。

二、发展学生主动性的教学模式

(一) 模式概念

发展学生主动性的教学模式指的是在乒乓球教学中,教师创造有利条件使学生这一课堂主体的自主性与能动性得到充分发挥,提高学生学习积极性的教学模式。

(二) 模式操作流程

在高校乒乓球教学中实施发展学生主动性的教学模式,具体流程如图 3-1 所示。

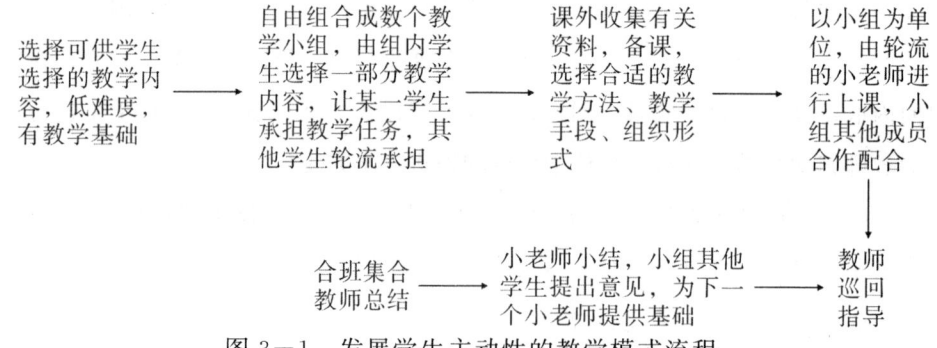

图 3-1 发展学生主动性的教学模式流程

三、快乐教学模式

(一) 模式概念

快乐教学模式指的是乒乓球教师在教学中以运动为基本手段,采用恰当合理的教学方法培养学生的体能和技能素质,使学生在学习中产生愉快体验的教学模式。

(二) 模式操作流程

在高校乒乓球教学中实施快乐教学模式的具体流程和步骤如图 3-2 所示。

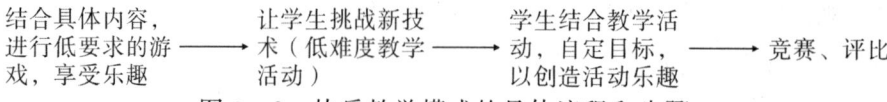

图 3-2 快乐教学模式的具体流程和步骤

例如，在乒乓球教学中，为锻炼学生的手臂力量、移动速度和灵敏性，教师组织"鱼跃前滚翻"的游戏，实施流程如图3-3所示。

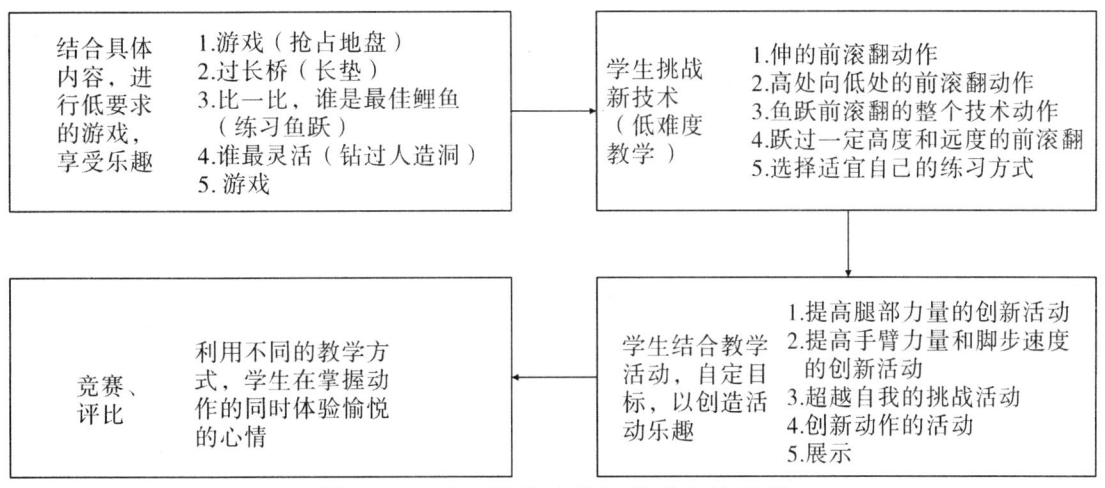

图3-3 "鱼跃前滚翻"游戏实施流程

四、启发式教学模式

启发式教学模式指的是乒乓球教师围绕学生主体展开教学，以学生的积极性为基础，鼓励学生独立思考与自主探究问题，使其从中掌握相关知识，并得出相应结论的教学模式。

五、小群体教学模式

（一）模式概念

小群体教学模式是指乒乓球教师按某些共性和特殊性的联系将学生分成若干学习小群体，使学生在学习过程中"互动、互助、互争"，从而掌握知识，发展技能，陶冶情操，树立集体主义观念的教学模式。

（二）模式操作流程

在高校乒乓球教学中运用小群体教学模式的具体操作程序如图3-4所示。

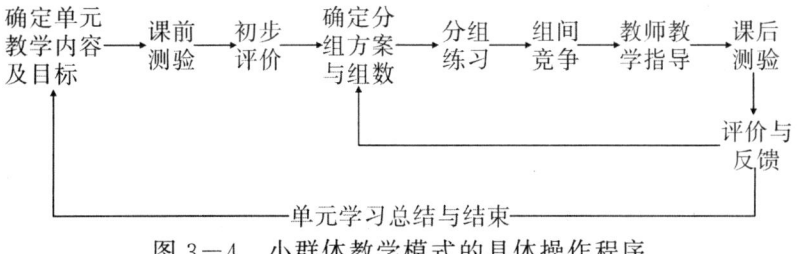

图3-4 小群体教学模式的具体操作程序

六、领会式教学模式

(一) 模式概念

领会式教学模式指的是在场地设施条件准备充分的条件下，使学生学习与体会乒乓球技术，调动学生学习的积极性，提高学生的学习效果，为学生养成终身体育锻炼习惯奠定基础的教学模式。

(二) 模式操作流程

将领会式教学模式运用到高校乒乓球教学中的具体实施步骤如图3-5所示。

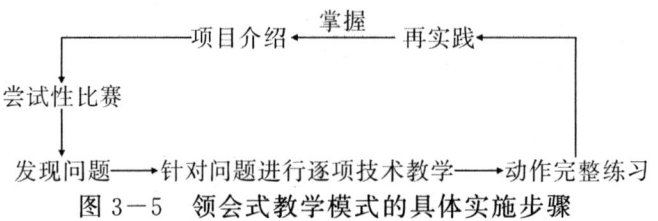

图3-5 领会式教学模式的具体实施步骤

七、"掌握学习"教学模式

(一) 模式概念

"掌握学习"教学模式是指乒乓球教师在课堂上给学生提供充足的学习时间，使学生自主掌握学习内容的教学模式。

(二) 模式操作流程

在乒乓球教学中实施"掌握学习"教学模式时，乒乓球教师应依据不同阶段的教学目标划分教学内容，然后根据学生的实际情况由简到繁，由易到难，循序渐进地逐一实施各个单元的教学内容，每结束一个单元的教学，做形成性评价，对每个学生的掌握情况加以了解，及时发现与解决普遍性的问题，实施完所有单元的教学内容后，最后进行终结性评价，整体了解学生的学习掌握情况，促进学生的进步与提高。

八、成功式教学模式

(一) 模式概念

成功式教学模式指的是乒乓球教师引导学生制订符合自己特点和实际情况的乒乓球学习目标，然后鼓励学生不断努力学习，指导学生学习和练习，从而使其顺利完成目标，体验成功的喜悦感，提高自信，进而向更高层次的目标努力的教学模式。

(二) 模式操作流程

成功式教学模式在培养学生自信方面具有重要作用，将其运用到高校乒乓球教学中，可按图3-6所示的程序组织教学。

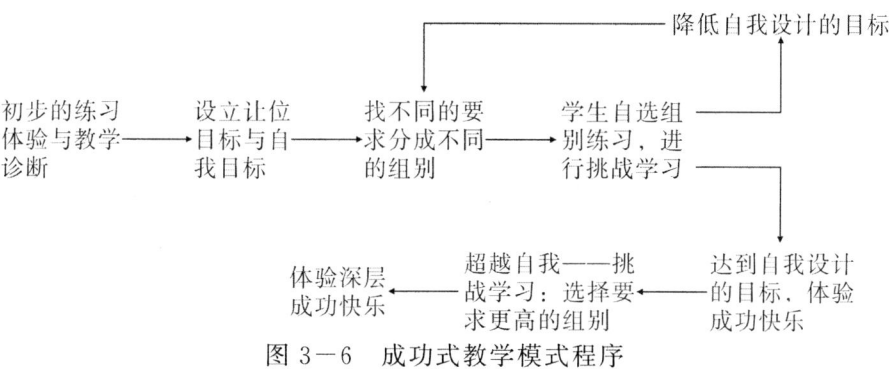

图 3-6 成功式教学模式程序

九、案例学习教学模式

（一）模式概念

案例学习教学模式指的是乒乓球教师选择与实施典型的乒乓球教学内容和教学方式，使学生从个别到一般，全面掌握具有规律性的乒乓球知识与技能，从而培养学生自主学习能力和探索能力的教学模式。

（二）模式操作流程

图 3-7 所示的是在战术配合教学中运用案例学习教学模式的现实操作程序，在乒乓球战术教学中可将此作为参考。

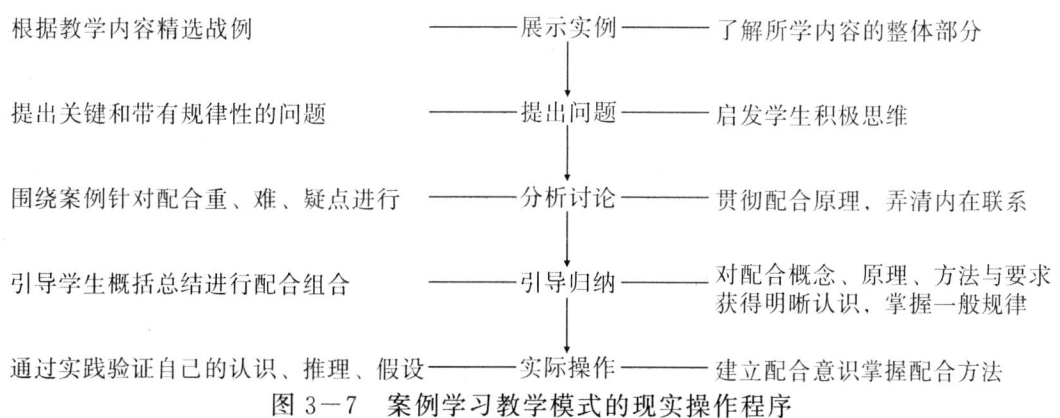

图 3-7 案例学习教学模式的现实操作程序

十、运动教育模式

运动教育模式是以游戏理论、团队学习理论、情景学习理论为指导思想，以教师直接指导，设计和组织教学，以合作学习和同伴学习为学习方法，通过固定分组、角色扮演等组织形式，在整个教学过程中以比赛为主线，给不同运动水平的学生提供真实丰富的运动体验的教育模式。

在高校乒乓球教学中采用运动教育模式能够进一步明确与强调学生的主体地位，促进学生运动参与意识的提升、学习态度的改善以及学习兴趣的提高，从而更好地培养学生的乒乓球战术意识、比赛能力以及社会适应能力。

传统教学模式要求按一般的教学单元来组织教学过程，而运动教育模式则要求分季前期、季中期和决赛期三个阶段实施教学，"运动季"教学代替了传统的单元教学形式。

第三节 高校乒乓球运动教学模式改革创新的整体思路

乒乓球教学模式是乒乓球教学的重要组成部分，对这一要素进行改革与创新，对提高乒乓球教学质量具有重要作用，这也是培养"创新型"和"综合型"人才的重要途径。目前，随着我国基础教育课程、体育教学改革的不断深化，各高校不断改革传统教学模式，对新的体育教学模式进行探索与试行，以适应新时代发展的要求。总体而言，高校对乒乓球教学模式改革与创新的总体思路体现在以下几方面。

一、在教学目标方面勇于突破传统的思维束缚

在乒乓球教学中，只有明确教学目标，才能知道努力的方向。传统教学目标与现代素质教育的要求不符，而且也导致乒乓球教学理念一直没有更新，所以培养的人才也与社会的真实需要不符。对此，在高校乒乓球教学改革中必须首先优化与更新教学目标，对素质教育目标加以明确，以便在教学过程中更好地把握重点教学内容和技术。

第一，乒乓球教师要了解传统教学目标存在哪些弊端，了解这些弊端对实施素质教育的阻碍，然后在教学过程中将传统落后的思想理念摒弃，勇于突破和创新，创建轻松、快乐的教学环境与氛围，使学生轻松愉快地投入到学习中。

第二，在乒乓球教学中要将一些现代化的，具有健身性、娱乐性等元素的，且对当代学生发展有积极影响的教学模式引入其中，然后因材施教，促进现代大学生个性发展。

二、在教学内容方面注重课程结构的优化

我国体育教学计划具有统一性，各高校制订教学目标时基本都是按统一的教学计划进行的，所以教学目标基本相同，这样的问题自然也存在于乒乓球教学中。僵硬、死板的教学目标使得学生的学习兴趣直线下降，而且也不利于培养大学生的创新精神。

相比而言，体育强国的体育教育更为科学、先进。例如，美国大学并没有统一的教学计划，各高校都是从自身实际出发对本校的教学目标进行制订，从而对体育教学内容进行优化调整，调动学生学习的积极主动性，培养学生的创新意识与能力，这体现了教学的自由性和自主性。所以，要想真正实现乒乓球教学模式的改革和创新，就要不断调整与优化乒乓球课程的内容和结构，根据素质教育的要求不断创新，增强学生体质，培养学生的综合素质，实现大学生全面发展的教学目标。

三、在师资方面注重提升教师的素质水平

在乒乓球教学过程中,教师的综合素质和业务水平直接影响甚至直接决定教学质量,因此在高校乒乓球教学模式的改革和创新中,要对乒乓球教师的业务素质进行培养,提高其素质水平。高校在建设乒乓球师资队伍的同时,要努力培养教师的专业素养与创新能力,并将具有创新意识和掌握个性化教学方式的教师引进师资队伍中,优化师资队伍结构,提升师资的教学水平。

高校要积极鼓励乒乓球教师进修和再教育,并为其提供各方面的支持,使教师对教育、训练、管理等相关知识加以掌握,提高其知识文化水平和实践能力。另外,还要鼓励乒乓球教师参加相关科研项目,培养其科研精神和创新能力,使其在教师岗位上更好地发挥自己的作用,培养优秀的人才,促进学生各方面的发展,更有效地实现教学模式的优化与发展。

总之,在素质教育背景下,要加强对高校乒乓球教学模式的革新,乒乓球教师要学习先进教学理念,不断提升自己,完善自己,要充分尊重学生的主体地位,要不断优化课程结构,创新教学方式,进而推进乒乓球教学质量的提高。

第四节 多种创新教学模式在高校乒乓球教学中的应用探讨

一、双养模式在乒乓球教学中的应用

"双养模式"是以我国"全面实施素质教育,培养创造人才"的人才培养目标为指导思想,在教学过程中将培养学生的科学素养和人文素养统一起来的新兴教学模式。近年来,教育界十分重视双养模式在教学中的应用,该模式在高校乒乓球教学改革中具有良好的借鉴作用。

高校乒乓球教学能够促进大学生身心健康水平的提升、体育意识的增强、体育能力的提高和良好体育锻炼习惯的形成,能够培养全面发展的满足社会需要的新型人才,也能够促进高校体育教学的进一步发展,推动素质教育和全民健身在高校教育领域的落实。从高校乒乓球教学的重要性以及乒乓球运动在我国的发展现状来看,将双养模式运用到高校乒乓球教学中是可行的。

(一) 双养模式对高校乒乓球教学的意义

1. 为普及乒乓球运动奠定基础

高校开设乒乓球课程,组织乒乓球教学与训练,一方面是为了培养学生的体质与乒乓球技能;另一方面是为了在大学生群体中推广与普及乒乓球运动。在乒乓球教学中落实双

养模式，培养大学生的科学素养和人文素养，有助于更好地普及这项运动。

2. 扩展学生的知识面

高校在开设乒乓球课程教学的同时，也要组织丰富多彩的乒乓球课外活动，并将此作为乒乓球课堂教学的延伸和补充，与课堂教学相辅相成，促进学生乒乓球技术水平的提高和知识面的不断扩展。

3. 培养学生的终身体育意识

高校在对外开放乒乓球场馆和设施的同时，可以适当收费，解决乒乓球教学经费问题，从资金上保障乒乓球教学的发展。同时，将科学素养与人文素养融入乒乓球教学中，可以吸引广大学生参加这项运动，提高学生锻炼的主动性和自觉性，从而有利于培养学生的终身体育观念。

(二) 双养模式在乒乓球教学中的实施过程

在乒乓球教学中实施双养模式，具体要通过以下三个阶段来组织完整的教学活动。

1. 发现阶段

发现阶段包括以下两个环节。

(1) 提出问题。提出问题环节具体按以下步骤实施。

①身心准备。

②必要演示。

③导入新课。

④出示目标。

⑤设疑。

热身活动在课的开始就要进行，教师要严格监督，然后按上述步骤一一展开教学。

(2) 分析问题。每个学生都有自己的想法，教师要鼓励学生大胆提出自己的想法，尊重学生的想法，然后让学生进行自主分析评价，培养学生的思维能力。教师还可以从教学内容和学生的实际情况出发让学生扮演主角。这一环节既注重对学生科学素养的培养，包括科学知识、方法、态度和精神，又关注对学生人文素养的培养，包括人文知识、人文精神和社会能力。

例如，在正手击球教学中，让学生自由讨论，使其对轴动的含义、方法有深刻的体会，让学生亲自练习，使其对准确的动作和击球的瞬间速度有切身的感受。

2. 合作阶段

合作阶段包括以下三个环节。

(1) 独立学习。学生独立学习乒乓球技术会经过独立思考、模仿、反馈、不断练习等几个学习步骤。

(2) 师生对话。乒乓球教学中，师生要靠"对话"来进行沟通，这并非是指言语的应答，而是强调师生之间应"敞开""倾听""接纳""共享"，从而实现"精神互通"，这是一种全方位的沟通方式。这要求师生在教学中凭借各自的经验，用独特的表现方式，如思想碰撞、合作探讨、意见交换、心灵对接等，实现知识的共享与全面发展。

（3）小组学习。利用教学中的集体因素，让小组成员之间相互讨论，互帮互学，从而促进学生学习积极性与质量的提高，同时培养学生的社会性。一般在单元教学的开始对学生进行分组，明确各组的学习目标，使各组成员团结一致，凝聚一心，共同朝目标方向努力。在每个教学单元的前半部分，小组学习主要强调发挥教师的指导性；在后半部分，小组学习主要强调发挥学生的主体性，此时教师起参谋作用。而且在单元教学的前半部分，小组学习以学习活动为主，在后半部分，小组学习主要是相互交流与练习。在单元教学结束时，各小组总结，或组织小组间比赛。

3．反思提升与多元评价阶段

反思提升与多元评价阶段包括以下三个环节。

（1）创设情境、巩固提高。在学生将乒乓球技术基本掌握后，教师对班级表演、比赛等与教学内容相关的特定情境进行创设，以促进学生技术技能的巩固与提高。

（2）诊断性评价。教师进行诊断性评价的同时也要鼓励学生自评和学生互评。

（3）单元形成性测验。在单元教学结束后组织测验，了解学生的掌握情况，为后面的教学安排提供参考。

以上三个阶段是实施双养教学模式的完整过程，这些工作对乒乓球教师的专业素质提出了较高的要求，教师不仅要对体育教学方法、教学技能加以掌握，还要不断提高综合素质，对教材的科学知识进行精益求精的探讨、对教材的人文教育意义进行深层次的挖掘。

二、俱乐部教学模式在乒乓球教学中的应用

（一）乒乓球俱乐部教学模式概论

1．俱乐部教学模式的特征

俱乐部教学模式的特征是：学生可以自主选择学习与练习时间，比传统教学更灵活，也更自由。俱乐部教学中通常采用分层教学法，对学生的个体差异比较重视，鼓励学生发挥自主学习能力，通过分层教学来提高不同层次学生的学习效率。实施分层教学前，一般以俱乐部的要求为依据组织测试，然后根据测试结果分层，从而使不同学生的需求都能得到满足，同时提高教学效果。

2．俱乐部教学模式的优势及意义

乒乓球俱乐部教学模式倡导综合评价学生，因此学生不仅要有良好的身心素质，掌握乒乓球基本技术，还要具备一定的体育素养，如良好的体育意识、体育精神等。这种教学模式可以使不同层次的学生充分参与乒乓球运动，可以使学生的学习兴趣、学生自主性得

到有效的提高。

俱乐部分层教学模式的优势在身体素质较差、乒乓球运动水平较差的学生中更能体现出来，因为这种教学方式可以将基础较差的学生的自信心、上进心激发出来，使学生获得足够的动力来投入到乒乓球学习中。在俱乐部教学模式的实施中，没有硬性指标的限制，因此可以全面地照顾到有个体差异的学生，也能优化教学效果。

在高校乒乓球教学中实施俱乐部教学模式，还能将学校的乒乓球场地设施、师资力量充分利用起来，合理利用各种教学资源，避免资源浪费。

（二）乒乓球俱乐部教学的实施步骤与质量考察

1. 乒乓球俱乐部教学的实施步骤

在高校乒乓球教学中实施俱乐部教学模式，首先要树立正确的主导观念，确定教学方案。正确的主导观点指的是对学生自主学习的习惯、学习兴趣进行培养，进而培养其终身锻炼的意识，使其坚持体育锻炼。

其次，在具体教学中贯彻因材施教的教学原则，对学生的身体素质、运动水平有准确的了解，然后划分层次，对不同层次的教学目标进行制订，安排相应的教学内容。同时采用符合不同层次学生实际情况的教学方法，合理安排运动负荷，避免学生发生损伤而影响持续学习与锻炼。

最后，组织乒乓球比赛。培养学生的实战能力，巩固与提高学生的乒乓球技术水平，并通过观察学生在比赛中的表现了解其短板和问题，及时指导与纠正。

2. 乒乓球俱乐部教学的质量考察

在高校乒乓球教学评价中，不仅要看学生的乒乓球技术水平，还要将学生的参与度、进步程度等作为考核指标。在学期教学结束时，组织期末考试，将考试成绩记录在学生档案中，学生档案中还应记录学生的身体素质、上课次数、学习态度、进步情况、比赛情况等信息，综合比较这些数据的变化，然后做出评价。

俱乐部层次教学中应对层次升降等级标准进行明确的制订，通过考核来激发学生学习兴趣，并使学生对自己的优缺点有充分的认识，及时改正缺点，发挥优势，不断进步。

三、"微教育模式"在乒乓球教学中的应用

（一）"微教育模式"概论

1. "微教育模式"的内涵

"微教育模式"起源于美国，这是将现代化教学课程和现实意义上的实践结合在一起的一种教学模式，旨在通过关注细节来提高教学效果，这些细节往往是对"微教育模式"实施效果有重要影响的因素。在教学中采用"微教育模式"，能够将学生学习的积极主动性充分调动起来，提高学习效率。

2. "微教育模式"的特点

(1) 准确定位教学目的。"微教育模式"可以从学生的学习特点和实际需求出发,对相应的教学内容进行安排,从而与学生学习的目的相匹配。

(2) 理论与实践有机结合,通过理论熏陶和实践培养来提升学生的理论认知水平和实践能力。

(3) 注重细节,采用角色扮演的方式对学生换位思考的能力进行培养,让学生在考虑问题时能够从特定角色出发,促进学生发现与解决问题的能力的提升。

(4) 采用反馈的方式对学生的学习效果(如掌握知识的准确性、完整性等)加以了解,及时采取措施来弥补学生还没有准确掌握的地方,促进学生不断进步。

3. 乒乓球教学中实施"微教育模式"的必要性

(1) 满足乒乓球教学的需求。将"微教育模式"运用到高校乒乓球教学中,不仅可以使教学效果提高,还能使学生的学习热情高涨。当前,随着我国教育水平的提高,高校乒乓球教学对大学生的素质与能力也提出了较高的要求,教学中逐渐引进现代化的教学理念。大学生学习乒乓球课程,不仅要掌握相关知识与技能,还要提高参与热情,"微教育模式"为乒乓球教学增添了调动学生学习热情的教学元素,满足了学生的新需求,使学生对乒乓球运动的参与度、感知度都得到了提升,进而提高了其学习兴趣与积极性。

(2) 促进乒乓球教学的有效开展。"微教育模式"可以促进高校乒乓球教学的有效开展,主要体现在以下几方面。

①乒乓球运动的特点决定了教学中要注意细节,"微教育模式"关注细节,能够使学生更好地理解与掌握运动细节,从而在微观层面将乒乓球技能掌握好。

②角色定位的教学方式可以使学生站在运动员的视角上考虑问题,并使其通过角色扮演对乒乓球基本技能有更好的掌握,素质得到更好的提升。

③"微教育模式"采用现代化多媒体技术,能够让学生对自己技术的不足有清楚的了解,从而不断提高技术质量。

(二) "微教育模式"在乒乓球教学中的实施

1. 制订教学计划

对乒乓球教学计划的制订要以一定的教育目的和培养目标为依据,科学合理的教学规划是顺利实现乒乓球教学目的和取得良好教学效果的关键。

2. 构建良好的教学环境

实施"微教育模式",构建良好的教学环境非常重要,只有保证教学设施数量充足且质量好,保证教学环境良好,学生才能更积极主动地学习理论知识和参与实践练习,学生参与乒乓球运动的热情才会提升,相应的学习质量才会改善。

3. 开展教学实践

在高校乒乓球教学中,要取得良好的教学效果,不仅需要教师组织好课堂教学,还要将学生的自主学习与练习重视起来，学生只有先学习理论知识，再运用理论指导实践练习，才能实现理论与实践的有机结合。"微教育模式"要求学生在学习相关理论知识后，进入运动赛场转变成运动员的角色进行乒乓球练习，然后观察与研究自己的练习录像，发现不足，不断改进。

4. 开展教学评价与教学交流活动

在高校乒乓球教学中实施"微教育模式"，为了更全面地考量与评估乒乓球教学效果，可在乒乓球教学评价中将教师与学生的自我评价和教师与学生之间、学生之间、教师之间的相互评价等多种评价方式充分利用起来，全面客观地评价，及时发现教学中的问题，从而不断完善教学。此外，学校也要组织教师之间的教学交流活动，让教师之间取长补短，相互学习，共同提高。

5. 优化考核机制

在高校乒乓球教学中，为了了解学生学习的真实情况，提高学习效果，要对学生进行不同形式的考核，这就需要建立与完善考核机制，合理安排考核内容，创新考核方式，充分发挥考核的作用，从而客观评价学生对乒乓球理论知识的掌握情况及技术水平。

总之，在乒乓球教学中实施"微教育模式"具有重要意义，高校教育工作者有责任采取一定方式对该模式进行宣传与推广，使其在其他课程的教学中得到应用。

第四章 乒乓球运动技术学练实践指导

乒乓球运动是一项技术复杂多变的运动，本章围绕乒乓球技术所必需掌握的动作技术知识，在对乒乓球运动动作技术分析的基础上介绍了乒乓球运动技术学练的基本方法，旨在为运动员的动作技术学练提供科学的指导。

第一节 乒乓球运动无球技术学练指导

一、握拍技术

（一）握拍技术分析

乒乓球运动的握拍技术是指运动员手握乒乓球拍的方法，它可以分为直拍握法和横拍握法两种，不同的握法具有不同的优点，适用于不同的打法和不同技术特点的运动员。正确的握拍技术对掌握乒乓球技术和提高乒乓球技巧至关重要。

1. 直拍握法

直拍握法的特点是出手快速，攻球有力，拍面变化不大，对手难以判断。

（1）直拍快攻型握拍法：拇指第一指节和食指第二指节握拍，使拍柄压住虎口，拇指与食指之间的距离要适当；其他三指自然弯曲，中指第一指节顶住球拍的后上部。

（2）直拍削球型握拍法：大拇指和其余四指分开握球拍的两面。大拇指弯曲，紧贴在拍柄的左侧并用力压拍；其他四指自然分开，托住拍的后面。正手削球时前臂旋后使球拍后仰，反手削球时拍后四指灵活抖拍，使拍柄向下。

（3）直拍弧圈球型握拍法：拇指紧贴于拍柄左侧，食指扣住拍柄，形成一个小环状紧握拍柄；其他三指自然伸直，中指第一指节顶住球拍的背面约 1/3 处。

（4）直拍横打握拍法：拇指斜向轻压拍面，拍柄的左侧紧贴虎口，食指伸直轻按于右侧拍沿上；其他三指伸展开来，中指和无名指指尖抵住板面，夹紧球板固定板型并形成合力。

2. 横拍握法

横拍握法的也称"八字"式握法，特点是正、反手攻球力量大，攻削球时握法变化小，反手攻球容易发力，便于拉弧；但正、反手交替击球时，需变换击球拍面，调节拍形幅度大，易被对方识破。横拍握法分深握和浅握两种。

横拍握拍方法是中指、无名指和小指自然弯曲握住拍柄，虎口贴住拍肩；拇指在球拍的正面轻贴于中指旁，食指自然伸直，斜放于球拍背面。深握时，虎口紧贴球拍，浅握时，虎口轻微贴拍。

（二）握拍技术练习

（1）徒手模仿练习，检查自己握拍时各收支的位置以及用力情况。

（2）两人一组，分别练习正、反手平提球或正手攻球，相互纠错。

（3）观看优秀乒乓球运动员握拍技术的录像。

二、基本步法

（一）基本步法分析

步法是乒乓球的生命，步法移动是击球的基本环节之一，是正确使用和衔接各项技术动作的枢纽，更是执行各项战术的有效保证。

1. 单步

单步动作简单、移动范围小，常在近网短球、推挡球、侧身攻球以及球落点位于中路稍偏左等时使用。以一只脚为轴，另一只脚向各个方向移动，身体重心随之落于移动脚上。

2. 并步

并步的移动幅度比单步大、比跳步小，移动时不腾空，便于保持身体重心稳定。要求运动员一脚先向另一脚并半步或一小步，另一脚在并步脚落地后随即向来球方向移动一步。

3. 跨步

跨步动作幅度和移动范围都较大，常用来对付离身体稍远的、力量大的来球。基本动作为一脚蹬地，另一脚向移动方向跨一大步，蹬地脚随后跟上半步或一小步，以保持身体平衡。

4. 跳步

跳步移动范围比单步和并步都大，移动速度快。当判断好来球方向时，一脚用力蹬地，使两脚离开地面向来球方向跳动。

5. 侧身步

侧身步是指当来球逼近运动员身体或来球在运动员反手位时，运动员侧身正手攻球的移动步法。运动中，运动员可根据来球距自己身体的远近采用单步侧身、并步侧身、跨步侧身或交叉步侧身。

6. 小碎步

小碎步是运动员向前后左右的高频率的小跑步移动步法，是以上几种步法的组合形式，它能迅速地调节身体重心、调节击球位置、击球时间、击球力量，具有起动快、发力大、击球准的特点。这种结合步移动范围比任何一种步法都大，便于攻防的转换需求，能灵活运用于各种打法。

7. 凌波微步

凌波微步分为两种。

第一种是正手挑后接反手撕。正手上步挑打后接反手位撕的步法实际上是"前后步法"中的一种。从技术角度来讲，"正手挑"和"反手撕"都具有一定的难度，且正反手的拍形转换要从前后的撤步过程中完成。因此，步法是否到位对使用这两项技术水平的高低具有很重要的作用。从步法套路上看，这种前后调整还适用于摆短、劈长、晃撇等近台技术过渡到中台正反手相持的过程中，很具有实战意义。

在上步进行挑打时，可以采用"一步上"或者"两步上"的步法。相比而言，一步上的效果更直接；两步上更有助于促进重心的调整和还原。

在挑打后的撤步过程中右脚要先蹬地向后撤一步。左脚紧接着向左迈出，使双脚基本保持在同一直线上。同时，板形要完成从正手位向反手位的转换。

由于需要挑打的球普遍偏短，所以步幅一定要上够。击球时，左脚跟抬起后，身体重心已经完全压于右脚上，这样有利于重心充分前倾，辅助击球并控制击球路线。

反撕的技术动作要求小巧紧凑，但爆发力要充分。击球时两脚跟的抬起，说明拉球时要运用身体重心自上而下的力量。因此，利用前臂和手腕摩擦球时就可以得到更多的力量支持。击球后，重心要落于两脚之间，保持适度的前倾，以准备下一板的衔接。

第二种是正手交叉步。"交叉步"是乒乓球步法中活动范围最大的一种，一般在运动员反手位或侧身位进攻中，对方将球回到其正手位大角度时使用，最常见的情形就是大家平常所说的"扑正手"。由于移动范围要横跨整张球台，期间还要保证回球的命中率。所以该步法对运动员整体的协调性和灵活性都具有很高的要求。

对于交叉步的运用，在交换重心时使右脚顺势先垫一小步的过程是非常重要的。很多人使用交叉步时都是在反手位或者侧身位击球后直接向正手位大角度跨过去，总是感觉跑不到位或者跑起来不顺。原因就在于没有这个交叉步之前的垫步调整。它不仅有助于上一板击球后的重心还原，而且还可以在移动过程中减轻交叉的步幅压力，为"交叉"的过程提供启动的保证。

垫步调整后左脚蹬地向右前方倾斜，起动交叉步的调整，右脚顺势抬起准备跟进。在这个过程中，手臂充分向后引拍，利用身体重心移动的惯性完成击球。

在右脚顺势跟上来的过程中，身体也跟着转腰的动作面向球台，随后，右脚再次蹬地，将双脚还原到平行站位，重新稳固住身体重心，准备下一板击球。

交叉步不但可以从正手位跑到反手位，还可以从正手位跑回反手位。但无论方向如何,中间"垫步"的环节是不能够省略的,它对于交叉步的完成质量至关重要。在大范围移动中,上半身的动作一定要保持紧凑,不能等到步法到位后再去准备击球动作,只有根据来球的情况充分引拍和调整拍形,才能配合步法在移动中完成高质量的回球。

(二) 基本步法练习

(1) 单个或组合步法的模仿练习。如挥拍做跳步、并步结合侧身步、侧身步结合交叉步等。

(2) 看手势练习快速变换前、后、左、右移动。

(3) 做规定步法的次数或组数练习;或做规定时间的步法练习。

(4) 做步法与手臂摆速的结合练习。如站于每张球台边线一端。听口令后,练习者采用并步、交叉步或小跑步、并步结合跨步等步法移动,用一只手或两只手分别触摸边线两端。

(5) 加强腿部力量练习,采用蛙跳、蹬跨、单足起、杠铃蹲起等练习提高爆发力。

(6) 观看优秀乒乓球运动员录像,学习步法移动时重心的移动、步法的衔接。

三、准备姿势

(一) 准备姿势分析

正确的基本姿势能保证击球者迅速移动、选择合理的击球位置、有效地完成击球动作。在乒乓球运动实践中,击球者的身体条件和技术特点不同,其准备姿势也会有所差异。但无论何种姿势,都应包括以下几个方面。

(1) 下肢:两脚开立,身体位于两脚之间或比肩略宽,但不宜超过肩宽的1.5倍,身体重心位于两脚间,稍保持在稍靠前的腿上;两脚的前脚掌内侧着地,脚跟略提起,以便于快速起动。

(2) 躯干:上体稍前倾,适度收腹含胸。既不能站得过直,重心过高,也不能挺出腹部,全身松散,以免降低动作的灵活性,影响击球。

(3) 肢:两肩基本同高,保持自然,避免耸肩,未击球时不应刻意地沉肩,下颌稍向后收,两眼注视来球;持拍手臂自然弯曲,置于身体右侧,大臂与躯干的夹角成60°左右,上臂与前臂的夹角接近90°;手腕放松(但不能无力下垂而形成"吊腕"),持拍于腹前偏右侧,离身体30~35厘米。侧身抢攻较多的运动员,执拍手的位置应更偏正手位;球拍位于台面水平面上,非持拍手自然放于腹前,与执拍手基本同高。

(二) 准备姿势练习

(1) 看手势做徒手模仿练习,由准备姿势开始向各个方向移动,要求在移动过程中保持重心平稳。

(2) 做规定板数的推、攻、搓技术练习,体会正确的准备姿势。

(3) 观看优秀乒乓球运动员的录像，建立准备姿势的正确概念。

第二节　乒乓球运动有球技术学练指导

一、发球技术

（一）发球技术分析

乒乓球发球技术是一项先发制人的技术，它不受对方的制约和限制。发球者可根据自己的意图选择合适的站位，并按照既定的战术意图发出各种不同力量、速度、旋转、路线、落点的球，以控制对方，为自己创造得分机会。

1. 发平击球

（1）正手发平击球：以左脚在前的近台站位为例，身体稍微右转，重心偏右脚，左手的掌心托球放于体前偏右侧，右手持拍于身体右侧。左手将球向上抛起，同时右臂稍向后引拍；当球开始回落时，持拍手由身体的右后向前挥拍；在球下降接近球网高度时，将拍形稍前倾，击球的中上部。击球后，前臂和手腕应随势向前挥动，身体重心随之移向前面的脚。

（2）反手发平击球：以右脚在前的近台靠中线偏左站位为例，身体稍微向左转，左手掌心托球放于身体前方偏左侧，右手持拍于身体前方。左手将球向上抛起，同时右臂外旋，并向身体左侧后方引拍；当球开始回落时，持拍手由身体的左侧后方向右前方挥拍，拍形稍前倾成半横状；在球下降接近球网高度时，击球的中上部，同时向右前方发力。击球后，手臂随势前挥，身体迅速还原，重心随之移至前面的脚。

2. 发急球

（1）正手发急球：以左脚在前的近台站位为例，左手掌心托球放于身体前方稍微偏右侧，身体略向右转，将球抛起后，持拍手向右后方引拍，前臂放松，使球拍顺势下降，当球降至约与球网高度相同时，手臂迅速向左前方挥动，拇指压拍，使拍面略向左偏斜。拍触球的同时手腕向左上方抖动，使拍从球的右侧中上部摩擦，球的第一落点靠近端线处。击球后前臂和手腕随势前挥。

（2）反手发急球：以右脚在前的站位为例，身体稍向左转，左手掌心托球置于身体前方偏左侧，持拍手置于体前。抛球的同时持拍手向左后方引拍，拍形稍前倾，当球降至约与球网相同高度时，用前臂和手腕发力，击球左侧中上部，拍触球的同时前臂加速向右前上方横摆，手腕抖动使拍面摩擦球，第一落点靠近本台端线。击球后前臂和手腕随势前挥。

3. 发转与不转球

（1）正手发转与不转球：以右手持拍、站位靠近左半台为例，左脚在前，右脚在侧后,抛球的同时执拍手向后上方引拍。要求拍面后仰,手腕适当外展,手臂放松,腰向右转。当球降至球网高度时,执拍手迅速用力向前或向下挥拍,发球后快速还原至准备姿势,以备下一次击球。

(2)反手发转与不转球:以右脚在前、左脚在后为例,向上抛球的同时执拍手向左后上方引拍,身体随之左转,球拍稍后仰。当球下落时,手臂自左上方向右下方挥拍,在球拍触球的瞬间加大前臂、手腕手指的爆发力,增强球的摩擦力量。发球后快速还原至准备姿势,以备下一次击球。

4. 发侧旋球

(1)正手发左侧上(下)旋球:以正手发左侧上旋球为例,左脚在前,持拍手抛球的同时向右上方引拍,手腕略向外展;球回落时,右手迅速向左下方挥动,食指压拍,拍面略向左偏斜约与球网相同高度时击球,前臂和手腕用力向左挥动,同时前臂略向外旋,使拍从球的正中部向左侧上摩擦,拍触球的刹那间,前臂略向外旋,球的第一落点靠近端线。

发左侧上旋球与发左侧下旋球的区别在于手臂应从右后方向前下挥动,使拍从球的中下部向左侧下摩擦。

(2)反手发右侧上(下)旋球:以反手发右侧上旋球为例,右脚稍前,持拍手位于身前,持球手位于身体左侧。发球时,拍与球接触的刹那间,前臂带动手腕用力向右下方挥动,同时前臂略向内旋,拇指压拍,使拍面逐渐向左倾斜,使拍从球的正中部向右上方摩擦,球的第一落点靠近端线。

反手发右侧上旋球与反手发右侧下旋球的区别在于触球瞬间,拍面略后仰,拍从球的中下部向右侧下摩擦。

5. 高抛发球

(1)正手高抛发球:正手高抛发球首先应注意抛球的稳健性,抛球手的肘部要贴近身体左侧,尽量让球在抛起时接近于垂直状态,使球在身体的右侧前方降落。当球下降至大约与头部高度相同时,执拍手由右上方向左下方挥动。其次,运动员要避免击球点离身体过远,一般在右侧腰前15厘米左右为宜。对于不同的正手高抛发球,应分别注意以下几点。

①发左侧上旋球时,注意球拍从球的右侧中下部向左侧上部摩擦。

②发左侧下旋球时,注意球拍从球的右侧中下部向左侧下部摩擦。

③发直线长短球时,注意球拍击球高度和用力方向、拍形变化及第一落点一气呵成,增强发出的球的威胁性。

(2)反手高抛发球:多采取右脚在前,左脚稍后的站位。持拍手同力向上抛球,当球开始下降时,执拍手向左上方挥拍,上体略左转,以增大击球的距离。对于不同的反手高抛发球，应分别注意以下几点。

①发右侧上旋球时，注意当球下降到头部高度时，执拍手从左上方经身前向右下方挥拍，球拍触球的左中下部并向右侧上部摩擦。击球瞬间手腕由左向右挥动可增大球的旋转。

②发右侧下旋球时，注意执拍手从左后上方向前下方挥摆，使球拍从球的左侧中下部向右侧下部摩擦。击球瞬间手腕由左向右抖动可增大球的旋转。

6．下蹲发球

（1）下蹲发右侧上旋球和右侧下旋球：以左脚稍前、右脚稍后的站位为例，身体略向左偏斜，球向后上方抛起，将球拍上举至肩高，同时两膝弯曲成深蹲状，当球下降至头部高度时，执拍手快速由左向右挥拍，手腕放松，挥拍路线呈半圆形。下蹲发右侧不同方位的球时应注意以下两点。

①发右侧上旋球时，拍从球的左中部向右上摩擦，越网后向对方偏左侧前进。

②发右侧下旋球时，拍从球的正中部向右下摩擦，越网后向对方偏左侧前进。

（2）下蹲发左侧上旋球和右侧下旋球：以身体正对球台的站位为例，向后抛球时，执拍手向右下方引拍，两膝弯曲成深蹲状，当球下降至头部高度时，执拍手由右后方向左前方挥拍。下蹲发左侧不同方位的球应注意以下两点。

①发左侧上旋球时，拍从球的右中向左侧上摩擦，越网后向对方偏右侧前进。

②发左侧下旋球时，拍从球的正中向左侧下摩擦，越网后向对方偏右侧前进。

7．逆旋转发球

以左脚在前，右脚在侧后方的站位为例，运动员引拍后肘部抬起，手腕应向内后引动，触球时向外侧发力。注意发侧下旋时，触球的中下部，向下用力；发侧上旋时，触球的左侧上部，向前用力。

8．直板长胶正、反手发球

在实战过程中，以"怪、变"而著称的长胶每时每刻都在发挥着其独特的功效。于进攻中如此，于防守中如此，于发接发的前三板环节中更是如此。

由于胶皮本身的特性，使用长胶发球的威胁在于其产生的"反旋转"，是指如果按照反胶发侧下旋的动作，那么使用长胶发出去的球实为侧上旋。以此类推，按侧上旋动作发出去的球实为侧下旋，按纯下旋球动作发出去的球实为不转球，按急上旋奔球的动作发出去的球实又带着下旋。所以，只要对手一不留神，在接发球时就有可能判断失误。即使有时判断出正确的旋转，也会因为对旋转程度的模糊判断导致直接或间接吃发球。这也正是长胶发球的作用所在。

在业余乒乓圈中，很多人在接长胶发球时都比较头疼，因为其"灵活性"确实比较强。由于力量可虚可实、旋转可强可弱、弧线可坠可顶、轨迹可飘可晃，所以长期以来大家都用一个最精练且最具代表性的字来形容长胶发球——"骗"。

9. 正手发球抢攻

（1）发球时手腕手指要用力。在比赛中，无论发哪一种球，身体和手都要配合好。为了不让对手有直接抢攻的机会，击球点要尽量低一些，保证出球的弧线。触球时，手腕手指的发力很重要。特别是手指，除了调节击球拍形，还要给球足够的劲道。

（2）发球要有套路配合。实战中，除非对手对自己的某一种发球吃得非常厉害，否则发球时一定要有所变化。一般发球轮次的两个球可以用侧上侧下，一长一短或者顺侧逆侧来配合。尽量少发一个落点或是一定区域范围内的球。

（3）发球抢攻要找好点。准备使用发球抢攻时，一定要把身体位置和击球点找好。发球后，要迅速判断对方回过来的球到自己球台上的点，根据对手的回球节奏调整好自己的步法，保证最佳的击球时机，如果对方回球质量一般，发力可以多带一些前冲性。这样即使衔接到第三板，也会保持给对方足够压力。

（二）发球技术练习

（1）徒手做抛球及发球前的准备动作练习。

（2）在台前用多球进行发球练习。

（3）练习各种旋转性能的球的发球。

（4）规定距离，如离墙2米，对墙做各种发球练习。

（5）规定手法，如同一手法发不同旋转和落点的球。

（6）不同的发球练习结合进行。先练习发斜线球，后练习发直线球；先练发不定点球，后练发定点球。

（7）观看优秀乒乓球运动员的录像，体会其发球要点。

二、接发球技术

（一）接发球技术分析

乒乓球接发球技术是一项被动中求主动的技术。接发球者应力争破坏对方的发球，限制对方特长技术的发挥。接发球技术的好坏对接发球者在比赛中能否变被动为主动非常重要。如果接发球技术不好，就很容易给对方造成较多的进攻机会或因技术差而导致紧张、引起不必要的失误。

（1）接上旋（奔球）球时，可采用正、反手攻球或推挡回接，接发球时拍面适当前倾，击球的中上部。

（2）接下旋长球时，可用搓球、削球、提拉球回接，搓或削球时多向前用力。

（3）接转与不转球时，如果判断不准，可轻轻地托一板或撇一板，但要注意弧线和落点。

(4) 接左侧上、下旋球时，可用攻球和推挡（搓球或拉球）回接，接发球时拍面稍前倾（后仰）并略向左倾，击球偏右中上（下）部位，以抵消来球的旋力。

(5) 接右侧上、下旋球时，可用攻球或推挡（搓球或拉球）回接；接发球时拍面稍前倾（后仰）并向右偏斜，击球偏左中上（下）部位；其他同接左侧上、下旋球。

(6) 接近网短球时，可用快搓、快点或台内突击回接，接发球时主要靠手腕和前臂的力量击球。

（二）接发球技术练习

(1) 固定一种技术（如推挡、削球、搓球等）去接对方的单一发球。

(2) 练习回接对方的平击发球。

(3) 练习接对方用近似手法发出的两种不同旋转的球，以提高适应能力。

(4) 练习用不同的技术方法回接对方发来的旋转球，以提高适应能力。

(5) 定点定性能的接发球练习逐渐过渡到不定点不定性能的接发球练习，以加强对对方来球旋转和落点的判断。

(6) 两人一组进行发球和接发球练习，提高防御对方强攻的能力。

三、推挡球技术

（一）推挡球技术分析

1. 快推

以在球台中间或偏左、身体距台约40厘米的站位为例。该技术要求运动员两脚平站或右脚稍微向前，两膝微屈，收腹含胸，身体向前或稍微向左转。右上臂和肘关节靠近身体右侧，手臂自然弯曲引拍至身前或偏左，与此同时，前臂外旋，使拍面稍前倾，当对方的来球从台面上弹起后，前臂和手腕向前或向前兼略向上挥拍迎球，在来球的上升前期，以稍前倾的拍形推击球的中上部。击球瞬间，前臂和手腕自然向前或向前兼略向上发力，并主要借用来球的反弹力量将来球快速击回。击球后，手和臂顺势向前挥动，并迅速还原成准备姿势以备下次击球。快推技术动作过程中，身体重心始终放在双脚上。

2. 挡球

(1) 正手挡球：以在球台中间或偏左、身体离台约40～50厘米的站位为例。该技术要求运动员两脚开立，左脚略前，两膝微屈，收腹含胸，上体略向右转。右臂自然弯曲并内旋，使拍面接近垂直，置于身体右侧前方。当对方的来球从台面弹起后，前臂向前，以拍迎球，在来球的上升期，以接近垂直的拍形推击球的中部。只以前臂和手腕轻轻用力，借助来球的反弹力将来球挡回。击球后，手和臂顺势前挥，并迅速还原成准备姿势以备下次击球。

(2) 反手挡球：以在球台中间或偏左、身体离台约40～50厘米的站位为例。该技术要求运动员两脚开立，比肩稍宽，右脚略前或两脚平站，两膝微屈，收腹含胸，上体略向左转。右臂自然弯曲引拍至身体前方或略偏左，同时前臂外旋，使拍形接近垂直状态。当来球从台面弹起后，前臂向前，以拍迎球，在来球的上升期，以接近垂直的拍形推击球的中部。击球瞬间只以前臂和手腕轻轻用力，主要借助来球的反弹力将来球挡回。击球后，手和臂顺势前挥，并迅速还原成准备姿势以备下次击球。

3. 推挤

推挤技术要求运动员看准来球，在来球触台后弹起的上升期，触球的左侧中上部，沿球体向左下方用力，以摩擦为主（挤摩球体）。触球瞬间，中指应用力顶住球拍。

4. 加力推

以在球台中间或偏左、身体离台约 50 厘米的站位为例。该技术要求运动员两脚平站或右脚稍前，两膝微屈，收腹含胸，身体向前或稍微向左转。右上臂和肘关节靠近身体右侧，前臂外旋并向上提起将引拍至身前或偏左，当球拍引至球网同高或略高时，拍面稍前倾。看准来球，来球飞越球网时，上臂、前臂和手腕向前挥拍迎球，同时，腰、髋向左转动，在来球的上升后期或高点期，以前倾拍形推击来球的中上部。击球瞬间，上臂、前臂和手腕向下方发力推压，腰、髋协助用力。击球后，手和臂顺势向前下方挥动，并迅速还原成准备姿势以备下次击球。

5. 减力挡

以在球台中间或偏左、身体离台约 40 厘米的站位为例。该技术要求运动员两脚平站或右脚略前，两膝微屈，收腹含胸，身体向前或稍微向左转。右上臂和肘关节靠近身体右侧，手臂自然弯曲引拍至身前或偏左，同时前臂外旋，使拍面稍微向前倾。当来球从台面弹起后，前臂和手腕向前挥拍迎球，在来球的上升期，以前倾拍形推击来球的中上部。球拍击球瞬间，前臂和手腕轻轻后移，以减小来球的反弹力使其轻轻飞回。击球后，迅速还原成准备姿势以备下次击球。

（二）推挡球技术练习

（1）挥拍模仿推挡练习，体会击球的动作要领。

（2）两人一组进行对推练习。

（3）两人一组，一人以平击发球喂球，另一人挡平击发球。

（4）两人一组，一人攻球，另一人推挡对方攻球。

（5）两人一组，进行推落点练习，由一点推对方球台不同落点。

（6）进行各种推挡球方法的结合练习。

四、弧圈球技术

（一）弧圈球技术分析

1. 正手弧圈球

（1）正手拉加转弧圈球：击球者两脚分开，两膝内收微曲，重心放于前脚内侧，左脚在前，稍微提起脚后跟，身体略右转，手腕外展后拉引拍至右后方，当来球跳至高点期或下降前期时，腰、髋带动上臂、前臂由后向前挥动击球的中上部或中部，击球瞬间向前上方发力，与此同时右脚掌内侧用力蹬地，稍伸膝，重心随之由右脚转向左脚。

（2）正手前冲弧圈球：以击球者为直握拍者为例，击球前前臂在腰、髋的带动下向右后方引拍，身体重心移至右脚，比拉加转弧圈球时稍高。当球拍与来球高度相同或稍低于来球时，拍形稍前倾于拉加转弧圈球，手腕屈（横握拍者手腕内收）；击球时，前臂在腰、髋和大臂的带动下在来球的上升后期和高点期，在身体侧前方向左前上方挥拍，以向前为主，略向上发力摩擦击球的中上部。击球瞬间，肘关节呈 110°～140°，手腕伸（横握拍者手腕外展），手指手腕快速摩擦球；击球后手臂随势向左前上方挥动，保证力量充分作用到来球上，并迅速还原以备下次击球。

2．反手弧圈球

（1）反手拉加转弧圈球：以在球台偏左部位，距台约 60 厘米的站位为例。该技术要求运动员两脚基本平站，左脚稍前，右脚稍后，身体重心落双脚，双膝微屈，腹内收，腰、上身略向左转，前臂置腹前自然弯曲，手腕稍向后拉，引拍至腹部左侧下方，肘关节略向前，屈手腕，拍下垂，拍形稍前倾，重心略左脚，于球的下降前期触球中上部，触球瞬间脚用力蹬地，伸膝、转腹，腰髋带动上、前臂向前上方发力，拍撞球后迅速转为向前上方摩擦，重心略上提前移并转至右脚，迅速还原成准备姿势以备下次击球。

（2）反手拉前冲弧圈球：两脚分开，右脚略前，重心置于左脚，上体稍微左转，手臂自然弯曲，肘关节略近身，手腕内收，前臂外旋引拍至向左后方，拍形前倾。当来球弹起于高点期或上升后期时，触来球的中上部，随后腰髋由左向右前上方转动，上臂带动前臂，以前臂为主加速向前略向上摩擦球，触球后，手腕向前加力摩擦，重心由左脚转至右脚迅速还原成准备姿势以备下次击球。

（二）弧圈球技术练习

（1）徒手模仿拉弧圈球技术的动作。

（2）在原地做上肢徒手动作的基础上，结合下肢步法做移动中的模仿练习。

（3）单个动作练习，规定一人发球，一人练拉弧圈球，然后再重新发球。

（4）一人挡球，另一人练连续拉弧圈球。

（5）一人削球，另一人练连续拉弧圈球。

（6）一人发中路出台的下旋球，另一人连续拉弧圈球。

（7）2 人对搓，固定一人搓中拉弧圈球。

（8）结合其他技术，如发球抢拉、接发球抢拉，拉攻中等练习拉弧圈球。

五、攻球技术

（一）攻球技术分析

1．正手攻球

（1）正手快攻：以右手执拍为例，身体离球台约 40 厘米，左脚稍前，重心放于右脚。

击球前,将拍引向右侧,引拍适度,上体与臂夹角为30°~40°,前臂自然弯曲,与上臂的夹角为110°~120°,球拍呈半横状。当来球从台面弹起,前臂和手腕向前上方挥动,并配合内旋转腕的动作,使拍形前倾,在上升期击球中上部。拍触球瞬间,前臂用力收缩,手腕加快内旋速度,拇指压拍,使拍面沿球体作弧形挥动。直握拍者,拇指稍用力压拍,控制拍形,中指和无名指辅助发力并决定发力方向;横握拍者,靠食指调节弧线。击球后,挥拍至头部高度,调整重心,迅速还原至准备姿势以备下次击球。

(2) 正手快带:左脚稍前,身体重心放于右脚,身体稍向右转。击球前适当拉开上臂与上身的距离,前臂、手腕自然弯曲。拍面前倾并固定手腕,使球拍高于击球点。击球时,动作要小,要求腰、髋带动上体向左转动,在球的上升期击球的中上部。以前臂为主向前迎球,并利用来球前进的力量将球带出。快带中适当控制球的速度和落点变化有利于从被动转为主动。

(3) 正手快点:击球者站位靠近球台,上步时上臂和肘部前移,前臂伸近台内迎球,使拍低于球弹起的高度。球拍将触球时,前臂和手腕轻轻向上用力,配合内旋转腕动作,拇指压拍,在球的下降前期击球中下部,击球瞬间拍形稍后仰。击球后,收回前脚,迅速还原成准备姿势以备下次击球。

(4) 正手快拉:击球者左脚稍前,身体离球台约60厘米。击球前,持拍手臂向右后下方引拍,球拍以半横状下垂,拍形稍后仰。当来球从高点开始下降时,上臂由后向前上方用力挥动。在将触球前,前臂加速用力向左上提拉,同时配合手腕动作在下降期击球中部或中下部向上摩擦球,触球瞬间拍形接近垂直。若遇来球低或下旋球较强时,腰部应配合向上用力。击球后随势挥拍至额前,重心移至左脚并迅速还原成准备姿势以备下次击球。

(5) 正手突击:视来球高低和下旋力的强弱,决定拍形和用力方向。当来球下旋强烈,拍形可稍后仰,触球中下部,触球同时多向上用力摩擦球;当来球稍带下旋,拍形可与台面垂直,触球中部,向前上方用力;当来球不转,拍形可稍前倾,触球中部稍稍偏上,用力方向以向前为主。要求整个突击动作在腿、腰、髋和上臂协调发力的基础上,以前臂主要发力配合完成。

(6) 正手扣杀:扣杀球时击球者多选择在球台中间或偏左,近台位置的站位。左脚稍前,两脚距离稍宽,身体重心放于右脚,两膝微屈,收腹含胸,腰、髋及上体稍向右转;右臂自然弯曲,前臂后引拍至身体右侧偏后,适当加大引拍距离,同时前臂内旋,使拍稍前倾。当来球从台面弹起后,腰、髋带动身体及上臂向左转动,同时,上臂积极发力带动前臂和手腕向左前方挥拍,在来球的高点期以前倾拍形猛击球的中上部。击球瞬间,上臂和前臂向左前方发力,腰、髋积极协助用力。击球后,手和臂顺势向左前方挥动,并迅速还原成准备姿势以备下次击球。

(7) 正手攻球技术要点。击球点要保证在身体前面,即收臂时触球。如果击球点于身体平行或过于靠后,那么在出手时容易被来球顶住,如果过于靠前,手臂就会"够"着击球，两种动作都会降低击球的质量。

在击球过程中，身体重心要向前迎（呈现一种从右后向左前的运动趋势），同时要与腿、腰、手臂的动作互相配合。千万不能只动上半身而不动下半身，只动手臂而不转腰或是只用转腰的力量带动大臂而前臂却没有"迎前收臂"的动作。上述几种情况是水平一般的人在日常练习过程中的"通病"，尤其是在击球时光动上半身，虽然看上去腿和膝盖也在动，但实际上两脚站得很"死"。这样做的弊端有两点：首先是会招成动作还原慢，从而影响击球的连续性；其次，正手攻球是由腿、腰、手三处力量同时作用而成，如果下半身不动也就意味着"三力去其一"，从而降低出球质量。所以，建议在平常的练习中后脚跟儿可以略微提起来一些，不要站得太死，借此强化身体重心在左右脚之间相互转换的过程。

在正手攻球时，要根据来球的情况实现充分引拍，而且迎前收臂的动作不宜做得过大，只要保持一个相对稳定的过程。击球后，手臂只要能够自然地停住即可，不必刻意要求非要停在"眉梢"等处。因为动作过大会造成发力不集中，也不利于快速还原。动作过小容易造成动作僵硬，同样影响发力的质量和连续板。

2. 反手攻球

（1）反手快攻：击球者右脚稍前，身体离球台大约40厘米。持拍手臂自然弯曲，将球拍移至腹前偏左位置。击球时，前臂和手腕向右前上方挥动，同时配合外旋腕动作使拍形向前倾，在来球的上升期击球的中上部。击球后，随势将球拍挥至右肩前，并迅速还原成准备姿势以备下次击球。

（2）反手远攻：击球者右脚稍前，身体离球台1米以外。击球前，持拍手的上臂和肘关节尽量靠近身体，前臂向左下方移动，把球拍移至腹前偏左的位置，使拍形稍微后仰。击球时，手臂由后向前挥动，前臂在上臂带动下向前上方用力，同时配合向外转腕动作，在来球的下降期击球中下部。击球后，大臂随势向前送，肘关节离开身体，将拍挥至头部高度，同时身体重心移至右脚还原成准备姿势以备下次击球。

（3）反手快点：击球者站位靠近球台，回击左方大角度近网短球时，左脚向前方跨一步。击球前，重心前移，上体贴近球台，迅速将拍伸进台内，拍柄稍向下；击球时，运用前臂外旋和手腕转动的力量，在来球的高点期击球，若来球上旋，击球时食指压拍，使拍面前倾向前发力，击球的中上部；若来球下旋，击球时拍面略后仰向上用力，击球的中下部；击球后，手臂顺势挥拍动作要小，以利于迅速后退还原成准备姿势以备下次击球。

（4）反手快带：击球者站位近台，两脚几乎平行，上臂尽量靠近身体。击球前，前臂迅速伸入台内迎球，拍面尽量前倾且用手腕固定，要求球拍应略高于来球。击球时，在来球上升期击球的中上部，借助来球的前进力用力还击或根据来球旋转的强弱适当加力。击球动作强调落点变化和长短结合，以争取主动。快带斜线时，球拍触球中左部，前臂由后向前向右下挥摆；快带直线时，触球中部，前臂由后向前向下挥摆并调节用力以控制回球的长短。

(5) 反手快拉：击球者右脚稍前或两脚平行站立，两膝微屈，收腹含胸，身体稍向左转。击球前，将球拍引至腹前偏左处，上臂与前臂约成 130°，肘关节略向前，拍面近乎处于垂直状态。击球时，上臂贴近身体，前臂向右上方挥动，同时腰、髋带动上体向右转动，在来球的下降前期击球的中下部。击球瞬间，手腕向上转动使拍面摩擦球。击球后球拍随挥至头部并迅速还原至准备姿势。

(6) 反手扣杀：以直握拍者为例，上臂靠近身体，右脚稍前同时前臂做旋外动作，拍形稍垂直。触球瞬间身体重心上提，食指压拍，拇指放松使拍形稍前倾，在球的高点击球的左侧中上部，前臂快速向右前方发力击球。

(7) 反手攻球技术要求。反手攻球的动作原理与正手攻球并无大异。在击球过程中要运用身体的重心，实现向右前方向的运动趋势而不光只是向前。在近台进行反手攻球时，大臂要保持相对稳定，主要利用前臂的力量将球击出，这样有利于动作的连续性。在击球瞬间，手腕儿既不能太"死"也不能太"甩"。手腕儿动作太死不易调节球的弧线，所以触球时应根据来球的具体情况适当的加一些摩擦动作。在这个过程中，手腕儿与前臂的动作一定要保持协调一致，不能做成"先出手再甩手腕儿"的分解动作。因为手腕儿动作太甩，连续板缺乏稳定性。在反手击球时，如果拍形相对直立，那么触球时的撞击成分就比较多。所以建议大家在控制拍形时可稍微多向下压一些，这样有利于在触球瞬间加强摩擦以增加对球的控制能力。

3. 正、反手拉冲

在身体调整不到位的情况下用高吊过渡。在实战中，如果对手回球质量很高，或自己在准备进攻时反被对手晃住，一步调整不到位的情况下，可以使用高吊弧圈球来进行过渡。高吊球的重点在于落点和旋转，出手时要为下一板考虑。如果自己完全把对方的球算住了，身体也移动到很舒服的位置，那么出手还是要以冲为主，加出质量。

高吊弧圈的弧线也可以低一些。无论正手还是反手，拉高吊时，手都要随着身体重心沉下来，等球到回落期击球。这样可以减少无谓失误，让摩擦更有数一些。出球效果可以尽量追求落点刁、旋转强，而且弧线越低，对对方的威胁越大。对方不容易调节动作进行反攻。

前冲弧圈要往前发力。高吊弧圈发力时，整个人的感觉是从下往上的力量更多一些，前冲弧圈因为要明显体现击球的威力，所以身体各部分的力量都要集中在球上。尤其是加速往前发力这一下要十分充分，让球足够快。

变化节奏的衔接要注意以下几点

(1) 区分高吊和前冲的击球时机。比球台低的球或是半出台感觉发不上力的球可以用高吊过渡，因为这种球不容易冲，只能在球的下降期亮一些板形，加摩擦和旋转。前冲一般要抓住上升期或下降前期，特别是下降前期，既可以借对方的力又可以自己往前发力。前冲弧圈往上发力很容易使回球出界。

(2) 正手转反手时重点在脚和腰。腰部和步法转换的快慢决定着正反手衔接时的速度,尤其是在第一板拉完高吊准备第二板衔接前冲时,只要可以迅速还原,就来得及打出高质量的衔接。

(3) 板形的调节多靠手腕。由于对方回球过来的球性不同,在衔接变奏进攻时,肯定需要通过调整拍形控制出球的弧线,高吊时更亮一些。在从正手拉向反手位转换时,手腕的作用更明显,但动作的大小因人而异。

4. 侧身暴冲击球

(1) 引拍。技术动作如下:

①压低重心,以右脚支撑身体,蓄势待发。

②上半身保持前倾,使脚下蹬地更有力。

③上半身持续压低,腰部向后大幅度转动。

④上半身保持稳定,右肩压低;手臂几乎完全伸直,向后摆动,右腿弯曲幅度很大,充分积蓄力量。

(2) 击球之一:腰部回转,利用重心交换在瞬间释放出身体的爆发力。击球前,身体重心压向右腿,以右脚前脚掌内侧蹬地,迎前击球,腰部回转,上半身稍稍向前压,运用出身体的力量,击球后,重心交换至左脚,充分释放出身体力量。

(3) 击球之二:向前上方发力,手臂起到辅助发力、控制弧线的作用。身体重心压向右脚,手臂几乎完全伸直,增加力臂长度,向前上方发力,前臂快速收缩,释放爆发力,前臂大幅度收缩,压短拉球的弧线,肘部指向出球方向。

(二) 攻球技术练习

(1) 徒手模仿正、反手攻球,体会挥臂、扭腰和重心转换等动作要领。

(2) 2人对攻中路直线或2人对攻斜线。

(3) 2人对练,一人挡球,另一人练习直拍横打技术;或一人自抛自攻,另一人用挡球回击;或一人正(反)手攻球,一人推挡回击;或一人一点攻两点,另一人两点推挡一点。

(4) 站位近台中偏右(左),在右(左)角端线附近自抛自攻对方右(左)边斜线。体会前臂和手腕动作要点。

(5) 拉中突击结合放短球练习。

六、搓球技术

(一) 搓球技术分析

1. 快搓

(1) 正手快搓:击球者肘部自然弯曲,手臂外旋使拍面角度稍后仰,后引动作较小。当来球跳至上升期时,利用上臂前送的力量,与手腕配合发力,触球的中下部并向前下方用力摩擦球。

(2) 反手快搓:与正手快搓基本相同、方向相反。

2. 慢搓

(1) 正手慢搓：击球者左脚稍前、身体稍向右转。前手臂向右上方引拍，前臂带动手腕向左前下方用力，在来球下降后期击球的中下部。直拍者反手搓要以食指和中指用力为主，同时拇指配合发力；横拍者则应将拇指和食指的协调发力充分结合起来。

(2) 反手慢搓：与正手慢搓相同，方向相反。

3. 摆短

(1) 正手搓球摆短：击球者右脚前移，靠近球台，球拍向右侧后方引，拍面稍后仰，在来球的上升期击球的中下部，前臂向前下方挥动，同时手腕适当配合发力。击球后，随挥动作应稍小，并迅速还原至准备姿势。

(2) 反手搓球摆短：击球者身体前移，靠近球台，球拍略向左后引至腹前，拍面稍后仰，在来球的上升期击球的中下部，前臂向前下方挥动，同时手腕适当配合外展发力。击球后，随挥动作应稍小，并迅速还原至准备姿势。

4. 搓侧旋

(1) 正手搓左侧旋：手臂外旋使拍面后仰，前臂提起向身体右前方引拍，横握拍者手腕外展，直握拍者手腕作伸。当来球跳至高点期或下降前期，手臂加速从左前下方挥动，横握拍者手腕内收，直握拍者手腕作屈，击球的中下部并自右向左侧摩擦球。

(2) 反手搓右侧旋：与正手搓侧旋基本相同、方向相反。

5. 搓加转球与不转球

搓加转球与不转球主要取决于作用力线是距球心的远近。若在搓球时加大引拍距离和拍面后仰角度，前臂、手腕加速用力切球，用拍下半部摩擦球薄一些，使击球的作用力线远离球心，则为加转球；若在搓球时缩短击球距离和减小拍面后仰角度，用拍上半部和中部碰撞球，使击球的作用力线接近球心，则为不转球。

(二) 搓球技术练习

(1) 徒手模仿搓球动作。

(2) 自己抛球，当球弹起后将球搓过网，反复练习。

(3) 一人发下旋球，另一人将球搓回。

(4) 两人一组，两人对搓中路直线，再对搓斜线。

(5) 两人一组发下旋球，一人正（反）手搓对方两点，另一方正、反手搓对方正（反）手一点。

(6) 搓球和攻球结合练习。

七、削球技术

(一) 削球技术分析

1. 正手削球

正手削球技术要求击球者两脚开立，左脚稍前，两膝弯曲，身体略向右转，手臂向右后上方移动,重心落在右脚。击球前,手臂自然弯曲,引拍至右肩侧,使拍面后仰;击球时,持拍手上臂带动前臂由右上向左前下方加速切削,同时手腕向下转动用力,在右侧离身体 40 厘米处,在来球下降期摩擦球的中下部;击球后,手臂顺势挥至右侧下,迅速还原成准备姿势。

2. 反手削球

(1) 近削:击球前,前臂上提,球拍稍竖;击球时,以前臂发力为主,手腕配合向前下方压球,在来球高点期或下降前期摩擦球的中部或中下部;击球后无前送动作。

(2) 远削:击球前,前臂上提,增大用力距离,引拍时动作适当加快;击球时,上臂带动前臂发力,球拍由上向前下方挥动,在来球下降后期摩擦球的中下部。

3. 削追身球

(1) 正手削追身球:以来球在身体中间偏右为例,击球者应右脚后撤,含胸收腹,向右后转腰。上臂靠近身体,前臂稍外旋向右上方引拍,拍面竖立,上臂带动前臂向下用力压球以控制球弧线,在下降前期击球的中部或中下部;击球后手臂向下挥拍,放松后还原成准备姿势。

(2) 反手削追身球:与正手削追身球基本相同、方向相反。

(二) 削球技术练习

(1) 徒手模仿挥拍练习。

(2) 用正、反手削对方的直线或斜线球。

(3) 正手和反手结合向固定落点削球。

(4) 逼角后结合变线。连续削逼左(右)角,突然变线回右(左)角。

(5) 削、攻结合练习。

第五章 乒乓球运动战术学练实践指导

在现代高水平乒乓球竞技比赛中，运动员或运动队只具备出色的技术能力是不够的，同时还需要有高超的战术能力作为辅助，从而取得比赛的胜利。乒乓球战术的制订是建立在长期的实践比赛基础上的，是个人经验加上理论知识的总结。本章主要讲述乒乓球基本战术和双打战术的学练，以期为乒乓球运动员的战术训练提供一定的指导。

第一节 乒乓球运动战术概述

一、乒乓球运动战术的概念

战术的概念有广义和狭义之分，广义的战术是指运动员技术、意志、智能和素质在比赛中有针对性的综合运用；狭义的战术是指在比赛中运动员根据对方的打法、类型及技术特点而采用的各种技术手段与方法。

战略和战术是两个不同的概念，战术包含于战略之中，战略与战术之间是全局与局部的关系。具体到乒乓球比赛中，一支乒乓球队伍参赛队员的确定，出场人选的排兵布阵等属于战略研究的范畴；而在比赛过程中运动员为了取得比赛的胜利所采用的各种技术、手段和策略则属于战术研究的范畴。

二、乒乓球运动战术的构成

（一）战术指导思想

战术指导思想是教练员根据比赛具体情况提出的战术运用的活动准则，它对运动员的战术运用起着重要的指导作用。乒乓球战术指导思想不是一时一日形成的，它是随着乒乓球技术的不断发展变化而逐渐形成和发展起来的。在竞争日益激烈的现代乒乓球运动中，乒乓球战术指导思想及其发展方向要求运动员必须掌握好全面技术，并加强自身的优势技术，将全面技术和特长技术结合起来，使得技术的结合更加完善，同时还要注意技术创新，保证技术向着更高、更新的方向发展。

（二）战术观念

战术观念是指运动员对战术的概念、内容、战术基本原理和规律等进行认识和思维后所产生的观念和形态。一般来说，运动员对战术基本概念、原理等的认识程度越高，其战术观念就越强。而战术观念的强弱，对贯彻教练员的战术意图起着极为重要的作用。

战术观念的形成同运动员的自身特质（如知识结构、比赛经验、思维方式等）有着密切的联系，并且还随着个人认识上的改变而不断发展变化着。当一个人形成某种战术观念时，他就会在训练和比赛中时刻表现出这种战术观念对其的影响和约束。一般情况下，在运动员对战术的理解还不够透彻时，他就很难摆脱原有观念对其的影响和约束。在激烈的乒乓球比赛中，战术运用有成功也有失败，但是若没有形成正确的战术观念，就难以取得比赛的胜利。

（三）战术意识

战术意识是指运动员在比赛中为了达到一定的战术目的而产生的思维活动过程。战术意识主要包含以下两个方面的内容：一是运动员在比赛中对自己所采取的战术方法有一个充分的了解；二是能够根据比赛情况的变化随机应变，迅速做出正确的战术行为。通常情况下，要想使得战术行为获得良好的效果就必须具备较强的战术意识。但需要注意的是，战术意识的加强并不能一定保证比赛的胜利。只有全面提高战术能力，才能使运动员具有取得比赛胜利的实力。

在平时的运动训练中，教练员要时刻注意加强对运动员战术意识的培养，使运动员深刻了解战术意识的真正含义。

（1）应让运动员明白采取某种战术的目的，并对自己所采取的战术行为可能产生的后果有所预测。

（2）在战术行为的有意识性表现上，运动员要对某种形势所产生的反映后果有所预测，这样才能获得比赛的主动和优势。

（3）运动员战术意识的强弱也表现在运动的普遍经验与个体经验积累的交织上。

（4）在运动员战术培养的过程中，要有目的、有意识、有系统地对运动员进行乒乓球专项意识和战术意识理论知识的传授。

（四）战术知识

战术知识是指有关战术的各种经验和抽象化信息的总和。一般来说，战术知识有以下两种划分方法。

1. 按战术知识的存在形态划分

一般来说，战术知识的存在形态主要有两种：一种是经验性知识，一种是理论性知识。经验性知识主要是靠运动员在长期的训练和比赛中积累起来的，由于运动员存在认识过程和掌握技能等各方面的差异性，因而经验性的战术知识往往带有较大的局限性和个体差异性。理论性知识是以一种抽象化信息形式来表现的，理论性知识是建立在无数个体经验性知识的基础上的，在很大程度上反映了客观事物发展的一般性规律，因而具有普遍性意义。在乒乓球比赛中，这两种知识都是十分重要的。

2. 按战术的适用性划分

在实践过程中，战术知识又可分为一般性战术知识和专项性战术知识，一般性战术知识是指带有普遍意义的战术规律、战术原理、战术方法和谋略思考原则以及战术功能、战术结构体系等方面的知识。专项性知识则是专项特征的战术方法、战术形式、战术运用的条件以及战术行为效果等有关的知识。

实际上，任何战术知识都是由过去逐步积累和发展起来的。当运动员积累了一定的战术知识后，会根据自身所具有的战术知识对战术活动作出预测和判断。因此，个人所具有的知识结构既是他认识活动的产物，又会反过来影响他认识事物的方式、方法和思维过程。由此看来，战术知识对于教练员和运动员都具有十分重要的意义。

（五）战术行为

战术行为是指运动员为达到某个战术目的而采取的具有针对性的动作系列或组合。教练员制订的战术要通过战术行为表现出来，战术行为是运动员战术概念、思想、意识等的具体表现，是完成战术任务的具体方式。运动员要想完成某种战术任务，达到比赛的目标就必须附诸于战术行为，而前提是这个战术行为必须有利于解决比赛中存在的问题，这样才会具有实际意义。

三、乒乓球运动战术的分类

（一）按项目分类

按项目分类，乒乓球运动战术可分为单打战术和双打战术。

1. 单打战术

乒乓球单打战术一般包括发球抢攻、搓攻、拉攻、对攻等，它是运动员在一对一比赛时，为了夺取胜利，在规则允许的条件下所采用的各种方法和手段。

2. 双打战术

双打战术是建立在单打战术基础上的，双打战术非常注重两人技术的组合及心理的默契配合程度。

（二）按战术攻防性质分类

按乒乓球战术攻防性质分类，可分为进攻性战术和防守性战术。

1. 进攻性战术

进攻性战术是指以我为主的、以得分为目的的行为方法，在乒乓球比赛中，进攻性战术尤为常见。进攻性战术是一种运动员积极的、力争占据主动的打法，整个战术都是围绕如何得分这一具体的行为来展开的。在乒乓球运动中，快攻结合弧圈打法、弧圈结合快攻打法、近台快攻打法的运动员在比赛中采用的大多是进攻性战术。

2. 防守性战术

防守性战术是指在被对手进攻的情况下，通过个人行为或两人（双打）协作，阻止对手得分的战术行为方法。但从本质上来讲，防守性战术并不全是完全处于被动状态的战术行为，有些防守性战术行为也能够直接得分。如削球选手，整场比赛看似被动，但是如果技术掌握的扎实，水平较高的运动员往往在进攻与防守的较量中取得胜利。由此可见，不能单纯地把防守性战术看作是一种被动战术。

（三）按技术使用的顺序分类

按技术使用的顺序分类，可将乒乓球战术分为发球抢攻战术、接发球战术和相持阶段战术。

1. 发球抢攻战术

发球抢攻战术是指运动员发球后立即采取进攻的手段和方法，这种战术对取得比赛主动，夺取比赛的胜利具有积极的意义。近年来随着世界乒乓球运动的不断发展，此种战术的运用越来越广泛。我国大部分乒乓球运动员就善于采取此种战术。发球抢攻的战术意识首先是发球直接得分，即使不能直接得分，也要通过高质量的发球迫使对方接发球时不能抢攻，回球质量差，无法形成杀伤力，从而为自己赢得主动进攻的机会。在运用发球抢攻战术时应注意以下几个方面。

（1）发球与抢攻的配合。在发球前，应观察对手的站位情况，根据对手的技术特点预先判断对手有可能采取的应接办法和手段，然后在头脑中形成何种抢攻手段。

（2）提高发球质量，将旋转和落点变化结合起来，同时强调发球技术的创新，为抢攻创造更多的机会。

（3）注重抢攻意识的培养，发球抢攻时要大胆果断。

（4）发球要与运动员本身的技术特点和特长配套，要充分发挥技术特长，如此才能起到发球抢攻的有效作用。

2. 接发球战术

接发球战术是与发球抢攻战术相抗衡的一项战术，其目的是破坏对方发球抢攻战术的运用。在乒乓球比赛中，如果接发球处理不好，就会陷入被动。因此，接发球的战术意识必须要积极主动，争取抢先进攻得分，即使不能抢先进攻，也要回给对手一个高质量的接发球，以达到破坏对方发球抢攻的目的。运用接发球战术时应注意以下几点。

（1）接发球要积极主动、果断，抢先上手。

（2）必须具备拉、快拨、快点、摆短、抽、晃等基本的接发球的能力。

（3）接发球的方式要灵活多变，以达到迷惑对手的目的，使其难以适应，从而破坏其发球抢攻、抢拉的战术意图，使自己争取主动进攻，为获得比赛的胜利打下良好的基础。

3. 相持阶段战术

相持阶段战术是指前三板之后，可采取的各种进攻控制手段和方法。在乒乓球比赛中，运动员主要依靠自身的技术特长来达到控制对方，争得主动，从而取得比赛胜利的目的。在相持阶段中，战术运用的是否合理最能体现运动员的综合实力。运用相持阶段战术时应注意以下几点。

（1）运动员必须具备扎实的基本功才能在相持阶段中充分运用好各种战术，争得比赛的主动。

（2）运动员在比赛中要将自己的打法类型与特长技术相结合，才能充分发挥相持阶段战术。

（3）运动员要具备良好的应变能力，善于根据比赛的具体情况做出战术上的变化。比赛中攻与防、主动与被动千变万化，瞬间就可能从主动变被动，也可从被动变为主动。运动员必须要有敏锐的观察能力和判断能力，才能更好地运用相持阶段的战术。

（四）按球的物理性质分类

按球的物理性质分类，乒乓球战术可以分为以速度为主的战术和以旋转为主的战术。这两种战术的引用要视对手的技术特点而定。

1. 以速度为主的战术

此战术的主要意图是充分利用快速多变的特点来调动并控制对手，以达到攻击对方的目的。运用此战术时要注意以下几点。

（1）运用战术要灵活多变，充分运用近台正、反手攻球和推挡等变化来攻击对方，为自己主动攻球创造有利条件。

（2）各种技术的运用要快速，以达到克敌制胜的目的。

（3）对付不同打法类型的运动员时要有针对性。如对付攻球和削球，可采用的手段是不同的，所体现的速度特点也不同。

2. 以旋转为主的战术

此种战术在具体运用方法上主要是弧圈球进攻为主，辅以一定的快攻，以及削球打法中的转与不转。其战术意图是通过球的旋转变化来控制、攻击对方，以达到取得比赛主动的目的。运用此类战术时应注意以下几点。

（1）以弧圈球为主要得分手段，用前冲弧圈代替一般的扣杀，既有强烈的旋转，又有较快的速度，充分发挥旋转的作用，并能得分。

（2）充分利用发球、搓球、快拨、快点等多种控制手段为拉弧圈球和扣杀创造条件。

（3）要清楚地认识到以旋转为主打法的战术在运用时，直握拍和横握拍两种打法的区别。如运用对攻或相持战术时，使用的技术手段有所不同。在相持阶段处理反手台区球时，直握拍打法可能使用推挡球、直拍横打或反手攻球为来正手创造机会；横握拍打法使用两面拉弧圈来为正手冲或扣杀创造机会。

四、影响乒乓球战术的因素

（一）军事学与谋略学因素

谋略就是指对抗双方为了获得比赛的胜利，尽可能地发挥自己的智慧，开发自己的潜力，寻求出奇制胜的方法和策略。在现代乒乓球比赛中，在双方技术实力相当的情况下，谁的战术运用合理，谁就会收到好的效果。战略、战术的制订和运用同军事学是紧密联系在一起的，在制订战术和谋略的过程中，主要是通过把握对方的特点，正确分析自己的实力，充分发挥自己的特长技术来限制对方，从而达到战胜对方的目的。由此可见，军事学和谋略学对战术的影响是巨大的，在平时的训练中一定要学习好、贯彻好。

在乒乓球团体比赛中，战术与谋略对比赛的走势和影响是极为巨大的，是团体赛成败的关键因素之一。在进行团体比赛时，教练员一定要从以下几个方面加以综合考虑。

（1）出奇制胜。所谓"奇"，就是派出一般人预料不到的选手，致使对方惊慌失措，发挥不出真正实力。

（2）大胆启用年轻球员。年轻球员或者新手虽然经验比较欠缺，但是冲劲十足，容易给对方造成较大的精神压力，打一个措手不及。

（3）知人善任。比赛中运动员的状态总会出现一定的起伏，这是正常现象，这时教练员就要给予运动员充分的信任，针对心理问题找出原因，帮助其克服困难，打好比赛。

（4）根据实际情况，制订好团体赛的排兵布阵，这直接关系到整个比赛的胜负。教练员在排兵布阵时要从以下三个方面进行考虑：一是要采取以我为主的方法；二是要采用"针对性强"的布阵；三是要根据本方队员的技战术、心理等各方面的情况加以选择。

（二）心理与思维科学因素

在高水平乒乓球比赛中，运动员心理素质的好与坏是至关重要的，有时能起到决定性的作用。运动员在实战比赛中通常有两种表现类型：一类是"训练型"；另一类是"比赛型"。"训练型"运动员的特点是训练时能较好地发挥出自身的实力，但在实战比赛中心理素质较差，无法充分发挥出训练中应有的技战术水平。"比赛型"运动员的最大特点是在实战比赛中的心理素质较好，能充分发挥出自己平时训练中的技战术水平，从而获取比赛的胜利。

运动员的思维能力也是至关重要的，运动员对教练员比赛战术领悟与贯彻能力，就取决于其智能水平。因为，在现代高水平乒乓球比赛中，仅仅依靠单一的战术方法取得比赛主动乃至胜利是不可靠的，运动员必须要通过临场观察来分析对手的特点和打法，采取克敌制胜的策略。因此这就对运动员的思维、分析能力提出了更高的要求。

（三）技能与体能因素

在任何运动比赛项目中，技能都是最为关键的要素，它是运动员掌握各种基本技术的能力。而技术掌握的是否全面，技术水平的高低，则直接影响着战术质量的优劣。比如在乒乓球比赛中，如果一个以旋转为主结合快攻的选手连弧圈球基本技术都未能很好掌握，要想在比赛中取得发球抢攻的效果是异想天开的。因此，运动员技能的好坏，将直接影响着战术行为的贯彻和实施，对比赛的结果起到重要的决定性作用。

在比赛中，运动员要消耗大量的体力，想要贯彻好教练员的战术意图，需要有良好的体能作为保障。在乒乓球比赛中，比赛回合越来越多，竞争越来越激烈，这就要求运动员每一板击球都必须尽全力争取主动，否则就会陷入被动，影响战术的效果。因此，运动员要有非常好的体能储备作为基础，才能更好地驾驭比赛。

第二节　乒乓球运动基本战术学练指导

一、乒乓球运动基本战术的内容

（一）发球抢攻战术

发球抢攻战术是指运动员发球后立即采取进攻的手段和方法。发球抢攻战术是以旋转、线路、落点及速度不同的发球来增加对方回击的难度，使其出现机会球，或降低回球质量，然后抢先进攻，以争取主动或直接得分。发球抢攻战术运用得好对整个比赛的走向具有重要的战略性意义。一般来说，发球抢攻战术主要有以下几种。

1. 正手发转与不转球后抢攻

此战术一般以发至对方中路或右方短球为主，配合左方长球。此种战术开始先发短的下旋球为好，以控制对方不能抢攻或抢拉，然后再发不转球抢攻。不转球，一般也先发短的，或发至对方攻势较弱的一面，伺机抢攻。

2. 正手发高、低抛左侧上、下旋球后抢攻

正手发高、低抛左侧上、下旋球后抢攻战术可发至对方中左短、左大角、中左长、中右（向侧拐弯飞行正好至对方怀中）和右短，配合一个直线奔球，若抢攻和发球落点方向相反的落点则威胁更大。

除此之外，左手执拍的选手采用此种发球抢攻的战术效果较好，一般多用侧身发高抛至对方右近网并拐出边线，待对方轻拉起来，可用反手狠压一板直线，也可侧身用正手反拉，或直接得分，或为下板球的连续进攻制造机会。

3. 下蹲发球后抢攻

该战术可以将左侧上、下旋与右侧上、下旋球结合运用，落点有长短变化。对于常用搓球接发球的选手，应以发上旋为主。抢攻的落点要灵活变化，攻击对方的弱点或声东击西。

4. 反手发急上、下旋后抢攻或抢推

该战术在以下两种情况下运用。

(1) 反手发急上旋至对方反手后，侧身抢攻。急球必须发得快、力量大、线路长，且能有一个直线急球配合。

(2) 擅长反手推挡的选手，或遇到对方反手推攻较差的选手，可发急下旋球，若对方搓球回接，必然不好控制短球，可用正手或侧身抢攻；若对方向上轻托，可推挡加推压或侧身抢攻。

5. 反手发右侧上、下旋后抢攻

该战术一般发至对方中右近网处或半出台落点，配合发两大角长球。两面攻选手，特别是擅长反手进攻的选手常采用此战术。利用发球旋转的变化正反手两面上手，抢拉、抢冲或反拉、反撕，尤其反手起板，出手快，突然性强，使对方较难防御。

(二) 接发球战术

接发球战术是与发球抢攻相抗衡的一项战术，目的是破坏对方的发球抢攻，争取在接发球轮形成相持或主动的局面。

1. 接短球

此战术是在对方为控制我方的抢攻而发短球时所采用的积极回球的方法，可分为以下两种。

(1) 快摆结合劈长。在对方发较转的短球时，可以快摆为主结合劈长。

(2) 挑打或晃撇。在对方发侧上或不转短球时，可大胆挑打；对于不转球还可以利用身体的晃动，将球撇至对方反手大角，由于伴有身体的晃动，使对方不敢轻易侧身。

2. 稳健控制法

利用拉、推、拱、搓、削等技术接发球，主要注重接发球的命中率，以稳为主，但也需加强手法、落点的变化和对弧线的控制，以防对方抢攻。一般为攻对削、削对攻或削对削时采用。

3. 接发球抢攻

接发球抢攻是一种最为积极主动的接发球打法，发展到现在，世界各国的优秀选手都十分重视接发球抢攻战术的重要性。需要注意的是，在运用此战术时，对于对方发球的旋转要判断清楚，步法移动要迅速，以保证用最佳的击球点和击球时间击球。

(三) 搓攻战术

搓攻战术主要运用"转、低、快、变"的搓球控制对方，以寻找战机，然后采用低突、快点或拉攻等技术展开攻势并进入连续进攻；在搓球中遇到机会球时进行扣杀，常常带有突然性，往往可以直接得分。

1. 搓转与不转后抢攻

搓强烈下旋球后配合假动作不转球，给对方的抢攻制造困难，自己伺机起板。这里应特别指出，对高水平的选手来说，单纯的旋转难以控制住对方进攻（包括抢拉、抢冲和抢攻），所以旋转变化必须结合落点控制。

2．搓至对方进攻的薄弱环节，自己抢先进攻

摆短、劈切大角度、控制对方反手等，总之是搓至对方进攻的薄弱环节，限制对方的进攻，之后自己争取抢攻。

3．先搓反手大角，再变直线，伺机进攻

主要用来对付反手不擅长进攻的选手。先逼住对方反手大角，视其准备侧身攻或将注意力都放到了反手后，就变线至其正手，伺机抢攻。

4．下旋转为上旋

（1）搓中先拉一板弧圈或小上旋，迫使对方打快攻。

（2）搓中突击。直拍正胶快攻选手，在遇到旋转不特别强烈或位置比较合适的搓球时，应大胆运用搓中突击或快点的技术，由此转入连续进攻。

（3）搓中变推。遇对方搓过来的不转球（包括长胶、防弧圈球拍搓过来的球），直拍进攻型选手可用推挡应对，由搓变推，转为快攻。

（4）2名削球手或一攻一削相遇，对搓中拉或拱一板，之后转为拉攻或拉搓吊结合，再依具体情况实施相应战术。

（四）拉攻战术

拉攻是对付削球打法的主要战术，即通过拉球落点、旋转和力量变化制造机会，伺机突击、抢冲和扣杀，从而达到控制对方，争取主动的一种重要手段。

1．拉斜杀直或拉直杀斜

一般来说，拉斜杀直时的拉球比较保险、稳健，杀直线虽威胁大但技术难度也较大；拉直杀斜时拉球难度稍大，但杀斜线的难度降低，命中率高。因此，在运用此种战术时，要根据对手和比赛场上的具体情况而定。

2．拉左杀右或拉右杀左

拉左杀右或拉右杀左战术是拉对方一边杀另一边。一般先拉削球旋转变化不强或攻势较弱的一边，出现机会后杀另一边。

3．拉中路压两角或拉两角攻击中路

拉中路压两角，是从中路寻找机会，然后杀两角得分；拉两角攻击中路，是先从两角找机会，然后突击中路得分。

4．变化拉球的旋转和长短落点，伺机突击

该战术是在拉球中拉出真（强烈上旋）、假（不转）及侧旋弧圈，用旋转的变化来增加对方削球的难度；也可用拉球长短落点的变化来创造机会，即先拉长球至对方端线处，迫使对方后退削，再突然拉一板中路偏右的短球；或先拉刚出台的轻球，再发力拉靠近端

线的长球，从中伺机突击。

（五）对攻战术

对攻战术主要是用于快攻类和弧圈类打法的运动员，快攻类打法依靠正、反手攻球和反手推挡、快拨等技术，要充分发挥速度的优势，调动压制对方来达到攻击的目的。弧圈类打法依靠正、反手的拉弧圈球技术，发挥旋转的威力来牵制对方，最终达到攻击目的。

1. 攻两角战术

（1）对角攻击。紧压对方反手一侧的角，不能给对方进攻机会，结合突然的大角度变线，再攻其另一角。

（2）双边直线。先攻直线一角，再运用直线来攻另一角。

（3）逢斜变直，逢直变斜。这是大角度变换，袭击对方空当的一种有效战术。无论是斜线变直线，还是直线变斜线，回球的落点都应在球台的角上。

（4）调右压左和调左压右。这两种战术的采用应根据对手的实际情况来决定。

①调右压左：是把右手执拍的选手调到正手位，并被迫离台，然后再打反手，让对方同样不能发挥反手攻的特长。

②调左压右：若对手是左手执拍且擅长侧身攻，采用此战术对付对手会取得非常好的效果。

调右压左和调左压右，都需要把对手调到正手位后再压反手位。调正手和压反手两者之间关系是紧密联系和相辅相成的，但要有明确调正手的目的。不论是用推挡、反手攻，还是侧身攻，都要速度快，并且回球角度要大，这样才能起到调动对方，达到争取主动的目的。

2. 攻追身战术

（1）攻追身杀两角。先要攻对方中路追身，再去扣杀左角或右角。

（2）攻两角杀中路（追身）。先要攻对方左、右两大角，再伺机去扣杀中路。

（3）攻追身杀追身。连续攻追身，再连续攻中路，伺机进行发力，扣杀中路或两大角。

（六）弧圈球战术

弧圈球战术能够把速度和旋转有效地结合起来，稳健性好，适应性强。目前，许多著名乒乓球选手已经用这一战术去代替攻球或扣杀。

1. 发球抢拉战术

发球抢拉战术主要是正手（或侧身）发强烈的下旋球至对方左侧近网处。迫使对方以搓回击，然后拉加转弧圈球到对方反手或中路；反手发右侧上、下旋球至对方中路偏右或偏左的地方，然后拉前冲弧圈球至对方两大角；反手拉急下旋球至对方偏右或左大角，当对方以搓球回击时，拉前冲弧圈球至对方正手。一般用速度快、落点长的球，使对方退守，然后根据对方的站位和适应弧圈球的能力，决定拉哪种弧圈球向对方攻击。

2. 接发球抢拉战术

接发球抢拉战术是与发球抢拉战术相抗衡的一项战术。其目的就是攻在前面，破坏对方发球抢拉战术的运用，自己则争取主动直至最后胜利。当对方发侧上旋球和不太转的球时，用前冲弧圈球回击；当对方发侧下旋球或强烈下旋球时，用前冲弧圈球回击；当对方发侧下旋球或强烈下旋球时，用拉加转弧圈球回击。

3. 对攻相持战术

在对付从两面进攻的打法时，应充分利用正手拉弧圈球攻其中路，再压其反手或突击正手；对付左推右攻打法时，可先以弧圈球拉住对方左角，然后转拉中路靠右或正手；如果对方正手攻弧圈球技术较差，可连续使用拉、冲对方正手，再转攻反手。

4. 弧圈球结合扣杀战术

用前冲弧圈球迫使对方远台回击，然后放短球，再加杀；用拉加转弧圈球与不转球相结合，伺机扣杀。

(七) 削、攻结合战术

这是削攻结合打法的主要战术之一，主要是以削球旋转的变化来牵制并控制对方，同时为进攻创造有利机会。

1. 削转与不转伺机反攻

(1) 以先削加转，后送不转，结合落点进行变化，伺机反攻。

(2) 用削下旋、突削侧旋，扰乱对手，伺机反攻。

(3) 在连续削球中，突然用拱或带来扰乱对手，伺机反攻。

2. 削、攻结合

(1) 在削球时，以削球为主，削攻相互结合，伺机得分。

(2) 以反手削，正手攻，削攻相结合，伺机得分。

(3) 以正、反手的削、攻结合，运用旋转和节奏变化来扰乱对方，争取进攻得分。

3. 削两角，伺机反攻

(1) 用削球紧逼对方两大角，伺机抢攻。

(2) 用削球紧压对方左角（右角）突变右角（左角），伺机进行反攻。

4. 削长、短球伺机反攻

(1) 用削同线、异线的长、短球，伺机反攻。

(2) 用削近身长、短球，伺机反攻。

二、乒乓球运动基本战术的学练

(一) 单个战术练习

单个战术练习是指运动员通过多次实战比赛得出的经验，将复杂多变的战术简化，总结成富有规律性的战术，反复练习。如在比赛中对付正手单面强攻者时，可采取先压反手大角，后调正手空当，再压反手的战术。这是长期比赛中积累出来的经验，平时照此方法练习，就可以达到事半功倍的练习效果。

（二）附加装置练习

附加装置练习是指对球台、球网做适当调整或增加附加装置后再进行训练的一种方法。这是一种更为有效的练习方法，常见的主要有以下几种。

1. 击中目标练习法

在训练时，在对方台面上放置半个乒乓球或其他物品。要求运动员在练习时尽力击中目标。经常运用此法练习可大大提高控制落点的能力，提高某特定战术的训练质量。

2. 加宽球台练习法

加宽球台是指将球台的其中一方改放一个半或两个台面，使台面变得更加宽阔。此法多在练习步法时采用。

3. 网上加线练习法

将球网上方另加一直线，要求双方击球皆从中间穿过（中间约为 5 厘米）。此法一般在对搓时采用，目的是控制弧线高度。

4. 升降球网练习法

升网法是指将球网稍升高（约 1 厘米），然后进行击球的练习。此法可增加攻球弧线的弯曲度，对攻球弧线过直者，颇有实用价值。降网法是将球网略下降，然后进行击球练习，此法多在练习削球或搓球时采用，可降低击球弧线的高度。

（三）意念打球练习

意念打球练习是一种将心理学知识用于乒乓球训练的产物。采用此法练习时，一定要集中注意力，切不可三心二意，否则就收不到应有的训练效果。意念打球主要可通过以下几种方法进行练习。

1. 纯意念练习

纯意念练习是指想象对手击出各种球，想象自己做出各种相应的快速还击动作；也可仅想象自己做快速手法或步法的练习。

2. 假想对手，做各种手法、步法练习

脑中想出对手击出各种球，自己做相应的回球动作。

3. 暗示拼抢 1 分练习

此练习要求练习者在每分球开始前，心中默念（或小声嘟囔）："拼，拿下此分！"随之，发挥全部身心之力，拼下此分。此练习的目的在于锻炼自己的高度注意力，集中精神拼搏的毅力。这种心理状态正是 11 分比赛时所最需要的，也是最难得的。一场或一局比赛都是一分一分打的，抓住每分球，就可获得全局的胜利。

第三节 乒乓球运动双打战术学练指导

一、乒乓球运动双打战术的内容

双打是两人合作共同进行比赛的项目,首先要强调两个人的团结合作,互相配合,互相鼓励,互相谅解,互相信任。只有这样,才能在训练和比赛中做到思想上和行动上的协调一致和默契配合。通过双打的练习和比赛,不仅能锻炼身体,还能培养学生的良好品质和集体主义精神。

双打是以单打技术为基础的,但又不完全是两名选手单打技术的相加之和。两名最优秀的单打选手,并不一定就是最理想的双打配对。所以,双打战术的运用需要根据两位选手的风格、技术特点来确定,尽量充分发挥配对者各自的优势与特长。下面是几种常用的基本战术。

(一)发球抢攻战术

发球者以发侧上、下旋或转与不转的近网短球为主,配合发长球至对方的右大角和中路稍偏右的位置。要求发球要短、旋转变化应大、动作尽可能逼真,并通过暗示及时传递给同伴。抢攻者有意识地根据回球的落点、长短及旋转进行有目的、有准备的抢攻,击球用力大小、速度快慢、旋转强弱要根据来球进行调节。

双打的发球要出手快、弧度低,落点以近网或似出台而未出台且接近中线的球为宜,以抑制对方接发球抢攻,为本方队员抢攻创造有利机会。对付进攻型或弧圈型打法的选手,应以发侧上、侧下旋转或转与不转的近网球为主,配合发急球至对方右大角或中线偏右的位置,伺机抢攻、抢冲。对付削球型打法的选手,以发侧上旋、急下旋长球为主,配合各种近网短球,伺机进行抢攻和抢冲。

运用此战术时必须注意和同伴的默契配合,可用手势暗示同伴发球的种类和落点,达到发球抢攻战术的成功运用。

(二)接发球抢攻战术

接发球抢攻是指运动员在判断清楚来球的旋转方向、速度、落点时,果断进行抢攻,以获得进攻主动权的方法。运用此战术的主要目的是攻击对方的空当,以制造杀机。遇到长球用快攻或快拉回击;遇到短球,以快点为主,配合摆短或撇一板。如果对方发球质量很高,不能直接抢攻时可变化接发球手段,控制好弧线和落点,避免因盲目硬攻而造成的失误。

(三)控制强者、攻击弱者

双打中,两人的实力总会有强有弱,这就要求运动员在比赛中通过观察发现其中的破绽，将强者和弱者区别开来。正确的战术是，严密控制对方的强者，力争对其先行攻击，尽量不给或减少给强的对手主动进攻的机会；把对方相对的弱者作为我方的突破口，力争在他身上得分或为下板球的扣杀制造有利机会。打对方强者时要适当凶狠些，打对方弱者时可凶中带稳。

（四）攻正手、打空当

这是对付不同执拍手配对时所运用的战术。一左一右手配对，通常是左手执拍者站位球台右侧，右手执拍者站位球台左侧，以充分发挥各自正手攻球的优势。由于对手过多地注意了各自的侧身位，以至真正的正手位反倒由实变虚。因此，攻击其正手位往往可获得成功。

（五）紧压一角、突袭空当或追身中路

连续攻击对方一角，迫使对方两人挤在一起，伺机打其空当或追身。如果能紧压对方较弱的一面，效果会更好。

（六）不同类型打法的主要战术

1. 快攻类打法对快弧类打法的主要战术

（1）发球抢攻战术。双打发球的总体要求是：短、旋转变化大、对同伴有暗示、抢攻以对方空当和两人结合部为主。

（2）接发球抢攻战术。力争以快点为主或用快拉去回击，亦可运用摆短、切、撇等过渡一板。要求落点好、具有突然性，使对手不容易抢攻，为同伴下一板进攻创造机会。

（3）从中路突破再变线战术。应严格控制台内短球，伺机抢先突击，力争主动打至对方中路，使对方处于被动防守的局面后，突击变线，从而为扣杀创造更多的机会。

（4）以近网短球控制为主突击变各条线路战术。这是针对削球或中台防御型选手所采用的战术。发球应以侧上旋为主，伺机攻击各条线路。

2. 弧圈类打法对弧圈类打法的主要战术

（1）发球抢攻战术。

（2）接发球抢攻战术。抢先上手，用滑板、快拉、挑、点等打对方的空当，为同伴进攻创造机会。

（3）对拉中交叉攻击两大角战术。充分运用拉两条斜线，迫使对方大范围跑动，造成回球质量不高，从而有利于本方进攻。

（4）对拉中拉一点突然变线战术。即用强烈的前冲弧圈球连续攻击对方的一条线路然后突然变线的战术。

3. 以削球为主打法对快攻类、弧圈类打法的战术

（1）发球抢攻的战术。当比赛处于被动局面或比赛进入到关键时刻时，以发近网转与不转短球为主，配合突然性发球扰乱对手，由同伴进行抢攻，往往能扭转败局出奇制胜。

（2）接发球抢攻的战术。这种战术常会打乱对方的作战计划，从心理上给对方造成很大压力，同时也能给同伴创造机会，使自己增强信心和提高削球的主动性。

（3）逼削两大角伺机反攻的战术。比赛中要有意识地击球至对方二人各自的弱点处，寻机扣杀。在对攻中要有意变化击球的速度、旋转或弧线（或落点）长短，调动对方，为扣杀创造有利机会。还有在关键时刻（如决胜局的最后阶段，9平、10平……）一般不宜过多、过急地发力，最好可以凶中带稳。因为此时双方的心理压力都很大，技术发挥必然受到影响，这时哪一方击球的命中率高，哪方便容易获得优势，并取得胜利。但在遇到机会球时（如对方回球高且慢），就应毫不犹豫地发力猛扣或抢冲，争取直接获得分数。

二、乒乓球运动双打战术的学练

在乒乓球双打战术教学中，常用的练习方法主要有单人陪练、双人陪练和多球练习等。

（一）一人对两人的定点训练

（1）定点击球练习。

（2）一点打两点，可限制左或右半台区域练习。

（3）半台对全台练习。陪练方在左半台或右半台回击到主练方的全台。

（二）两人对两人的定点训练

陪练方两名选手、主练方两名选手的对练。陪练方两名选手可以以如下方式进行。

（1）有序对无序。陪练方不受双打击球次序的限制，可任意一人连续击球。

（2）一点对两点练习。

（3）两点对两点。

（4）两点对一点。

（三）两人对两人的不定点训练

两人对两人的不定点训练是双打战术训练的主要方式之一。

（1）攻对攻练习。

（2）守对攻练习。

（四）双打中的多球训练

（1）双人移动中攻下旋练习。

（2）双人移动中两面攻练习。练习者在移动中以正手或反手还击。可结合推、攻内容进行练习。

（3）双人移动中扑攻练习。

（4）双打走位练习。练习者轮流在移动中进行还击，主要任务是练习走位。

（5）击打目标练习。

(6) 综合练习。陪练员用各种手法供送不同落点的球。练习者根据来球的不同性能，采用相应的技术轮流进行还击。

(7) 削中反攻练习。

(8) 正反手削球练习。

(9) 搓中突击转连续攻击练习。

(10) 接长短球练习。

(11) 扩大防守练习。

(12) 轮流发球练习。大多采用单人多球发球，要求旋转、落点、弧线和速度质量俱佳。

(13) 接发球练习。大多采用一人发球、一人接发球的方法。要求判断旋转、落点，采用摆短、挑、点等技术接球。

教练员也可以亲自参加多球训练，应掌握各种不同的供球技术，并具备充沛的精力与体力。

（五）发球和发球抢攻训练

(1) 发球专门练习。要去不断提高发球的质量，增加球路的变化，将球准确地发至规定的落点范围内。

(2) 发球与抢攻相结合的练习。

(3) 采用比赛或计分练习，进一步提高发球和发球抢攻的质量。

（六）接发球和接发球抢攻训练

(1) 接发球专门练习。一般采用二人对练的方式，陪练方发球，主练方接发球，将球接至规定的区域内。

(2) 接发球抢攻专门练习。此练习可采用单人陪练，也可采用双人陪练。

(3) 采用比赛或计分练习。进一步提高接发球和接发球抢攻的质量。组织专门的接发球抢攻比赛或计分练习。

第六章　高校乒乓球运动项目的科学训练研究

中国的乒乓球运动在世界乒坛中长期占有优势地位，因此乒乓球被誉为中国在"国球"，中国的乒乓球运动不仅拥有丰富的实践经验，还拥有丰富的科学管理和训练理论。

这些理论不但运用了中国乒乓球运动员在训练过程中的一些经验，而且对于先辈们的科学理论进行了解释和说明，具有强烈的系统性、原理性、实用性和前瞻性。这是中国体育运动训练中最为耀眼的财富，在遵循这一运动训练原则和方法之后，中国乒乓球运动的成绩取得了空前的进步。

实践是检验真理的唯一途径。从这一理论观点出发，我国乒乓球运动的成功证明了中国独有的这一套训练理论具有非常高的科学价值。

第一节　高校乒乓球运动训练的目的和发展情况

乒乓球运动训练的目的主要有以下两点。

一、理解打乒乓球的精髓

同任何事物一样，乒乓球运动中充满着一串串矛盾，台内与台外、近台与远台、借力与发力、撞击与摩擦、凶狠与稳健、局部与整体、自己与对手……这些矛盾无法回避却又极易被忽略，只有正确地对待与处理好这些矛盾，才能成为真正的乒乓球高手。大学生学员如果能更好地理解乒乓球运动技战术的精髓，那么对自身乒乓球运动水平的提高将会有莫大的帮助。

（一）处理好台内与台外的关系

乒乓球需要打球者从站位、手位、重心等各方面建立起长短兼顾的意识，才不会顾此失彼。

观察当今顶级选手接发球时的站位，多是离台有一定距离，他们的手位多数较高（不低于台面），但手位的高低却是每个人在周旋过程中都需注意保持的，这是长短兼顾的前提。

在上前处理台内球时，脚下保持了弹性，移动中借助碎步调整，如果做到了这两点，就可以保证再次起动的灵活性。在回击长球时，每板球的还原过程中，身体重心时刻不忘迎前，这既有助于提高回长球的质量，也有益于扑前回短；向前扑救时，切勿正对来球直接往前冲，而要向斜前方移动，使移动方向与来球线路成一定夹角，以便为击球时留出转腰引拍的空间。

一般人打乒乓球，都知道长短结合的道理。但是在实际运用的时候，一定要注意对方打球的特点，如果对方的短球比较有优势，那就要主动为对方送去长球，击打对方的弱项，伺机转守为攻；相反，如果对方的长项是长球，那么就要主动为对方送去短球，寻找恰当的时机，突袭对方。无论采取哪种方式，都要视场上情况灵活运用，不被对方摸准规律。

（二）处理好近台与远台的关系

速度是乒乓球的第一制胜要素。对于旋转、力量，人们的适应可以说是没有极限的。但科学实验证明，人对速度的反应是有极限的，而乒乓球技术的演进，其实也就是把击球速度推向极致的过程。为了加快球速，贴近球台击球显然比退台更直接、更省力。

但一味强调近台快速击球，必然会因为追求出手快而动作小，动作太小，击球的力量就不充分，一旦对方退后半步，第二弧线所占比重上升，近台击球第二速度有限的劣势就会被放大，球落台后前冲力不强，到对方身前时已成强弩之末，自然易被对方反攻。所以，如何在第一速度与第二速度、近台与中远台之间，找到恰当的平衡，是每一个有志于打好乒乓球的人都需要考虑的。

处理好近台与远台的关系，关键在于把握好不同击球时间、不同动作幅度间的转换。实战中，在近台不要过度拉手，以保证快速压制对方；退台时舒展身体，以节奏和落点变化争取机会，时机成熟，就主动迎前，争取更早的击球时间，让自己的进攻弧线更多是自上而下，以加强向前的用力，避免过多向上分散用力，让自己越打越靠前。退台是为了积极过渡，是以退为进、以守为攻，是为了减少不必要的失误；近台才是得分的主要源泉，是制胜的根本。

（三）处理好借力与发力的关系

在乒乓球运动中，每一次的击球都是借力和发力共同作用的结果，其中的差别无非就是借力占比多一些还是发力占比多一些。

借力发力从理论上来讲也可以称之为合力，合力的关键就是能够找到一个恰当的合力点。从理论上来讲，击球点越靠前，那么球本身具有的力就会越大，这时，也最容易借力。如果选择在球的上升前期去击球，这个时候来球的力虽然很大，但是球的高度比球网还低，难度是比较大的。如果击球的时机较晚，在球的下降期去击球，那么球本身具有的力就会很小，也不是一个很好的选择，并且容易造成球的出界。

因此，要掌握好击球的时机，在来球的最高点或者是最高点之前才是击球的最好时机。发球也是同样的道理，如果触点过高，就会感觉力合不上；触点太低的话，只要击球使用力不恰当，就很容易造成出界的后果。

除找准合力点外，动作幅度的控制也是必须注意的。要想借好来球之力，触球点不宜离身体过远，尤其当对方来球力量很大时，必须借助身体重心保证借力的稳定性，而一旦手离身体太远，控制感就会明显削弱。但动作幅度绝不是越小越好，因为合力是借力中发力，而不是只借力不发力（除非减力防守），否则击球质量会明显下降。

有的人练球时，只顾追求板数，趴在台前、缩手缩脚地来回借力，为了来回而来回，却忽略了最根本的练习目的——球质量。这种来回打得再多，也是没有生命力地来回，经不起实战的检验。只有把握好借力与发力的比例尺度，做到力量因球制宜，能够自由驾驭，才是合理的合力，合理之后，来回自然增多，相持能力自然加强。

（四）处理好撞击与摩擦的关系

在乒乓球发展的早期，撞击与摩擦是一对难以调和的矛盾，要么完全以摩擦为主防守，要么直接撞击展开进攻但弧线不佳。而弧圈球的出现和发展，成功地将这对矛盾统一起来。现代弧圈球是"连打带摩"，把撞击与摩擦有机地融为了一体。

怎么样才能够更好地融合撞击和摩擦之间的关系呢？首先就要明确影响打出距离、出手速度的最直接因素就是拍形，影响弧线曲度和第二速度的是手腕的转动。只有明确了两者之间的关系，才能够有针对性地调节两者的方式和最佳配比，实现撞击和摩擦的兼顾。

（五）处理好凶与稳的关系

乒乓球运动是一项非常讲究技巧的运动项目，运动员之间不断击球和回击球也是一个互相博弈的过程，双方斗智斗勇，凶稳结合，只有心理和技术占优的一方才能够获得比赛的胜利。一味地击出快节奏的球，只会让对方不断适应这种变化，而速度上的加快，只能增加自己失误的次数。

在比赛过程中，如果一方突然降低自己的进攻节奏，改为击打高点或者下降前期的球，反而更容易破坏对方的节奏，最大程度上为自己赢得充分判断的时间，看准时机，抓住对方的漏洞。不难发现，在双方进行拉锯进攻的时候，突然改变自己的打法和技术，能够在一定程度上给对方以心理和生理上的打击，一旦对方有一点儿失误，己方马上就可以突然就发力，赢得比赛。

（六）处理好局部与全局的关系

如果说运动员对整个战局没有一个周密的考虑，对战术的执行也没有合理的安排，仓促上场，这无疑是这场比赛的最大缺点。当运动员心神不定的时候，对于失分就会有一种"不在乎"的心理状态。所以在进行任何一场比赛的时候，运动员一定要做好充分的赛前准备，制定出适合自身长处的战术，并且在比赛过程中坚决执行这一战术。

具体到每一分来说，即使每个球的外在形式可能会存在一定的差异性，但是必须要服从一个相对明确的战术，要抓住主要的矛盾，有自己的主见和思路。就体力和精力而言，应该重点用于转折球、胶着球和关键球，不要让每一个球都分散自己的精力。

一名优秀的学员和教练，一般都是要记好每一场重要的比赛，甚至于每一个比分，并且重点分析其中的战术运用和失误原因。正是因为拥有清晰的战术头脑，他们才能够在比赛场上临时制定出能够应对的策略和战术，并不是满足于某一项战术在某一阶段取得的阶段性胜利。

在连续运用压反手调正手的战术成功得分之后，对手一般都会着重保护自己的正手位，在这个时候，进攻方也要适当调整自己的进攻手段和方法，一味地击打对方的正手位，就会"自投罗网"，这时，需要适当调整自己的进攻节奏和方式，当你突然改变自己的打法之后，对方会忙于应付新战术，从而忽略了正手位的保护，然后，你可以突然击打对方的正手位，给对方来个措手不及。

（七）以我为主观察对方

在实际比赛中，更多出现的是相对优势，即双方各有所长。这时候，运动员有三种选择：以自己的特长打对方的特短，以特长对特长，或者以特短对特短。

不难看出，第一种情况是对己方最有利的，但是对方也会想到这样的办法，所以在实行的时候不能够保证成功率；第二种情况就属于"蛮干型"的了，是真正考验双方技术能力的时候；如果第二种方法不行的话；也只有选择第三种情况了。

在进行比赛的过程中，如果能够摸清对方的战术和技术特点是最好不过的，但是当对手是那些拥有丰富比赛经验和技术经验、特点和战术较多的运动员时，就应该尽量把球打得简单一些，尽量找到自身的长处，多打一些自己擅长的套路，尽量做到把一些看似复杂的球路简单化。

二、形成自己的技术风格

（一）形成技术风格的必要性

技术风格是高水平大学生学员的技术灵魂。培养什么样的技术风格，将直接关系到高水平大学生学员的发展方向和可能达到的水平。事实证明，一个缺乏鲜明技术风格的学员，要成为高水平大学生学员是不可能的。

技术风格对大学生学员在宏观调控、发展前景、整体构思、具体设计等问题上起着决定性的作用，决定了受训者对各项技术掌握的尺度和各项战术组合的质量，贯穿于整个训练过程。因此，技术风格是纲，是方向。

技术风格不是空的理论泛谈，训练的目的是提高大学生学员的运动水平，因此研究要结合实际，使之落实到训练中，并产生最大的效益，达到事半功倍的效果。

（二）主要技术风格介绍

技术风格依赖于打法，它是通过大学生学员对自己所掌握的技术加以组合形成的，是大学生学员思维、意识、性格、习惯、技术质量和打法特点的客观综合反映，具有鲜明的个性特征。目前世界上比较流行的是以下三种技术风格。

1. 弧圈型打法

按击球的方位来划分，弧圈球可分为两种：正手弧圈球和反手弧圈球。在正手弧圈球中又分为加转弧圈、前冲弧圈、侧旋弧圈、直拍正胶弧圈（俗称小上旋）和不转弧圈（俗称假弧圈）。

2. 削球型打法

这是乒乓球传统手法之一，也是乒乓球防守技术之一。削球技术正在向转、稳、低、攻方向发展，具有球速慢、弧线长、球下旋等特点，是一种防守技术，以其旋转和落点变化威胁对方，有近削、远削、加转削、不转削、削逼角球和削弧圈球等。

3. 快攻型打法

快攻是乒乓球运动打法类型的一种，指站位近台、以速度为主、先发制人的打法。可分为左推右攻、两面攻和直拍横打等。特点是积极主动，以快为主，抢先上手，先发制人。以"快、狠、准、变、转"为技术风格。

（三）建立自己的技术风格

教练在帮助学员建立技术风格时，既要根据世界乒乓球技术发展的趋势，不断丰富各种不同打法的技术风格；又要特别注意大学生学员的具体特点，培养其各自不同的独特风格。如我国传统的快攻打法，在 20 世纪 60 年代提出的技术风格是"快、准、狠、变"。70 年代后，我国又根据世界乒乓球运动"积极主动、特长突出、技术比较全面、战术变化多样"的发展方向，在原基础上增加了一个"转"字。但具体到某个快攻学员身上，还必须依据个人的心理、身体素质和技术等不同特点有所侧重，有人以凶狠为主，有人以多变见长，还有人更突出快速，从而形成了个人独特的技术风格。

技术风格确定后，应在训练和比赛中严格贯彻，不要轻易改变。坚持技术风格，绝不等于故步自封、一成不变。相反，必须密切注视世界乒乓球技术发展的新动向，对原来的技术风格不断有所发展和创新。

技术风格的形成和确立要具备超前意识，立意要高。目前乒坛发展趋势正朝着积极、主动、快速、凶狠的方向发展。其中超一流大学生学员技术全面，技战术合理细腻，速度和旋转、凶与稳、攻与守、拉与打、正手与反手都能有机结合。

要学会建立起个人的技术风格和特点，最重要的就是千万不能只是根据自身的主观对比赛进行判断，而是要根据自己的能力以及对方的能力，一切从实际出发，因地制宜地加以确定。

当技术风格确立之后，也并不是一成不变的，尤其是对于年轻大学生学员和高水平大学生学员，应该不断进行深入学习和引进先进技术打法，使技战术水平得到升华，同时修正和改进自己的技术风格，使之产生显著的变化。

三、高校乒乓球运动的发展情况

众所周知,乒乓球是我国的"国球",在世界乒坛占有很大的优势。在 2008 年北京奥运会上,我国乒乓球运动员包揽了乒乓球比赛的全部金牌。这不仅仅得益于我国乒乓球运动员高超的运动技能,同时也是由于我国重点培养了一批具有坚实基础的乒乓球运动人才。乒乓球运动在我国受到各个层次和领域人们的喜爱,在学校中受欢迎的程度更是让人想象不到,由于乒乓球运动占地小、运动效果好、经济性高等特点,使得很多学生和教师纷纷青睐乒乓球。

近几年高校乒乓球发展趋势不断升温,乒乓球运动越来越普及,水平越来越高。

第二节 高校乒乓球运动训练的原理和方法研究

一、高校乒乓球运动训练的原理

乒乓球运动的训练原理是对乒乓球训练和比赛具有普遍指导意义的经验总结和概括,是对乒乓球运动基本特征的反映,是乒乓球练习者和指导者必须遵循的基本准则。

(一)从实战出发训练原则

1. 训练要有一定难度

随着运动技术水平的提高,或者为了促进运动技术水平的提高,在训练的安排上,要不断加大技术能力、战术能力、体能和心理承受力的强度。从难训练要符合运动员训练的实际情况,使从难训练对运动员动机的激励具有积极意义。

2. 训练要求要严格

在训练过程中,对训练的内容和任务要有严格的要求。它是使从难训练得以实现的基本保障。从严训练就是要严格执行训练计划,严格按照训练要求进行训练。同时,还要对训练和比赛态度以及作风提出严格要求,使运动员形成良好的职业素质。

3. 从难和从严训练的基本依据是从实战出发

从实战出发是强调训练要和比赛相结合。从难和从严训练必须服从比赛要求,比赛成绩是检验从难和从严训练效果的唯一标准。解决比赛中存在的问题,就是对运动员技术能力、战术能力、身体素质和心理素质的实战化提出要求,比赛中存在的问题,既是训练安排的出发点,也是训练管理和计划安排必须时刻注意的关键点。从实战出发的目的就是使运动员的技战术能力在比赛中能够得到比较充分的发挥。

近年来,通过分析欧洲乒乓球运动快速发展并取得的成功经验可以发现,运动员一年中参加的比赛较多,这对比赛经验的积累和解决技术、战术存在的问题是有益的。"以赛带练"的观点已经成为乒乓界的共识。

（二）系统训练原则

系统训练原则就是在训练计划和训练管理的安排中,针对运动员竞技能力的培养要考虑训练的系统性。

我国乒乓球训练的系统性既存在于三级训练体系的衔接上,也体现在每一级训练不同时期的计划安排和组织中。系统训练原则的主要理论根据如下。

1. 人体适应是长期性的

人体对训练负荷的生物适应,必须通过有机体自身的各个系统、各个器官、各部分肌肉乃至每个细胞的变化逐步去实现。

2. 训练效果是不稳定的

对于运动员来说,当训练的系统性出现间断或停止时,已有的训练效果也会消退以至完全丧失,即体能会下降,技能动作在神经中枢建立的暂时性神经联系也会因为得不到训练强化而消退。

（三）适宜负荷原则

对运动员施加相应的运动负荷能够使训练的效果达到最好,运动负荷是由负荷的量度和负荷的内容一起构成的,其中负荷的量度包括了负荷的量和负荷度。

在教练执行训练计划的时候,要根据不同阶段的训练强度和表现来制定相应的运动负荷内容以及运动负荷的量度。

1. 基础训练阶段

安排参加乒乓球基础训练的运动负荷时,尤其是对于少年儿童来讲,一定要遵守循序渐进的原则。

2. 专项提高阶段

运动员进入专项提高阶段,一般来说都可以承受一些较大负荷的专项训练。根据每个人的情况不同,有些运动员的运动负荷可以逐步增加,但是有的运动员会呈一种波浪式的形式发展。

3. 最佳竞技阶段

由于多年承受高强度负荷、高水平激烈竞赛而带来的伤病的影响,使运动员难以继续承受大负荷的训练,因此,在这一阶段中,合理安排运动负荷尤为重要。一般讲,此时的运动负荷安排应呈现波浪形,有张有弛。

乒乓球运动负荷,在技能训练方面所占的比例比较大。在对各种技术动作的练习量上,常常不作非常严格的规定,而是以技术或战术的掌握情况而定;所以,乒乓球运动负荷的安排,可以参考以下几个基本要求:

（1）平时的训练量必须要大于比赛时的运动量。

（2）在技术训练中,适宜的大运动量训练有助于条件反射的建立,并且比较容易巩固,促进基本技术的学习和掌握。

(3) 增加运动负荷的一般方法是:先加量,后加强度;加量时略减强度,加强度时略减量。一般不采用量和强度一起加,这样会使负荷过大,影响基本技术和战术的系统掌握。

(4) 要求运动员掌握有关运动负荷的基本知识,学会自我控制和调整,并与教练员配合,做好运动负荷的安排。

(5) 通过医务监督,对运动员个体的运动负荷情况进行评估。

(四) 辩证训练原则

在乒乓球训练中,始终会面对如何处理若干训练内容之间的关系的问题,如何正确处理这些关系是乒乓球训练工作面临的重要课题。

辩证训练的原则是属于训练方法和手段方面的原则,是在长期训练过程中,通过大量观察和系统分析运动员的技术特点及其在比赛时的表现,对成功的经验和失败的教训进行的总结,对乒乓球训练具有重要的现实指导意义。

辩证训练原则强调的是,在处理乒乓球训练和比赛的关系时,要以个人的技术特点、球队的技术传统、比赛的实际需要作为基本准则进行切合实际的安排,并以比赛成绩作为检验的标准。

在乒乓球训练中,要辩证处理的关系有:技术特长与技术全面的关系,有序训练与无序训练的关系,一般对手训练与特殊对手训练的关系,多球训练与单球训练的关系,步法训练与手法训练的关系,专项训练与身体训练的关系。

二、高校乒乓球运动训练方法

要想较好地完成自己设定的运动训练目标,教练在进行训练的时候一定要制订好相应的训练计划。

(一) 乒乓球训练的制订

制订训练计划应该先确立训练的目标,如单项提高、日常训练、针对大赛等,然后再明确训练的时间,是长期、短期或者是特定的时间段,如冬训、暑假集训。

时间的安排还要求有每周的次数和每次训练的时间分配。训练计划的内容包括各项技战术的安排以及练习方法、步法、身体素质(包括一般身体素质和专项身体素质)、运动量的安排。

(二) 日常训练计划

针对有较好基础的大学生学员制订的日常训练计划如下。

1. 第一阶段:恢复性训练阶段,以乒乓球球性训练为主

(1) 一人陪练,一人反手推挡。

(2) 以多球训练的形式强化练习正手攻球,提高攻球的准确性。

2. 第二阶段：巩固及提高阶段，巩固基本功球性训练

（1）相互推挡及正手攻球。

（2）进行左推右攻练习，培养运动兴趣。

3. 第三阶段：专项技术、发球和接发球练习

（1）各种发球的技术动作。

（2）发球包括下旋、上旋、侧旋，以及奔球、不转球等。

（3）接发球以搓球、削球、推挡、接发球抢攻等技术为主。

（4）接发球要求站位正确，注意力集中，判断准确。

4. 第四阶段：以拉弧圈球训练为主

（1）以多球训练的形式练前冲弧圈球。

（2）以多球训练的形式练加转弧圈球。

（3）相互之间进行比赛，以提高实战经验。

（三）比赛在即的训练计划

针对训练水平很高、即将代表学校或者学院参加大赛的学生制订的训练计划如下。

1. 常规训练计划

（1）正手位/侧身位直、斜线攻球。

（2）直拍反手推挡/横拍反手攻球。

（3）正手位/反手位连续拉弧圈球（高吊弧圈球或前冲弧圈球）。

（4）正、反手搓球。

（5）搓中侧身突击/拉弧圈球。

（6）比赛。

2. 多球训练计划和专项训练计划

（1）正手位/侧身位正手攻球。

（2）直拍反手推挡/横拍反手快拨。

（3）连续性反手推挡，正手攻球（左推右攻）。

（4）推挡（反面拨/反手拨）、侧身攻、扑正手（推、侧、扑）。

（5）正手位/侧身位正手拉球，在1/2台范围内，1定点、2定点或不定点，全台不定点的练习。

（6）正手位/侧身位正手突击下旋球，在1/2台范围内，1定点、2定点或不定点，全台不定点的练习。

（7）反手位搓下旋球。

（8）反手拉球。

（9）正手位/侧身位正手中远台拉弧圈球。

（10）反手搓、侧身拉/侧身攻、扑正手。

(11) 正手挑/正手搓、反手攻/侧身拉/侧身突击、正手攻。

(12) 正反手快摆。

(13) 直拍反手推挤/反手推下旋。

(14) 正反手攻打弧圈球/快带弧圈球。

(15) 正手反拉弧圈球。

(16) 正反手近台挑球。

(17) 打高球/机会球。

(18) 发球抢攻。

(19) 接发球抢攻。

(20) 熟练掌握多种发球方式，运用灵活。

3. 步法训练

(1) 侧跳步。

(2) 侧滑步。

(3) 交叉步。

(4) 碎滑步。

(5) 并步。

(6) 滑步。

这个计划适用于直横拍弧圈球结合快攻、快攻结合弧圈球打法的大学生学员赛前训练使用，时间的跨度应是达到一定训练时间和训练质量的这段时间（即初学具有一定水平至能参加校级比赛）。

对于一般训练队员和乒乓球大学生学员来说，可以按计划中的常规训练计划或者根据自己技术的不足使用某些单项训练计划。

按正式训练每节课训练 3 小时为例，可做如下安排。

安排一：单球每项目 10～15 分钟（比赛 30 分钟）；重点练习项目，每项 20～30 分钟。

安排二：单球项目第 1、2 项连续攻球 50～100 个回合；第 3、4 项连续 15～30 个回合；其他项目 10～15 分钟。多球每项目 1～2 盆球，重点练习项目 4～5 盆球，每盆 150 个球左右。练习顺序可按计划的顺序进行（按照学生的自身水平）。

第三节　高校乒乓球运动的科学训练和教学管理

在普通高校体育教学领域中，有关乒乓球教学理论与实践的研究已达到相当高度和深度，一批知名学者相继出版了专著，对促进高校乒乓球教学研究，提高本科教学质量起到积极推动作用。

随着高等教育规模的扩大和发展，教学设施环境条件的更新变化，在学生生源结构、体育基础状况等方面，出现了许多新情况、新问题，给体育教学工作带来了新的压力和挑战。

这就要求教师要不断探索新问题、研究新情况，努力提高体育教学质量。这里提出如下几点教学建议。

一、对备课要认真准备

上课前，要充分了解学生的乒乓球专项基础及以前的学习经验。这种了解交流可通过课余时间到运动场地走访观察，与学生进行交流、沟通等方式进行。

二、要善于进行乒乓球教学设计

乒乓球教学设计分为课程教学设计和教案设计两部分，前者包括教学大纲、教学进度安排等；后者则是对一个教学单元或一节课的设计，在充分了解授课对象的基础上，根据大纲教学计划，安排适宜的教学内容，考虑学生能够接受的程度，运用各种教学方法和手段精心组织教学。

三、应掌握调控课堂学生情绪的艺术

乒乓球教学的特点是：学生分台练习，球台分散，场地范围较大，如学生人数多更是如此；学生积极性较高，兴趣浓厚，教师集中组织教学还未结束时，学生大都表现出急不可待、跃跃欲试的心情，注意力和情绪也不易控制；几人合练一台，水平各有差异，常常是捡球比打球时间多，造成互相干扰，课中出现一定程度的"乱"现象，给组织教学带来一定难度。因此教师要具备调控课堂学生情绪的艺术，使课堂教学在有序、愉快、轻松的氛围中进行。

四、认真思考组织教学的方法和手段

一般可以采用以下几种方法：

（1）教师巡视指导，发现学生存在的问题应及时指出并纠正。

（2）多球练习法，指某一学生单独练习时，其余学生站在球台两角捡球供给，3～5个球即可轮回。

（3）多种组合搭档练习法，如水平接近分组、男女生同台分组、水平有差异的互帮互助分组等多种形式的组织教法，营造和谐、愉快、有序的教学情境。

（4）要掌握好教学中"纠错"与"不纠错"的时机。在教学过程中，学生出现错误动作是经常遇到的问题，按照教学的基本原则和方法，学生一旦出现错误动作应立即纠正。但是，普通体育教学中的大学生学习乒乓球的经历千差万别，水平参差不齐，如果按照传统的教学训练方法来纠正他们已经定型的技术动作，并非易事。这并不是说教师对错误动作可以视而不见，而是应该讲究方法和时机，针对不同学习阶段的学生予以区别对待：对初学者出现的错误动作，要通过正确示范、练习方法及时纠正，使其改进提高；对已有一定基础的学生，教师发现其某个技术动作出现习惯性错误时，要及时指出错误动作给击球质量带来的影响，正确的技术动作应是怎样的，让学生逐渐体会，自我改进。教师要注意表达技巧，切不可挫伤学生练习积极性，如果在纠错时语言运用不当，教师的否定会使学生产生自我否定而失去学习信心。过分地强调纠错，对教学效果是不利的。

（5）要拓展乒乓球学习大课堂。乒乓球教学不应拘泥于教学课堂内，教师要拓展课程教学的时间和空间，指导学生利用多种途径学习和掌握现代乒乓球新知识、新信息、新特点，可采用课余专题讲座、观看电视录像转播、网络课堂互动形式、校内外竞赛、组织培训裁判考核、推荐参加校外竞赛裁判工作等多种形式，提高学生乒乓球技能及社会适应能力。

（6）技术动作教学时，应重视对拍触球瞬间发力的指导。传统的教学方法多注重动作外形的规范，而忽视对击球瞬间用力的指导，影响了击球的实效性。

五、要建立有利于促进学生身心健康发展的考核评价体系

考核评价的目的意义：乒乓球教学的考核评价工作作为体育教育组织管理和质量管理的重要环节及特殊形式，是学校体育教学的重要组成部分。

在教学实践中，要研究探索学习过程，把学习过程与学习结果很好地结合起来，课外锻炼与课内学习结合起来，近期学习目标与终身体育锻炼结合起来，建立有利于促进学生合作精神、交往能力、创新意识以及终身体育能力培养的评价体系，这对于激励学生学习进步，促进身心健康发展有积极意义。

综合考核评价指标设置包括：基本技术、教学比赛、平时学习进步、出勤学习态度、素质体能等，各项按照权重加权，得出总分成绩。

设置乒乓球综合考核评价的要求如下。

（一）考核评价内容体现素质教育的全面性

考核评价的内容不要仅仅局限在体育的教学技能、身体素质和智力发展等认知领域，而是要延伸至学生的品德、性格、态度、意志等非认知因素的发展。所以，体育的教学评价不应该仅仅从单方面的技能去评价学生，而应以全面的视角评价学生，促使学生创新能力和实践能力的提高。

通过学习过程及考核评价，调动全体学生的锻炼积极性，促使他们养成锻炼习惯，重视学习过程进步幅度，提高体育实践能力，让每一位学生在教学活动中都能找到自己的发展空间和努力方向，实现运动参与目标。

（二）考核评价内容的实用性

加强与社会和生活的紧密联系，注重学生个体终身体育能力的培养，不但要评价学生

近期学习过程及效果,还要激励学生努力实现近期体育目标与远期体育目标的有机结合,真正体现学校体育的教育、健身、人文及社会价值,促进不同层次学生的全面发展。

(三)考核评价内容的创新性

为学生个体创新精神的发展提供空间,通过体育实践活动,培养学生的体育基本能力及创新能力。具体讲,包括基本技术的实战动用能力、竞赛规则及临场裁判操作能力、合作与交往能力、情绪及心理调适能力、良好的社会适应能力以及创新能力,全面实现身体健康目标、心理健康目标以及社会适应目标。

(四)考核评价内容的灵活性

考核评价内容要体现教学内容和教学组织形式的选择性和弹性,给学生和教师都留有较大的选择空间。

(五)考核评价标准的可操作性

考核评价标准要符合学生实际,不流于形式,不走过场,既要面向全体学生,体现"以人为本"的人文理念,体现健身、教育和社会价值,又要根据不同学生的需求和个体差异因材施教,尊重每一个学生的个性和特长发挥,真正发挥评价对学生个体的激励与发展作用。

第七章　高校乒乓球运动竞赛

乒乓球运动不仅包括技术战术，还包括裁判法、竞赛规则与组织管理等多方面的内容。

运动员只有不断加深对规则、裁判法理论的学习，才能在比赛中更出色地发挥出自己的水平；教练员熟悉相关知识，才能在赛场上充分发挥指导才能。

第一节　乒乓球运动竞赛的组织

乒乓球运动竞赛规程是为组织和参与乒乓球竞赛者制定的各种政策、条文的总称，是乒乓球竞赛得以顺利进行的重要保证，是竞赛的组织者、裁判员、工作人员和运动员必须共同遵守的准则，是组织乒乓球运动竞赛的依据，具有高度的权威性和指导性。

一、制定乒乓球运动竞赛规程的依据

乒乓球运动竞赛的规程应该根据有关的竞赛计划，充分结合竞赛的规模和目的，进而来制定出切实符合比赛要求的规程。在制定这个规程的时候，一般是要由专人进行起草，然后经过相关人员的商定之后，最终送往上级部门进行审批。

经审批后的竞赛规程，就是举办此次乒乓球比赛的重要法律文件，任何单位和个人无权修改，对规程的最终解释权属主办单位。

二、制定乒乓球运动竞赛规程的要求

乒乓球运动竞赛规程应简明、准确、具体，使有关单位和参加比赛的人员不产生误解。乒乓球运动竞赛规程制定后，应在赛前特定时间发出，以便参加者能根据规程规定作好充分准备。

三、乒乓球运动竞赛规程的具体内容和注意事项

（一）乒乓球比赛的名称

在制定乒乓球运动竞赛规程时，竞赛名称应使用全称，不能用简称。

（二）乒乓球比赛的目的、任务

明确提出比赛的目的、任务，如为了准备奥运会选拔赛，为了检查训练效果的测试

赛，为了交流经验、增进友谊的友谊赛，为了促进群众参与社区锻炼活动的小型比赛等。

（三）乒乓球比赛的日期、地点

在确定此项内容时，应考虑季节、气候、场地、设备和交通、食宿等条件，使之尽可能符合本次比赛的要求。

（四）参加单位及组别

明确列出各参加单位名单和进入的组别，便于准备与组织。

（五）比赛参加办法

比赛参加办法是竞赛规程的主要部分，应具体、准确，包括参加条件、报名办法和人数以及报名日期等多个方面。其中，参加条件应对参加者技术水平、运动成绩、健康状况、性别和年龄等方面提出明确的要求。

参加人数包括每个单位可以报多少队（人），最好分别写明男、女人数，每人可限报几项，每项限报几个人。同时，还应注明领队、教练员、医生和其他工作人员的名额。报名日期必须规定报名的开始日期和截止日期，以及报名时是否要提交运动员的资格证明、身体检查证明和意外伤害保险证明等。

（六）竞赛方法和采用的竞赛规则

一定要明确采用什么样的方法来组织乒乓球比赛，可以用双循环、单循环、先循环再淘汰等方式，此外，应该写明最终此次乒乓球比赛所采用的竞赛规则以及补充性的规定。

（七）奖励办法和注意事项

明确奖励等级和内容，以及其他注意事项。

（八）比赛官员

1. 裁判长

（1）每次竞赛应指派一名裁判长，其身份和工作地点应告知所有参赛者以及队长。裁判长应对下列事项负责。

①主持抽签。

②编排比赛日程。

③指派裁判员。

④主持裁判员的赛前短会。

⑤审查运动员的参赛资格。

⑥决定在紧急时刻是否中断比赛。

⑦决定在一场比赛中运动员是否可以离开赛区。

⑧决定是否可以延长法定练习时间。

⑨决定在一场比赛中运动员能否穿长运动服。

⑩对解释规则和规程的任何问题做出决定，包括服装、比赛器材和比赛条件的可接

受性。

2. 裁判员

（1）每场比赛均应指派 1 名裁判员和 1 名副裁判员，裁判员应坐或站在球台一侧，与球网成一条直线，副裁判员应面对裁判员坐在球台另一侧。

（2）裁判员应对下列事项负责。

①检查比赛器材和比赛条件的可接受性，如有问题向裁判长报告。

②选取比赛用球：在进入赛区之前，运动员应有机会挑选一个或几个比赛用球，并由裁判员任意从中取一个球进行比赛；如果未能在运动员进入赛区前挑选比赛用球，则由裁判员从一盒大会指定的比赛用球中任意取一个进行比赛。

③主持抽签，确定发球、接发球和方位。

④决定是否由于运动员身体伤病而放宽合法发球的某些规定。

⑤控制方位和发球、接发球的次序，纠正上述有关方面出现的错误。

⑥决定每一个回合得 1 分或重发球。

⑦根据规定的程序报分。

⑧在适当的时间执行轮换发球法。

⑨保持比赛的连续性。

⑩对违反场外指导或行为规定者等采取行动。

（3）副裁判员的职责如下。

①决定处于比赛状态中的球是否触及距离他最近的比赛台面的上边缘。

②违反场外指导或行为规定时，通知裁判员。

（4）裁判员或副裁判员均可做出以下判决。

①运动员发球动作不合法。

②合法发球在球越过或绕过球网装置时触及球网装置。

③运动员阻挡。

④比赛环境受到意外干扰，该回合的结果有可能受到影响。

⑤掌握练习时间、比赛时间及间歇时间。

（5）执行轮换发球法时，副裁判员或另外指派的一名裁判员均可当计数员，计接发球方运动员的击球板数。

（6）裁判员不得否决副裁判员或计数员做出共同管辖事项的决定。

（7）从抵达比赛区域开始至离开区域，运动员应处于裁判员的管辖之下。

（九）比赛的管理

1. 比赛用球和球拍

（1）对比赛用球的规定如下。

球应为圆球体，用赛璐珞或类似的塑料制成，呈白色或橙色，且无光泽，直径为 40mm，球重 2.7g。正式比赛时，在进入赛区之前，运动员应有机会挑选一个或几个比赛用球，并由裁判员任意从中取一个球进行比赛。

如果运动员未能在进入赛区前挑选比赛用球，则由裁判员从一盒大会指定的比赛用球中任意取一个进行比赛。运动员不得在赛区内挑选比赛用球。

如果比赛中球损坏，应由比赛前选定的另外一个球代替；如果赛前没有选定球，则由裁判员从一盒大会指定的比赛用球中任意取一个球代替。

（2）对球拍的规定如下。

在一场单项比赛中，不允许更换球拍，除非球拍意外严重损坏到不能使用。如果运动员在比赛中损坏了球拍，应立即替换随身带来的另一块球拍或场外递进的球拍。运动员在比赛间歇时，应将球拍留在比赛的球台上，得到裁判员的特殊许可除外。

2．练习

（1）在一场比赛开始前2分钟，运动员有权在比赛球台上练习，正常间歇不能练习，只有裁判长有权延长特殊的练习时间。

（2）在紧急中断比赛时，裁判长可允许运动员在任何球台上练习，包括比赛用的球台。

（3）运动员应有合理的机会检查和熟悉将要使用的器材，在替换破球或损坏的球拍以后，运动员可练习少数几个回合，然后继续比赛。

3．报分

（1）当球一结束比赛状态，或在情况允许时，裁判员应立即报分。

①在一局比赛中，裁判员报分时应首先报下一回合即将发球一方的得分数，然后报另一对方的得分数。

②在一局比赛开始时以及比赛开始后交换发球权时。裁判员的手势应指向下一个即将发球者，也可以在报完比分后，报出下一回合发球员的名字。

③一局比赛结束时，裁判员应先报胜方运动员的姓名，然后报胜方得分数，再报负方的得分数。

（2）裁判员除报分外，还可以用手势表示他的判决。

①当判得分时，裁判员应将靠近得分方的手臂举起，使上臂水平，前臂垂直，手握拳，拳心向前。

②当出于某种原因，回合应被判为重发球时，裁判员可以将手高举过头，表示该回合结束。

（3）在报分以及在实行轮换发球法时的报数，裁判员应使用英语或双方运动员及裁判员均能接受的任何其他语言。

（4）除了裁判员报分外，应使用机械或电子设备显示比分，使运动员和观众都能看清楚。

（5）当运动员因不良行为受到正式警告后，应在记分牌该运动员得分处放置一个黄牌。

4．间歇

（1）一场单打比赛应连续进行，任何一名运动员都有以下权利。

①在单项比赛的局与局之间,有不超过1分钟的休息时间,除了一方运动员提出要求外,单项比赛应连续进行。

②在单项比赛的每局比赛中,每得6分后,或决胜局交换方位时,可用短暂的时间擦汗。

(2) 一名或一对双打运动员可在一场单项比赛中要求一次暂停,时间不超过1分钟。

①在单项比赛中,暂停应由运动员或指定的场外指导者提出;在团体比赛中,应由运动员或队长提出。

对于单打或者是双打比赛,在比赛的过程中是否执行暂停,这个决定权并不在教练员身上,而是取决于运动员自身,但是在团体性比赛的过程中,教练员有权决定什么时候暂停比赛。

③请求暂停只有在球未处于比赛状态时做出,应用双手做出"T"型表示。

④在得到某方合理的暂停请求后,裁判员应暂停比赛并出示白牌,副裁判员将暂停牌放在提出暂停要求一方运动员的台区上。

(十) 团体比赛

1. 团体比赛的形式

(1) 5场3胜的团体比赛（5场单打）,一个队由3名队员组成,比赛顺序是:

①A—X

②B—Y

③C—Z

④A—Y

⑤B—X

(2) 5场3胜的团体比赛（4场单打和1场双打）,一个队由2、3或4名队员组成,比赛顺序是:

①A—X

②B—Y

③双打

④A—Y

⑤B—X

(3) 7场4胜制的团体比赛（6场单打和1场双打）,一个队由3、4或5名队员组成,比赛顺序是:

①A—Y

②B—X

③C—Z

④双打

⑤A—X

⑥C—Y

⑦B—Z

(4) 9场5胜制的团体比赛（9场单打），一个队由3名队员组成，比赛顺序是：

①A—X

②B—Y

③C—Z

④B—X

⑤A—Z

⑥C—Y

⑦B—Z

⑧C—X

⑨A—Y

2. 团体比赛程序

（1）所有出场运动员应出自团体报名表。

（2）团体比赛前，由抽签的中签者优先选择 A、B、C 或 X、Y、Z。由队长向裁判员或其代理人提交该队名单，并为每一名运动员确定一个字母，代表他的相应位置。

（3）双打比赛的配对不必立即提交，直到前一场单打比赛结束。

（4）需要连场的运动员在连场的比赛之间有最多5分钟的休息时间。

（5）当一个队赢得足够场次时，为一次团体比赛结束。

（十一）裁判员临场操作程序

裁判员临场操作程序是裁判员在每场比赛执法时必须遵照的、统一的、规范化的流程，是裁判员工作标准化的具体反映。裁判员临场操作程序具体要求如下。

1. 入场前的准备工作

（1）被指定执法的裁判员应在比赛开始前45分钟到裁判长处或记录台报到。

如果比赛需要检测运动员的球拍，裁判员应提前通知相关运动员提供比赛使用的球拍，由运动员本人主动送到指定的球拍检测室进行检查。

（2）赛前15分钟，裁判员应在指定的区域内完成挑选比赛用球和检查服装、号码布的工作。

（3）赛前10分钟，裁判员应准备好该场比赛的名单、队名牌和比赛用球。

（4）在进入比赛场地之前，裁判员和助理裁判员应就他们共同的职责进行分工。

（5）入场前，裁判员和助理裁判员应在比赛入口处排好队伍，之后排队进入场地，裁判员左手拿着该场比赛的记分表和比赛用球的盒子走在队伍的前面。

（6）在入场时，裁判员和助理裁判员手里不许带其他任何东西；在执法时必须用到的东西，如钢笔、秒表、红牌、黄牌、白牌、毛巾、挑边器等，应放在制服的口袋里，且不能被明显地看到或挂在脖子上。

（7）当裁判员和副裁判员小组已经准备就绪并排成一路纵队进入比赛场地时，全体人员应该步伐一致，由裁判员带领到达指定区域。

在比赛最后一天的重要场次,在宣布裁判员和运动员入场时,可能会有音乐伴奏。

(8) 不管有没有音乐伴奏,裁判员和副裁判员都应该排成一路纵队,以镇定的、协调一致的步伐和摆手动作走入赛场,其目的不是要模仿军队的阅兵,而是要反映裁判员的精神风貌。

(9) 裁判员队伍绝不可以跨越挡板,他们应该从挡板之间挪开一个空档,通过后再关上挡板。

(10) 有时裁判员负责人会集合一组裁判员排成一路纵队进入比赛区域,然后每个裁判员小组再分别进入他们各自负责的球台。在这种情况下,集合在一起的所有裁判员应在指定区域等待负责人分工,然后每个裁判员小组将按分工的台号跟随第一人排成一路纵队走进比赛区域。

(11) 当每组比赛的裁判员到达他们各自的球场时,他们进场走向裁判椅。

(12) 裁判员和助理裁判员入场后应一起走到裁判椅一侧,裁判员将手里拿着的记分表及球盒放在裁判椅上,然后站在裁判椅的右侧,助理裁判员站在裁判员的左侧面向球台立正站好。

(13) 当介绍裁判员时,该裁判员应向前迈一小步,然后再向后迈一小步回到原来的位置,不必转向四周观众,也不必向观众挥手。

(14) 不管是否向观众介绍裁判员和助理裁判员,他们都应该在规定的位置站好,至少停留 5 秒钟,然后助理裁判员应在裁判员的带领下共同完成准备工作。

(15) 如果运动员与裁判员一起入场,应有一个(队)运动员站在裁判员的边上。另一个(队)站在助理裁判员的边上,在所有运动员和裁判员都入场后才能开始赛前的准备工作。

2. 赛前的准备工作

(1) 在开始热身赛之前,裁判员应做好以下准备工作。

①检查球拍。
②如果在挑球时没有检查服装,则检查服装。
③如果在挑球时没有检查号码布,且大会要求佩戴号码布,则检查号码布。
④单项比赛指定指导者。
⑤抽签决定发球权和方位。
⑥宣布开始练习时间,如果有裁判员控制练习时间,则开始计时,或指示副裁判员去完成。
⑦完成记分单上相关信息。

(2) 助理裁判员在裁判员完成上述工作时应做好以下工作。

①检查球网高度及松紧度。
②检查球台和地板是否清洁并整理好。
③组织和控制外围的环境,将挡板摆放整齐。
④必要时将比分牌翻回到空白。

⑤如果大会要求，将人名牌和队名牌放到指定的位置。

⑥在队员到达比赛场地后，将局分翻到"0∶0"。

3．比赛开始时的工作

（1）当练习时间到时，助理裁判员应举手，并宣布："时间到"。

（2）裁判员应指向发球员，并观察接发球员是否准备好。

（3）当发球员准备发球时，裁判员宣布："第一局比赛，xx 发球""0∶0"。

（4）助理裁判员将比分翻到"0∶0"，开始计时，比赛开始。

4．比赛过程中的工作

（1）在比赛过程中，裁判员应用手势表示他的判决。

（2）在比赛过程中，裁判员应做到以下几点。

①清楚、洪亮地宣布比分，使坐在教练员席上的教练员能清楚地听到且能明白。

②掌握比赛时间或指定副裁判员记录比赛时间。

③监控发球规则的执行。

④监控竞赛规则的执行。

⑤在局与局之间确保运动员将球拍放在球台上。

⑥确保比赛连续进行，在擦汗和暂停时没有过分拖延。

⑦监控、执行有关教练员的规则，在运动员捡球时和交换发球或交换场地时，应转向两方的教练员。在比赛前，裁判员和助理裁判员应作好协调，在比赛中每人管理自己右手边的教练员，以保证有关规定的执行。

5．比赛结束时的工作

在一场比赛结束时，裁判员应宣布比赛结果，如"第 7 局比赛，11∶7，获胜方 4∶3 获胜，并用手指向获胜方运动员"。

6．比赛后的工作

（1）如果裁判长要求，裁判员应找双方运动员签字。

（2）助理裁判员将局分、比分翻回空白。

（3）助理裁判员将球收回，整理好比赛场地。

（4）裁判员和助理裁判员在裁判椅前集合，裁判员左手拿着记分表走在前面，助理裁判员走在后面，一起走出比赛场地。

（5）裁判员和助理裁判员直接将记分表交到裁判长台，裁判长或助理裁判长应检查记分表，以确保其准确、完整并在记分表上签名，然后将其交到计算机部门处理以公布比赛结果。

（6）裁判员执行完职责后。不应在比赛场地停留或走动，如果他们希望继续观看比赛，应进入为官员和观众开放的看台上观看比赛。

任何在观众和媒体的视线下所能看到和可能发生的事情，竞赛组织者都应该作为赛场内的事情而考虑周到。从裁判员和裁判长进入比赛区域的那一刻起，他们都要遵循竞赛规则和规程的规定。

每位裁判员在赛场的所有行为和表现必须统一，不仅包括一场比赛的执法，而且包括他们的进出场、赛前和赛后职责的履行以及与赛区运动员、观众和赛场内其他裁判员的相互合作。

第二节 乒乓球运动竞赛的规则

运动员在比赛中的临场表现、对手在比赛过程中的具体表现以及比赛结果的评定这三个因素决定了乒乓球比赛的成绩，其中比赛结果的评定又包括了评定手段、裁判员道德水平和业务水平、竞赛规则。

毋庸置疑，竞赛方法对上述3个方面都直接或间接地产生影响，因为乒乓球比赛必须由具体的比赛方法实现并排定最终竞技名次。

在重大国际比赛中，除了运动员的优异表现备受关注外，具体的比赛方法也受到运动员、教练员的高度重视，运动员或运动队的竞技表现和状态的调整将会因比赛方法的不同而迥然不同。

因此，教练员和运动员必须了解和掌握不同的竞赛方法。

一、循环赛制

循环赛主要包括单循环赛、双循环赛和分组循环赛3种比赛形式。根据不同性质的比赛，可以采用不同的循环赛形式以达到举办不同比赛的目的。在各种形式的循环赛中，单循环赛制最能反映出循环赛制的特点和本质。但在乒乓球比赛中，参赛队数较多，比赛时间安排短，为了达到比较理想的效果，经常采用分组循环赛制，使每个小组的队数减少到可以接受的数量。

单循环赛是指使参加竞赛的各队或运动员之间都相互比赛一次的赛制。

（一）单循环赛制的编排

在单循环赛中，各队（或运动员）均出场比赛一次，称为"一轮"，每两名队员之间比赛一次，称为一场。

1. 单循环赛轮数的计算

n 为偶数时，轮数＝$n-1$，如6个队参加比赛，轮数＝$6-1=5$；n 为奇数时，轮数＝n，如7个队参加比赛，轮数＝7。n 为参赛队数或人数。

2. 单循环赛场数的计算

总场数＝$n(n-1)+2$，n 为参赛队数或人数。

（二）单循环赛制的比赛顺序编排

为使竞赛获得最佳效果，解决比赛顺序中机会不均等情况，确定较理想的单循环竞赛秩序，常采取的是"1号位固定，其他号位逆时针旋转"的办法，可采用左上角固定"1号位"的逆时针轮转法。

1. 方法

这种轮转方法是把1号位固定在左上角不动,其他号位每轮按逆时针方向轮转一个位置,即可排出下一轮全部轮次的比赛秩序。如参赛队数(人数)是奇数时,用"0"补成双数进行上述轮转,与"0"相遇的队该轮轮空,即该场不比赛。

2. 优点

保证了各队(选手)比赛进度的一致,最可能成为冠军决赛的比赛安排在整个比赛秩序的最后一轮,使比赛在最后阶段进入高潮。理论上,最强"1号位"的比赛对手实力由弱到强,在最后一轮才与另外一个最强的对手"2号位"相遇,在理论上体现了强队最后相遇的原则,各轮比赛强弱的搭配比较均匀。

3. 缺点

当参赛队数为较大的奇数时,号码为"n-1"的参赛者或参赛队从第四轮起,每轮比赛将与上一轮比赛的轮空队进行比赛,直到比赛结束。显然,这种比赛秩序如果出现在对抗激烈、实力相当的参赛队之间,竞赛秩序上的不平等将格外引人注目。

二、淘汰赛制

淘汰赛制是一种非常古老的竞赛方法,早在第18届古奥运会的摔跤比赛中,其比赛方法就具备了淘汰制的形式。淘汰赛制在对抗性竞赛中最为常用,特别是在乒乓球比赛中,是极为重要的一种竞赛方法。淘汰赛分为单淘汰赛和双淘汰赛两种。

单淘汰是指运动员(队)按排定的顺序由相邻的两名(队)参赛者进行比赛,胜者进入下一轮,负者淘汰,最后一名(队)未被淘汰的运动员(队)就成为这次竞赛的冠军。

淘汰赛竞赛方法的对抗性强、吸引力大和竞赛效率高的基本属性,符合体育竞赛的特点和要求,但也存在合理性差、偶然性大、不完整性等严重缺陷。为了使乒乓球淘汰赛具有更强的生命力,必须采用相应手段克服这些缺陷。

(一)单淘汰赛合理性差的相应对策

单淘汰赛采用设立"种子"选手的办法来克服其合理性差的缺陷。

1. 确定种子和种子序号的原则

应根据技术水平来确定,技术水平的最直接依据是运动员(队)的比赛成绩。运动员比赛成绩可参考以下相关原则。

(1)小比赛的成绩服从大比赛的成绩。

(2)低水平比赛的成绩服从高水平的成绩。

(3)远期比赛的成绩服从近期比赛的成绩。

(4)团体赛中单打场次的成绩服从单打项目的成绩。

(5)世界比赛的种子可根据最新的世界优秀选手电脑排名表来确定。

2. 种子数目的确定

(1)种子数目应根据参加比赛的队数和人数的多少来确定。设立种子数太多或太少都会影响竞赛成绩的合理性。当单项比赛采用淘汰赛时,种子数目应为2的乘方数。一般情况下，选用 16 个号码位置时，设立 2 个种子；选用 32 个号码位置时，设立 4 个种子；选用 64 个号码位置时，设立 8 个种子；选用 128 个号码位置时，设立 16 个种子。

（2）根据不同的竞赛或竞赛的某些特殊要求，有时也可不设种子。

3．种子位置的分布

根据单淘汰赛名次产生的规律，种子的分布也应按其序号合理地插入不同的"区"内。单淘汰赛比赛成绩的分布有一定的规律，冠亚军分别产生于上下半区；前 4 名分别产生于不同的 4 个 1/4 区，前 8 名分别产生于不同的 8 个 1/8 区。

因此，如设立 2 个种子，2 个种子应分布在 2 个不同的半区；如设立 4 个种子，4 个种子应分布在 4 个不同的 1/4 区；如设立 8 个种子，8 个种子应分布在 8 个不同的 1/8 区。

按比赛所设的种子数目，依次逐行从左往右摘出小于或等于比赛号码位置数的号码，即为种子位置号码。

（二）单淘汰赛位置、名次不完整性的相应对策

1．设置轮空抢号位置

通过设置轮空或抢号，使第一轮比赛的号码位置数正好是 2 的某次乘方数，可克服单淘汰赛秩序的不完整性。

（1）轮空。即某位选手在不经过与另一选手角逐的情况下，不战而胜，自动升一级，没有运动员的号码位置称为轮空位置。"某选手轮空"是指选手在该轮比赛没有对手，他的对手位置是轮空位置，如轮空位置在 2 号时，1 号选手轮空。

①选择号码位置数：应根据参赛人数选择最接近的、最大的 2 的乘方数作为安排竞赛秩序的号码位置数。常用的号码位置数有 16、32、64、128。

②轮空位置数：轮空位置数＝号码位置数－运动员人数。

③确定轮空位置：轮空位置应均匀地分布在各个区内。在种子与非种子之间，种子优先轮空；在种子内部，种子序号在前的优先轮空。

④查表方法：按轮空位置数目，依次摘出小于比赛位置数的号码，即为轮空位置号码。

（2）抢号。如参加比赛的人数大于 2 的某次方，使用轮空法则会出现过多的轮空位置，在实际操作时会感到不便。此时，可采用变通方法，即抢号。在某一个号码位置上同时安排两名运动员，比赛的胜者即抢得该号码位置。经一轮抢号比赛后余下的运动员人数正好为 2 的某次方。

①选择号码位置数：单淘汰赛中采用抢号办法时，可根据参加比赛的人数，选择最接近的较小的 2 的乘方数作为号码位置数，如 67 名运动员参加比赛，应当选用 64 个号码位置，而不采用 128 个号码位置。

②抢号数目：抢号数目＝运动员人数－号码位置数。

③抢号位置：抢号和轮空形式不同，处理的技术方法不同，但实质意义一致。因此，抢号位置的号码可直接从轮空位置表中查得。例如，69 名运动员参加比赛，应选用 64 个号码位置数，有 5 个抢号位置，在轮空位置表中从左至右依次摘出小于 64 的 5 个号码

——2、63、34、31、18，即为抢号位置号码。

2. 合理使用附加赛

单淘汰比赛可利用附加赛，排出竞赛所需的全部名次。比赛方法是每一轮的胜者与胜者，负者与负者之间进行比赛，直至排出竞赛所需确定的名次顺序。例如，比赛要求排出前 8 名运动员的名次顺序，即另需要在前 8 名运动员中安排附加赛。

（三）单淘汰赛机遇性强的相应对策

单淘汰赛常使用抽签技术克服机遇性强的缺陷。抽签是一种以机遇对机遇的对策性措施，它将使每个运动员有相同的机会面临可能的机遇，以保证竞赛的合理性。

单淘汰赛抽签要解决的主要问题是：第一，对种子运动员或运动队的抽签；第二，对非种子运动员的抽签。目的是使同队队员合理分开，包括非种子运动员分区和定位两个步骤。

循环淘汰赛是乒乓球比赛中常用的一种混合赛制，整个竞赛分为两个阶段：第一阶段，将参加比赛的队（运动员）分成若干小组，分组进行单循环赛；第二阶段，由各个小组的同名次者进行单淘汰赛，决出部分或全部名次。

这种竞赛办法，不仅可以有效控制整个竞赛总量和各队（运动员）比赛强度，而且能使竞赛成绩较客观，并将比赛阶段逐步推向高潮。

目前，第二种比赛形式使用最多，与第一种相比较，第二种增加了一轮比赛，使比赛的进程具有立体感。更重要的是，使更多的高水平队伍或优秀运动员有机会参与冠军的争夺战，使比赛更加具有悬念，激烈程度大大增加。

第三节　乒乓球运动竞赛的抽签与编排

一、抽签

（一）抽签的任务

抽签的任务主要是确定每个参赛者在整个比赛秩序表中的位置，以确定各参赛者之间的相互关系，同时，也为确定比赛次序和比赛条件提供基础。在一切具有不同机遇的竞赛环节中都需要抽签，以使所有参赛者在竞赛中实现最大限度的机会均等。

（二）抽签的目的

众所周知，乒乓球运动比赛是隔网进行的具有一定对抗性的比赛，比赛的成绩取决于双方技术能力以及战术运用的高低，所以我们说，在一定程度上，名次的产生难免会有一定的不确定性和复杂性，特别是在高强度的比赛时，对于什么时候被淘汰或者在比赛赛制比较特殊的时候，一般会造成比赛具有一定的强机遇性。

抽签的目的就是引入随机性，使所有参赛者在竞赛中实现最大限度的机会均等。当然，完全随机势必造成很多不良结果，如有些强手在淘汰赛的较早轮次中相遇，以至于不得不在那个阶段就被淘汰,之后的轮次可能会有实力相对较弱的运动员进入。

(三)抽签的原则

抽签是一种相当烦琐的时机,和"抓阄"有本质上的区别,因为在进行抽签的时候一定要遵循某种原则。不仅要有效地利用"机遇"的办法来适应淘汰赛的强制性机遇,确保每个运动员都能够拥有相同概率的机会,而且还要用一定的人为手段来保证抽签结果的真实性,保证淘汰赛的合理性,但是过于控制和干预又会失去抽签的意义,所以必须科学合理地进行抽签。

1. 种子队员合理分开,最后相遇(如图7-1所示)。

(1) 排名在前的运动员应被列为种子,以使他们在比赛进行到较后轮次时相遇。

(2) 第1号种子应安排在上半区的顶部,第2号种子应安排在下半区的底部,其余种子应通过抽签进入规定的位置,具体如下:第3号、第4号种子应抽入上半区的底部和下半区的顶部。第5~8号种子应抽入单数1/4区的底部和双数1/4的顶部,第9~16号种子应抽入单数1/8的底部和双数1/8区的顶部,第17~32号种子应抽入单数1/16的底部和双数1/16的顶部。

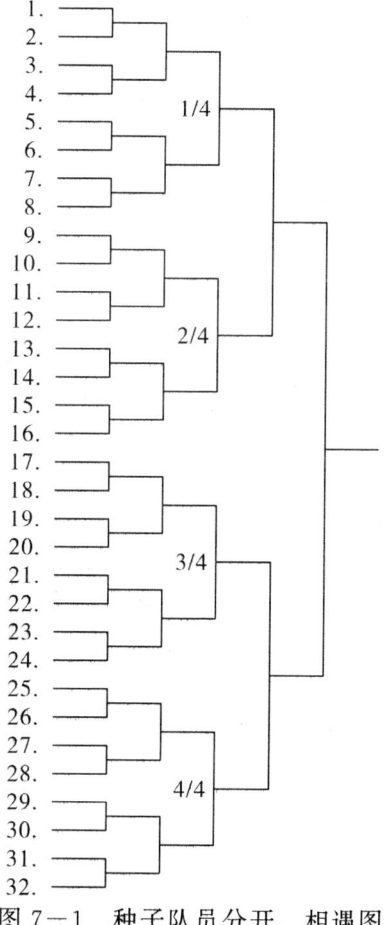

图7-1 种子队员分开、相遇图

2. 同队队员合理分开,最后相遇

(1) 来自同一协会的报名运动员应尽可能合理分开,使他们比赛进行到最后轮次时相遇。

（2）各协会应按技术水平由强至弱排列其报名运动员和双打配对的顺序，并应与种子排名表的顺序一致。

（3）排列为第1和第2号的运动员应被抽入不同的半区，排列为第3和第4号运动员应被抽入没有本协会第1、第2号运动员所在的另外两个1/4区。排名第5～8号的运动员，应尽可能均匀地被抽入没有前4号运动员的1/8区。排名第9～16号的运动员，应尽可能地被抽入没有前8号运动员的1/16区。以此类推，直至所有运动员都进入适当位置为止。

（四）抽签前的准备工作

抽签前的准备工作内容多、工作量大，而且准备工作质量的好坏，直接关系到抽签工作的成效。

1. 接受、汇总报名

接受报名的目的就是确定编排和抽签的对象。在接受报名时，应做到任何变动都应有文字依据，并由专人保管。

（1）审核报名单。接到一份报名单后，首先应根据规则规定认真审核，看其是否符合竞赛规则的有关规定。报名单应包含各个单项参赛的人数、参赛运动员的人名及其排列顺序，特别应注意竞赛规程中的特殊规定。

（2）汇总报名。汇总工作的目的是统计出各比赛项目的参赛队数、人数，以便最终确定具体的抽签编排方案，同时，作为大会提供食宿等具体情况的依据。因此，要随时向组委会有关部门汇报报名的变更情况。

2. 确定比赛办法

各参赛队的报名情况和竞赛规则中对竞赛办法的规定是准备抽签的两个基本依据。在实际操作时，规则规定与实际报名情况和比赛条件会有一定的差距。因此，在抽签前必须熟悉和吃透规则精神，以便根据实际报名和比赛场地等情况，确定具体的比赛办法。

3. 确定种子数量和种子名单

采用单淘汰赛时，种子的数量一般是2的某次方，且为该单项比赛报名运动员总数的1/16～1/19；采用分组循环赛时，种子的数量应为循环赛小组数的倍数。一般情况下，如果对参赛队员的技术情况比较了解，可设置较多的种子；反之，种子的数量应较少。

4. 准备抽签用具

目前国内常用的抽签方法有计算机抽签和卡片式抽签。

（1）计算机抽签。赛前需要准备电脑、投影仪，并应将每个项目参赛队的具体情况输入电脑，确定每个项目的种子名单。

（2）卡片式抽签。赛前需要准备的用具如下：

①抽签的"签卡"：一般包括"名签"和"号签"。"名签"用来书写运动员的姓名、运动员的协会序号、比赛队名、国名、地区名，每个项目的每个参赛队均有一张"名签"。"号签"书写位置号、组号、区号等。"号签"和"名签"应每个项目准备一套，并按照比

赛的实际抽签顺序整理好。

②抽签说明词：抽签主持人应准备一份比较详细的抽签说明词，包括参加该项目的人数、比赛的办法、抽签的基本原则、确定种子的方法、种子名单及人数、比赛秩序表的位置数（循环赛的小组数）以及抽签的顺序等。最好的办法是在抽签卡边上做好记号，以便抽签主持人可以随时掌握抽签的进程和准备抽签的运动员的基本情况。

如果抽签主持人的经验不足、紧张或反应较慢时，应尽量准备一份详细的抽签说明词。抽签说明词应当与抽签的"名签"和"号签"一起，按排列顺序整理好，尽量避免几个项目共用一套签，以免在抽签时给抽签主持人带来麻烦。

③抽签记录表：记录员应当为每一个项目至少准备一份记录，目前较正式的比赛一般都用电子计算机进行记录，可以比手工记录更准确、更快、更整洁。

但为了方便现场教练员、领队、记者随时了解抽签的过程和结果，一般在现场都要即时公布抽签结果，公布表一般要事先画好，并用计算机打出每位运动员的姓名，团体比赛则打出有每个参赛队名称的卡片，以便抽签时张贴。国际比赛应用英文和当地语言公布抽签结果。

④抽签的其他设备：为保证抽签后能以最快的速度将抽签结果发到各个运动队和记者手中，抽签时还应准备一张长方形的桌子、椅子若干、扩音器、计算机、打印机、复印机等设备。

⑤抽签的备用品：考虑到抽签开始前或进行时可能出现某些变动和差错（报名的变更、改正临时发现的错误等），需要准备一些抽签备用品，以应急需。

抽签备用品包括空白的名签、空白的号签、轮空位置表、国际乒联最新的排名、全部原始报名单、分区控制表、抽签记录表、白纸、笔、胶条、双面胶等；如用电子计算机抽签，则应准备一台备用电脑，并在操作后及时备份，以保证抽签工作的顺利完成。

5. 抽签

正式抽签是非常重要的，它是向所有参赛队和新闻媒体展示比赛水平的窗口之一，因此，抽签只能成功不能失败。对于主持抽签工作的人员来讲。要熟悉抽签工作的各个环节，正式抽签时不能紧张，否则会影响抽签工作的顺利进行。

尽管抽签有多种不同的方法，但都体现相同的原则，即决不能违背乒乓球竞赛规程的规定和本次比赛指令的规定。

抽签后，应尽快让所有参加抽签的人拿到有裁判长签名的抽签结果，如果能在抽签前作好编排，此时能让每个人同时拿到一份比赛秩序表的话，那就达到了国际标准，每次比赛的工作人员应合理利用已有的条件，尽量做到这一点。

6. 变更抽签

（1）在进行变更标签之前，一定要经过竞赛委员会授权，才能够对抽签的结果进行变更，在情况允许的情况下，还须征得与此变更有关的协会代表的同意。

（2）应该尽量避免变更抽签，只有在纠正错误、添加增补运动员或纠正由于种子运动员的缺席而引起的严重不平衡时才能变更抽签。

(3) 如果双打运动员中的一名运动员受伤、缺席或者其他任何理由没有到场的,可以变更配对。但是如果双方运动员都已到场,并且身体健康,符合参加比赛的各种条件,那么,变更配对是不被允许的。

(4) 未得到有关运动员许可,不得将一名运动员从抽签中删除,因不良作风或者应到场比赛而未到场被裁判长取消比赛资格的除外。

(5) 不管比赛是否已经开始,不允许运动员从抽签的一个位置移动到抽签的另一个位置,按照特别条款进行种子重新抽签时除外。如果因任何原因使抽签结果极不平衡时,应尽可能全部重新抽签。

(6) 如果在这个过程中出现了不平衡的现象,并且这种不平衡是由同一抽签区的若干种子运动员的缺失造成的,那么剩余的种子就应该进行重新排列,在种子的范围之内重新抽签。在进行抽签的时候一定要考虑到竞赛规则中关于按照协会提名排列种子的规定。

(7) 当进行抽签的时候,在没有包括一个项目内的运动员时,在竞赛委员许可的情况下,可以适当增补报名。

(8) 如果运动员或双打配对按照排名可以作为种子进入原抽签时,则只能抽入种子位的空缺,否则不能接受其增补报名。

二、编排

(一) 编排的任务

编排工作就是把每个项目所要进行的比赛,根据一定的科学性和合理性对比赛进行编排,包括运动员所对应的球台、比赛的秩序、比赛的日期、每个运动员参加比赛的时间以及台号等。

编排方案影响着运动员参赛、裁判组、大会各方面工作人员的工作以及观众观赏比赛,影响着场馆、交通、住宿和其他各项保障性工作,影响着电视转播乃至比赛的收益。编排工作的弹性是很大的,它是由裁判长根据各方面的具体情况和条件,用主观设想的方法解决问题,但其最终效果将由各方面的人员和工作情况来综合检验。因此,编排工作十分重要,它是大会圆满完成的保证。

(二) 编排的目的

(1) 为了考虑参赛者和观众的利益,为了最有效地利用时间和可供使用的球台。

(2) 为了满足新闻媒体的需要,关键性的比赛不应该在一天中安排得太晚,以致使比赛或成绩赶不上当天报纸的出版。

(3) 裁判长应该充分了解编排的原则,必要时能对电脑编排方案进行修改,同时在需要时具有进行人工编排的能力。

(三) 编排的原则

编排工作的主观性很强,但在编排时一定要遵循下列原则。

1. 不能违反竞赛规程和比赛指令

比赛开始报名时,比赛主办单位应向有资格参赛的单位发放竞赛规程及比赛报名表,在竞赛规程中应说明比赛日期、地点、项目、办法等内容。不符合国际乒联规则和竞赛过程的内容，应在其中表述清楚，说明变动的性质和范围，凡提交报名的单位应被视为同意所有比赛条件。

2. 不能连场

所谓的连场就是，运动员在进行完上一场比赛之后，在完全没有休息的情况下，需要马上进行下一场次的比赛的情况。由于乒乓球比赛有三个单项，一般情况下单项比赛同时进行，而运动员又要兼项。因此，应该避免下列情况发生：女单比赛接女双比赛、男单比赛接男双比赛、女单比赛或女双比赛接混双比赛、男单比赛或男双比赛接混双比赛，否则将有可能发生连场。

3. 不能重场

在编排时一定避免女单和女双比赛、男单比赛和男双比赛、女单或女双比赛和混合比赛、男单或男双比赛和混合比赛同时进行，否则将有可能发生重场。

(四) 编排的基本要求

1. 保持运动队和运动员合理的比赛强度

目前，国际竞赛规则虽然没有关于编排的规定，但一般来讲，在单项比赛中未经运动员本人同意，不得在一天内安排其参加超过 7 场的 7 局 4 胜制的比赛；不得在 4 小时一节的比赛中安排 5 场以上的 5 局 3 胜制的比赛；不得在 4 小时一节的比赛中安排 3 场以上 7 局 4 胜制的比赛；不得安排其在 4 小时一节内的比赛中参加 5 场以上 3 局 2 胜制的比赛。

在团体比赛中未经参赛队长同意，不得在一天的比赛中安排一个队超过 3 次参加团体比赛。

2. 努力适应和满足观众的兴趣和要求

观看乒乓球比赛的观众可分为：电视观众和现场观众，作为编排人员主要应该考虑现场观众。

(1) 在一节比赛中要兼顾安排男运动员或女运动员的比赛。因为，到场的观众每个人的兴趣不同，观看比赛的目的也不相同。因此，编排时应考虑到大众的利益，尽量多安排不同性别运动员、不同项目的比赛，以满足大多数观众的需求。

(2) 每一节比赛中都要安排优秀运动员的比赛，而且应尽可能地将精彩的比赛分散安排在不同时间和不同球台上，以照顾全场观众。避免将精彩的比赛都安排在比赛的同一时间。

(3) 应在晚上和节假日多安排一些重要和精彩的比赛，特别是有东道主参加的比赛。

3. 科学、合理地使用比赛场馆

(1) 球台的放置应有一定的科学性。一般比赛开始时，一个场地都应尽可能多地放置球台。球台放置时应注意：便于观众观看，便于运动员参加比赛，便于裁判员工作。随着比赛的延续，运动员的减少，球台也需要不断地减少。

(2) 两节比赛的间隔时间应比较充分，特别是观众较多的比赛，因为观众退场和进场都需要一定的时间。否则，上一场的观众还没有退场，下一场的观众就已在体育馆外等待，这样不仅推延了观众退场、进场的时间，而且也容易造成退场和进场次序的混乱和交通的拥挤。

（3）一次竞赛应充分考虑比赛和食宿的方便。最好将比赛的所有场次安排在一个场地进行，如果参赛运动员过多或比赛场馆不够大，也应尽量将比赛的大部分场次或主要场次安排在主场馆进行。如果同时进行比赛的场地，路程超过 10 分钟，运动员就应该集中食宿。

（4）在编排时，应避免尽可能多地使用球台，而应在必要时交替使用部分球台或留下一两张机动球台，以保证比赛及时结束。

4．合理安排男、女团体赛和各个单项比赛的决赛

（1）目前，重大比赛前主办协会都会收到比赛指令，详细指出各个项目决赛的具体时间。比赛指令一般包含每个比赛项目的日期和时间，而这些具体的日期和时间都已和赞助商签订了合同，因此，应严格按照比赛指令的要求去做。

（2）如果是没有比赛指令的比赛，应根据现场情况进行安排。一般情况下，团体比赛的决赛和单项比赛应分开进行。决赛的时间应安排在观众最多的时间段进行，如果组织者希望在比赛结束那天组织招待晚宴，那么决赛也可以安排在节假日的下午进行。

（3）在单项决赛中，应将混合双打的决赛提前到前一天晚上进行。因为要防止出现连场和重场。

（4）如果比赛时间很紧张，5 个单项的决赛必须在同一个晚上进行，编排就必须做到紧凑，但又不能连场。最好的办法是，在秩序册上仅仅写出决赛的日期和总的开始时间，不标出具体的时间和台号。这样可以在 5 个单项比赛都打完半决赛，通知参加决赛的名单时再排定具体的时间和台号，在决赛前临时通知各个参赛队和参赛队员。

（5）一般来讲，双打决赛不如单打决赛精彩，同一单位的两名（队）运动员决赛、两名外单位运动员决赛不如一名本单位（协会）运动员与一名外单位运动员决赛精彩，女子项目的决赛不如男子项目的决赛精彩，有明星参加的比赛比没有明星参加的比赛更能调动观众的情绪。因此，裁判长可以根据具体情况，拟定一份决赛节目单，以保证决赛的顺利进行。

（五）编排工作的主要内容

编排工作的主要内容是设计编排方案。在设计编排方案时，应考虑比赛的性质、特点、日程、方法、规模、场地以及球台的数量、交通和宿舍的条件等问题。

1．合理安排时间

（1）根据比赛、类型、阶段和一场比赛的局数估算每节比赛的持续时间，然后将可用的时间分成若干节比赛。

第一轮的比赛常常比后面的比赛费时少，小组比赛通常比第二阶段的比赛费时少，5 局 3 胜制的比赛比 7 局 4 胜制的比赛费时少。根据运动员的具体情况，5 局 3 胜制的比赛用时为 20～45 分钟，7 局 4 胜制的比赛为 30～60 分钟，裁判长可根据比赛具体情况进行安排。

(2) 在比赛时，由于每张球台的比赛并不会完全一样，同一轮次的比赛，有的球台可能很快就结束了，有的球台的比赛可能迟迟都不能结束。因此，裁判长在安排时间时一定要为各张球台安排一个比赛空段，以使每张球台耽误的时间不被积累。

(3) 运动员刚刚赛完一场比赛，不应该立即要求其进行下一场比赛，但同样也不应该在相连的比赛间等上几个小时。比较合理的是，淘汰赛前几轮比赛可间隔不少于一场、不多于三场的时间。

但在后面的比赛会比较激烈，场和场之间的间隔时间长些，运动员可以得到更充分的休息。此外，还必须考虑运动员的兼项问题，以免造成不必要的连场和重场。

2. 解决可能发生的冲突

(1) 乒乓球比赛通常是好几个项目在同一时间进行，以便能够更有效地使用可用的球台。很显然，男子项目和女子项目的比赛可以同时进行，男女轮次交替进行是一种提供合适比赛间隔的有效方法，这在项目的较早阶段容易安排。

但是当一个轮次中的比赛数量减少到不再能使用所有的球台时，应开始进行另一个项目的比赛。

(2) 由于在比赛开始前要预测哪些运动员将进入下一轮是非常困难的，如果不仔细编排，则有可能在同时开始的项目中出现连场和重场的情况。因此，掌握编排技巧可以最大限度避免这种冲突的发生。

正常情况下，每一项比赛应单独安排在一个时间段，而与其衔接的比赛应是同项目的同一轮次，同项目的不同半区、不同性别的比赛。如果连场和重场的情况一旦发生，应给运动员适当的恢复时间。

(3) 有些基层比赛由于场地和时间的限制，安排得非常紧凑，而女运动员的比赛又较少，不足以完成间隔男运动员比赛的任务。

解决这一问题可在赛前不安排比赛的具体时间和台号，比赛结束后根据临场情况进行安排，这需要非常紧凑的控制，并在安排后立即通知有关运动员。

(4) 混合双打的比赛由于同时涉及男运动员和女运动员，因此也容易发生冲突。最好将他们安排在观众较少的一节单独进行。

如果无法这样安排，裁判长通常将混合双打比赛安排在每节比赛的最前面或最后面。

(5) 同时包括团体和单项比赛的竞赛，应首先进行团体比赛，在团体比赛结束后休息一天，再开始单项比赛。这样可以在参加团体比赛的运动员都到达比赛现场后，再进行单项比赛的抽签，以避免单项比赛抽签时运动员不能确定，给组织者带来麻烦。虽然这样的比赛安排非常理想，但大多数比赛都很难做到。

因此，裁判长应该尽量提高组织比赛的工作效率，至少也应在运动员到达比赛现场，团体比赛开始的第二天，进行各个单项的抽签。

3. 分配球台

(1) 比赛球台的分配应关注运动员和观众的兴趣，最好不要安排同一名运动员在同一张球台上连续比赛，以避免运动员由于熟悉比赛条件而拥有不公平的优势。那些可能引起当地观众兴趣的比赛，可以安排在方便观看的球台上进行。

（2）秩序册上安排的比赛时间和台号一般不要更改，但裁判长应密切关注场上的比赛进程，原先安排的比赛可能因为前面的比赛超时而不能进行时，可以将比赛移到不同的球台上进行。

有些比赛是某个电视台特别关注的，裁判长应尽量将这些比赛安排在方便进行电视转播的球台上。但无论什么原因，只要是时间和球台有变化，必须在事前通知有关参赛队和参赛运动员，并征得他们的同意。

4. 制定比赛文件

编排时必须表明每一场球的比赛类型、具体时间和台号。一般来讲，需要编排的文件有两种，一种是比赛秩序册上的有关循环赛和淘汰赛的比赛图表，另一种是裁判长使用的节目单。前一种在了解比赛时间和地点的前提下，方便记录比赛结果，后一种能更好地了解比赛的大致顺序，以方便裁判长控制比赛。

第八章 高校乒乓球游戏运动

第一节 单人趣味游戏训练

一、游戏的技术要素

在个人用板碰击或摩擦击球中,其技术要素主要体现出落点控制。

二、游戏的基本要求

此项练习对简单的器材有一定要求,教师可因地制宜,可变通地进行落点控制的游戏练习。碰击球的难度低于摩擦击球的难度,教师应在提要求时注意学生的实际水平,做出恰当的安排。此项练习应以板数或对击入落点范围的成功率为标准进行比较评价。

三、游戏的组织形式

教师应提前准备好练习所用的器具,准备好场地。让学生分别进行练习,如果学生多,要保证每三个学生使用一块场地,尽量避免让学生较长时间没有练习机会。

四、游戏做法

游戏一:不同区域碰击或摩擦击球

(1) 游戏器材:一个球拍,一个乒乓球,一根粉笔。

(2) 游戏方法:在球拍上用粉笔划一个十字,分成四个小区域,要求学生用这4个区域依顺逆时针方向向上方碰击或摩擦击球,计板数。

游戏二:单粒颠球

(1) 游戏器材:一个球拍,一个乒乓球。

(2) 游戏方法:持拍将球向上击打,使球垂直地上下运动。本游戏可以原地颠球,也可行进间进行。为了增加游戏的难度,可以球拍的正反面轮流击球。

游戏三:双粒颠球

(1) 游戏器材:一个球拍,两个乒乓球。

(2) 游戏方法:持拍将球向上击打,在第一个球落下之前把第二个球也向空中击,然后轮流击打两个球。它能有助于练习者控制击球的力量，调节击球的拍面和掌握击球的节奏。

游戏四：对墙击球

（1）游戏器材：一个球拍，一个乒乓球，一张桌子。

（2）游戏方法：持拍对墙连续击球，或对墙击球后，球落到桌面（或地面）反弹后再击。它能帮助初学者尽快地熟习球性。

游戏五：侧步运球

（1）游戏器材：一个水盆，两个球。

（2）游戏方法：将两只球盆（一个盆内装若干乒乓球，另一个为空）相距3m左右放置（球盆高度约相当于乒乓球台的高度）。在两球盆之间，用侧向滑步法将球运至空盆内。滑步一次运一个球，运完为止。

第二节　双人趣味游戏训练

一、两人碰球对击游戏法

（一）游戏的技术要素

在两人用球拍不用任何旋转去碰球对击游戏中，其技术要素主要体现出：速度控制、力量控制和弧线控制方面。

（二）游戏的基本要求

教师应注意在此项游戏的内容中，强化上述三方面的要求，并可运用计数计时方法，拉长双方距离的方法来落实对速度、力量及弧线控制的要求。此练习应以两人合作打高板数为主。

（三）游戏的组织形式

教师可以根据学生的学习程度、年龄差别、性别等合理地组合成对，并在对与对之间进行比较，激发每对学生努力打到最高或要求的板数。对完成任务好的配对给以适当的奖励，如口头表扬等。

游戏一：对墙轮流击球

（1）游戏器材：两个球拍，一个乒乓球。

（2）游戏方法：离墙3.5m和离墙5m各画一条白线；墙上画一个60cm直径的圆。将球击到墙上的圆圈内，反弹后必须落在两条白线之间，两人在移动中轮流击球。

（3）计分方法：未将球击到圈内，失一分；击球后未落到两条白线之间，失一分；未击中球，失一分。先得11分为胜方。

游戏二：空中击球

(1) 游戏器材：两个球拍，一个乒乓球。

(2) 游戏方法：两人相距 3～5m，空中轮流击球。

游戏三：利用课桌比赛

(1) 游戏器材：两个球拍，一个乒乓球，两张课桌。

(2) 游戏方法：一（两）张课桌竖着摆，中间立（夹）两本较厚的书当球网，进行练习或比赛。

游戏四：固定投准

(1) 游戏器材：一个球拍，若干个乒乓球，一个塑料桶。

(2) 游戏方法：用球拍将乒乓球击到 3～5m 距离外的塑料桶内；或直接将球投入桶内。

(3) 计分方法：在规定的时间内将球击入（或投入）桶内多者为胜；或每人各击（或投）10 个球至桶内，快者为胜。

游戏五：移动投准

(1) 游戏器材：一块球拍，若干个乒乓球。

(2) 游戏方法：两人相距 6～7m，一人举拍有规律地左右摆动，另一人用乒乓球击球拍。

(3) 计分方法：在规定的时间内将球击中多者为胜。

游戏六：趴地碰球对击游戏

(1) 游戏器材：一张矮长凳，两个球拍，若干个乒乓球。

(2) 游戏方法：面向地面爬地，不持拍手肘与前臂撑地，抬头，两人相距 2m。其间放置一张矮长凳，凳高约 25～30cm。

游戏七：两人骑同伴肩上碰球对击游戏

(1) 游戏器材：两个球拍，若干个乒乓球。

(2) 游戏方法：骑坐在同伴肩上，两对相距约 2.5～3m，要求板数。

游戏八：两人坐长凳碰球对击游戏

(1) 游戏器材：一条长凳，两个球拍，若干个乒乓球。

(2) 游戏方法：长凳长约 4.5～5m，两人共坐一条长凳，相距约 2.5m，用球板轻击有较大弧线的球，并要求：两人在规定的板数内各向后逐步移动 80cm；两人在每击一次球时，必须向后移动约 10cm，共击八次球。以不失误并按要求完成移动距离进行比较。

游戏九：两人隔网碰球对击游戏

(1) 游戏器材：一张网，两个球拍，一个乒乓球。

(2) 游戏方法：用绳或任何物品拦成一个网，要求能看清对方，高度以超出练习者身高 50～80cm 为宜，计板数。

二、两人摩擦球对击游戏

（一）游戏的技术要素

在两人用板摩擦球对击游戏中，其技术要素主要体现出：旋转控制（旋转是速度、力量控制的另一种表现形式）和弧线控制。

（二）游戏的基本要求

教师应注意在此项练习内容中，强调旋转的使用，旋转分为侧旋和下旋以及上旋。根据学生学习程度或根据教师给学生要求的难易程度，在对击过程中练习者可以有一板至若干板接旋转球后在自己球板上的调整机会。

（三）游戏组织形式

此项练习中教师应准确地把握学生的水平和能力，使水平相近似的两人编成对，避免因水平悬殊大，使练习中比赛因素达不到应有的效果，并可能对心理产生一定的消极影响。

（四）游戏做法

可以在"两人碰球对击游戏法"的几项内容中，将"碰球"改成"摩擦球"即可。

第三节　多人趣味游戏训练

游戏一：移动击球

（1）游戏器材：一张球台，一个乒乓球，人手一拍。

（2）游戏方法：把游戏者分成两组（每组应多于 3 人）分别站在球台的两端，发平击球后，双方轮流用推挡或搓球的技术击球。每人击一板，击球后跑到本组的最后。击球失误者或连续击球两次者退出比赛，比赛重新开始。

（3）计分方法：一方先得 11 分为胜方，或一方的人数少于 3 人为负方，比赛结束。

游戏二：绕台击球

（1）游戏器材：若干张球台，若干个乒乓球，人手一拍。

（2）游戏方法：把游戏者分成若干组（每组人数不少于 6 人），每组一张球台，用任意技术击球，击球后绕过球台跑到球台另一端的队伍后面。击球失误者或连续击球两次者退出比赛，比赛重新开始。

（3）计分方法：当一方的人数少于 3 人为负方，比赛结束。

游戏三：混合升降。

（1）游戏器材：一张球台，若干球拍，若干个球。

（2）游戏方法：男女学生分别分组，每组4人。各组按顺序编列为1组、2组、3组……先在组内进行3分制循环赛，一轮循环赛后，小组内成绩最好的升至上一组，最差的降至下一组。如第三组第一名升至第二组，最后一名降至第四组。依次进行下一轮循环赛。这样，在课堂的有限时间内可以进行多轮循环赛，升降频繁，紧张激烈。

游戏四：排名挑战赛

（1）游戏器材：一张球台，若干球拍，若干个球。

（2）游戏方法：分组竞赛。将学生分为若干组，每组设定组内排名。组内学生根据排名发起5分制挑战赛。战胜排名高于自己的人积3分，战胜排名低于自己的人积1分，失败不积分。赛后根据积分重新排名。

游戏五：垫球团体赛

（1）游戏器材：一张球台，若干球拍，若干个球。

（2）游戏方法：以小组为单位竞争。各组学生列队，待教师发令后，每组第一名同学手持乒乓球拍，以垫球的方式向前行走，走至规定点后返回，将拍与球传给同组下一名同学接力行走。途中如果掉球，拾起球后必须在掉球处继续垫球行走。完成接力最快的小组获胜。根据学生的年龄差异，这个游戏的难度可以灵活调节，如改垫球为托球，改行走为跑步等。

游戏六：发球精度赛

（1）游戏器材：一张球台，若干球拍，若干个球。

（2）游戏方法：以小组为单位竞争。学生以发球的方式击打指定目标，根据准确程度得1到3分，每个学生发球5次，小组内所有人得分相加，总分最高的小组获胜。

第九章 高校乒乓球健身运动的营养需求

第一节 乒乓球健身运动与营养

营养是人体进行运动的重要物质基础。而人体的各种生理活动和体力活动,乃至人体生命的存在都离不开营养。随着体育科学的发展,人们不仅可以用科学的营养方法来维护运动者的身体健康,而且能根据不同运动项目的特点,科学地利用营养来促进运动水平的提高。

人体在激烈运动时,能量消耗很多,机体的代谢强度也很大。不同的项目和运动性质可以促进机体对不同营养物质的利用,同时,提高不同性质的代谢机能。另外,机体对营养物质利用的水平越高和不同性质的代谢机能越旺盛,人体生命活动的能力就越强,运动的层次就越高。因此,营养与运动互为促进,是提高身体素质人体健康的重要因素。

合理的营养与运动对于保持人体健康,预防疾病也是十分重要的。营养不良或不合理,运动不足或不科学,将导致人体的生长发育受阻,机体的免疫能力下降,人体的各种机能能力下降,生命力不旺盛,甚至危及生命安全。可见,健硕的躯体是与良好的营养与科学的健身运动分不开的。总之,营养与健身对于人们的身体健康而言都起着异曲同工的效果。

一、营养对健身运动的意义

科学、合理的营养除了保证人体正常的生长发育和身体健康之外,更重要的是可以良好地维持人的脑力和体力活动,特别是人体在参加健身锻炼活动时,营养的摄入以及科学的利用显得更为重要。不科学、不合理的膳食不仅影响运动水平的提高,更重要的是影响身体健康。

在能量代谢方面,健身运动人群具有能量代谢高的特点,例如健身爱好者在进行训练时肌肉代谢可以比静止状态下的代谢高约1000倍。人体在剧烈运动时,机体的代谢强度更高,在短时间内可以消耗大量的能量(即营养物质),且有许多时间是在负氧债的情况下进行的,所以对体内的营养物质提出了更高的要求。

人体在参加健身锻炼时,运动项目与运动性质有所不同,因此,在摄入营养物质时,必须依据不同的特点进行,以适应体内代谢过程的需要,保持运动水平的提高和体质的增强。

人体在进行剧烈运动时，体内细胞的破坏与新生也相应增加。红细胞的组成成分是蛋白质和铁，若这类营养素供给不足，可能导致运动性贫血，影响运动时氧的代谢能力，降低耐久力，长期如此，还可能严重影响身体健康，因此，要及时、适量地补充蛋白质和铁。

在进行十分激烈的运动时，体内维生素的消耗明显增加，激素和酶的反应十分活跃，一旦缺乏，神经系统的兴奋性、激素和酶的活性都急骤降低，运动能力也受限。

人体在运动时，体内的酸性代谢产物堆积，适量、合理地补充一些矿物质，有利于代谢产物的排泄，从而达到消除疲劳的目的。

我国居民的饮食以糖类为主体，因此适宜参加一些耐力性项目的锻炼，但同时对蛋白质、脂肪、维生素、矿物质以及某些微量元素的摄入量也不能忽视，特别是健身增肌人群，蛋白质的摄入量更是不能少。长期参加健身锻炼的人，科学、合理地安排膳食中的营养素是极为重要的。

二、健身运动对营养的基本要求

长期从事健身锻炼和运动训练的人，机体的能量消耗以及代谢水平显然高于一般人，所以对营养的要求也有明显的特点。

（一）要注意不同能量物质的摄入比例

健身运动者并非是吃肉越多越好，而是要根据不同的消耗特点，合理配备各种营养素的比例。我国居民的膳食能量是以糖为主的，脂肪的摄入量最少。在多数情况下，健身锻炼者的比例是蛋白质∶脂肪∶糖为1∶（0.7～0.84）∶4，经常从事耐力项目的锻炼者，糖的比例应更高，即蛋白质∶脂肪∶糖为1∶1∶7。总的原则是高糖低脂肪。而某些健身增肌人群蛋白质∶脂肪∶糖的比例有时可能达到2∶2∶6左右。

（二）要注意糖的补充及保持能量平衡

人体运动时，其能量消耗很大，如果不及时地进行补充，可能会导致运动能力和运动成绩下降，同时影响身体健康。补充糖（碳水化合物）在健身运动中是非常重要的，体内糖的有氧氧化是运动中能量供给的最主要而且最直接的来源。运动前补糖可以增加体内糖原储备和血糖来源；运动中补糖可以提高血糖水平、节约储备糖原的消耗，延长运动时间；运动后补糖可以加速糖原储备的恢复。体内糖原水平不仅与运动耐力密切相关，而且在很大程度上也是造成运动疲劳的主要原因。

能量补充时，要根据运动项目的不同和运动负荷的不同来考虑补充不同量的能量。有些项目能量消耗大，有些消耗小，必须区别对待。大多数运动项目，如果运动负荷较大，那么一个人每天的能量消耗约为14700kJ。

在健身过程中如何正确地补糖呢？尤其对于健身增肌人群和大强度训练者，可以根据下面的原则和方法进行。在运动前的3～4h，可以补充200～300g的碳水化合物，如面包、水果等，运动前30min，还要补充一些含糖的运动饮料，一般含糖10%，每次250mL左右。长时间运动中每隔30～60min，补充上述含糖饮料150～200mL。运动后补糖是很容易被人们忽视的，为什么要强调运动后补糖呢？这是因为在运动过程中，体内的糖原都被消耗了，这时候补糖对于恢复体内糖原水平最有效。运动后补糖在时间上要求越早越好，最理想的是在运动后即刻补糖及每隔1～2h连续补糖，每小时补糖25g，2个小时达到50g，少量多次。

那么采用什么方式补糖呢？糖的种类有很多，其中人体对葡萄糖吸收最快，果糖引起的胰岛素分泌作用较小，两者适宜联合使用；低聚糖具有渗透压低、甜度小、吸收快等特点，非常适宜健身运动中使用；淀粉类食物除了含有各种复合糖外，还含有维生素、无机盐和纤维素，可在运动后的饭食中增加时摄入。

一般来讲，健身运动后能量消耗得多，补充也必须多，并且要有一定的能量储备。但能量的补充不宜过多，过多的能量将引起体脂增多，身体发胖。因此，膳食要强调科学、合理、适量、平衡。

（三）要特别注重蛋白质的摄入

长时间的有氧运动和工作使蛋白质代谢加强，会增加人体对蛋白质的需要量；力量训练因使肌肉组织增加也需要增加蛋白质的摄入量；在运动过程中，由于细胞破坏增加、肌蛋白和红细胞合成代谢亢进以及应激时激素和神经调节等反应，也会增加人体对蛋白质摄入的需要。因此健身人群一般都非常重视蛋白质的补充。

如何科学补充蛋白质呢？首先要特别注意蛋白质的营养价值，也就是必需氨基酸的含量和模式。总体来说动物性蛋白的生物学价值高于植物性蛋白，但是单纯靠一些大鱼大肉来补充蛋白质的方法是不值得提倡的，因为在鱼、肉类食物中，虽然含有一定量的蛋白质，但是同时含有大量的脂肪和胆固醇。人们摄入这些食物的时候，在获得蛋白质的同时必然会伴随着大量脂肪和胆固醇的摄入，而后者是人们所不希望发生的。建议在健身以后，要额外补充一些优质的蛋白粉。蛋白粉中主要是以蛋白质为主，脂肪和胆固醇的含量甚低。蛋白粉的种类很多，其中乳清蛋白是从牛乳中提取纯化的，是目前发现的生物学价值最高的一种蛋白质，具有吸收迅速、吸收完全、吸收率高、无脂肪和胆固醇等特点，是补充蛋白质的理想来源，每天补充20g左右的蛋白粉就可以起到显著的健身效果。大豆蛋白虽然在氨基酸组成和吸收利用率上不如乳清蛋白，但是由于大豆蛋白中含有一种称为"植物雌激素"的物质，特别适宜女性健身人群使用。还有奶类、蛋类和豆制品也是蛋白质的优质来源。各类海产品不仅蛋白质含量高，质量好，而且脂肪含量低，是补充优质蛋白的最佳选择。豆制品是植物性食物中蛋白质含量最丰富的食品，每日进食二两豆制品类食物也是一种好习惯。

（四）适当补充维生素和微量元素

人体在从事剧烈运动时，神经高度紧张，机体代谢很旺盛，激素的分泌大量增加，排汗量很多，维生素的消耗也较多，因此，必须补充适量的维生素。如果补充合理、及时，则可以有效地提高人体运动能力，促进人体健康发展。维生素的摄入量可因运动项目、强度不同而有所区别。如运动时间较长的耐力性锻炼对维生素 B、维生素 C 的需要量很大。

维生素和微量元素的补充主要是通过合理的膳食来实现的，首先要做到膳食种类的多样化，避免挑食。因为不同食物中维生素和微量元素的种类和含量是不同的，例如水果中维生素 C 的含量很丰富，但是维生素 B 则主要来源于谷类食物。其次，复合维生素和微量元素制剂的使用对于有效补充各种维生素和微量元素是必要的和有益的。特别是一些专门针对运动健身人群开发设计的维生素和微量元素补充剂，充分考虑到健身人群的特殊需求和身体中各种维生素和微量元素的实际情况，做到有针对性地补充，避免了使用普通产品造成的对人体缺少的补充不足、不缺少的又补充过量的现象。

（五）要注意抗氧化剂的合理补充

机体的抗氧化物质有自身合成的，也有由食物供给的。众多的抗氧化酶和抗氧化剂构成了身体中的抗氧化系统。膳食中主要的抗氧化剂包括番茄红素、维生素 E、维生素 C、硒和牛磺酸等。

番茄红素是类胡萝卜素的一种，属于植物来源的维生素 A。番茄红素是目前发现的功能最强大的抗氧化剂，它的抗氧化活性是维生素 E 的 100 倍。每天补充 10mg 番茄红素，对于清除体内自由基、消除疲劳、提高机体免疫力都有明显的促进作用。

维生素 E 是细胞膜内重要的抗氧化物质，并对肌肉收缩期间的能量供给和钙离子释放与摄取有重要作用。每天补充维生素 E10～40ug（400～1600IU）可减少大强度运动和其他情况引起的自由基增加对机体的损伤。

维生素 C 具有很多生物学功能，如参与集体的氧化还原过程、造血和解毒等。补充维生素 C 可以明显降低运动引起的氧化反应。

硒是身体里一种抗氧化酶——谷胱甘肽过氧化酶的必需成分，该酶可以减轻运动引起的脂质过氧化程度。补硒能够提高谷胱甘肽过氧化酶的活力，从而提高人体的抗氧化能力。

（六）要注意钙的补充

健身人群每天的钙摄入量应该高于普通人，每日钙的推荐食物供给量可以达到 1000～1200mg。

钙的补充要通过食物补充，其中牛奶和奶制品是钙的主要来源，其钙的含量和人体对其吸收率都比其他食物要高。虾皮、干海带、豆类和绿色蔬菜也是钙的主要来源，健身人群应该注意多选择这些含钙丰富和人体对其中的钙吸收率高的食物。

膳食以外的单独补钙也不容忽视，补钙要在进餐时服用，这样可以提高吸收率。同时还要注意剂量不要过大，防止补钙过量。健身人群只要补足需要的钙量即可，应避免长期过量补钙。长期过量补钙即增加了肾结石的危险，又会影响铁、锌、镁、磷等元素的正常吸收。

（七）要注意补充足够的水和电解质

健身运动中因为出汗会造成机体大量体液丢失，因此在运动前后及运动过程中要特别注意对水的补充。人们在补水的问题上存在几个误区，第一个就是口渴才补水，其实当人体感到口渴的时候，失水就已经达到体重的3%，即机体已处于轻度脱水的状态，所以要做到预防性补水。第二个误区就是一次补充大量的水，短时间内大量补水，会造成恶心不适和排尿增加，从而影响到机体的运动能力，补水应该遵循少量多次的原则。补水的第三个误区是在运动过程中单纯补充纯水。在运动过程中补水应该避免补充纯水，而是要将补水与补糖、补电解质结合起来，因为随着水的丢失还会损失大量的电解质，而单纯补水会进一步加重体内电解质紊乱。

因此专家推荐运动饮料是非常理想的补液形式。运动饮料在补水的同时还可以补充足够的糖和钠、钾等电解质。一种好的运动饮料应该符合以下标准：低渗透压，糖含量在10%左右，含有包括葡萄糖、低聚糖等在内的复合糖，口感适宜，电解质含量适中，含有一定的无机盐，不含二氧化碳等。

补充运动饮料的具体方法如下：运动前2h饮用400～600mL的含糖和电解质的运动饮料，少量多次，每次100～300mL；运动中每15～20min补液150～300mL，一次运动中补液总量以不超过800mL为宜；运动后适当补液，具体液量可根据体重丢失情况确定。

（八）要注意食物的合理选用与烹调

对健身锻炼者的膳食调理，要尽量选择那些容易消化吸收、营养丰富的食物，同时要考虑酸碱性食物的搭配，烹调时要尽量保存食物的营养成分，如青菜不能蒸煮等。另外，还要注意食物的色、香、味，这样有利于增进锻炼者的食欲。

（九）要建立合理的膳食制度

一是严格控制饮食时间。要求锻炼者进食的时间与锻炼的时间相适应，一般运动前1.5～2.5h进食和运动后30min以上再进食为好。否则，不利于运动和身体健康。二是严格控制每餐的食量。健身锻炼者更应该重视一日三餐的食量与营养成分的科学搭配。其基本原则是运动前的一餐食量不宜过多，保证有较多的糖、维生素和磷，少量的脂肪和纤维素即可；运动后的一餐食量适当多一些，营养素更充分一些；一般晚餐的食量不宜过多，脂肪和蛋白质以及刺激性的食物也不宜过多，以免影响睡眠，不利于运动后的体能恢复；有早锻炼习惯的人，早餐应含蛋白质和维生素多一些，因为机体经过一夜的基础代谢和早锻炼,消耗了大量的能量,必须补充。健身锻炼者也可采用一日五餐制。

(十) 要注意男女营养素补充的侧重点

性别不同,其身体结构、激素水平、物质代谢等都会有所差异,所以不同性别对于营养物质的需求也不同,这一点也要引起健身人群的特别重视。男子要特别注重铬、镁、锌、维生素 A、B_6、C、E、纤维素和水九大营养素的补充;女子要注意减少脂肪摄入,补充足够的膳食纤维和维生素 B_1、B_6、C、E、A 及铁、钙、锌、镁,适当摄入谷氨酸、牛磺酸、天门冬氨酸等脑神经的营养素。

女子还要注重美容营养素的补充,一是蛋白质,二是维生素 E、维生素 C 以及 β 胡萝卜素,这类维生素是机体重要的抗氧化剂,可保护机体免遭自由基氧化损伤,减少脂质过氧化作用,而且维生素 E 和维生素 C 对于维持正常的免疫功能是必不可少的。而番茄红素是近几年最新发现的一种更强有力的抗氧化剂,属胡萝卜素类物质,人体自身不能产生,在大多数水果和蔬菜中可以找到,如番茄、石榴、西瓜和柚子等,是一种天然的生物色素。

三、营养素与健身

(一) 碳水化合物(糖)

1. 碳水化合物的组成、来源和分类

碳水化合物是由碳、氢、氧元素所组成的。碳水化合物的食物来源主要是小麦及淀粉类,包括面包及谷类、水果及蔬菜等。碳水化合物按其分子结构的不同,可分为单糖,包括葡萄糖、果糖及半乳糖(容易导致肥胖和脂肪积聚);双糖(二糖),包括麦芽糖、蔗糖(食糖)及乳糖;多糖,它由 3 个以上单糖分子组成,有淀粉、原糖、食用纤维素及葡萄糖分子键等。所有种类的碳水化合物经消化后均会被转化成单糖,然后被吸收。

2. 碳水化合物的功能和供能特点

碳水化合物对人体的总体效应主要是稳定血糖水平,以增进调节食欲和体力,促进脂肪代谢与糖原储存,而且增加碳水化合物储存量可避免蛋白质的过量分解和增加脂肪的代谢。一般低糖原储存量会导致缺水、代谢及体力下降、脂肪的代谢消耗减少、低血糖症及饥饿感等。

(1) 碳水化合物对人体的主要功能是:制造三磷酸腺苷(ATP)的主要来源,可被人体直接使用;有氧运动及无氧运动的主要能量来源;中枢神经系统活动的能源;丰满肌肉;调节脂肪代谢;节约蛋白质。

(2) 碳水化合物的供能特点是:产生能量快;比蛋白质、脂肪耗氧低;缺氧时,通过无氧酵解供能;代谢产物 CO_2、H_2O;提高肌酸利用率。

3. 糖原储存形式及膳食分配

糖原储备主要适用于耐力性运动项目,它并非为爆发性或速度性项目而设。如耐力性项目的训练者（马拉松训练者等）。碳水化合物在人体中作为糖原形式进行储存，主要分为三种形式。

（1）肝糖。它以糖原形式储存于肝脏（75～100g），需要时用以调节血糖浓度。

（2）血糖。它主要释放葡萄糖以供身体组织使用，血糖水平受胰岛素控制，而肌肉亦受此控制其糖原的储存量（约5g）。

（3）肌糖。它以糖原形式储存于肌肉（360～400g），亦用于新陈代谢，超过机体需要的过多的碳水化合物会转为脂肪，并储存于脂肪组织中。

碳水化合物是食物中最主要的也是最基本的供能物质，每克碳水化合物大约含热量4kcal。在人们目前一般饮食结构中碳水化合物占总供能的46%，甚至越来越少。碳水化合物中包括那些可用于供能的可消化类型（如淀粉和糖）以及膳食纤维等不能消化的食物类型，像果酱、软饮料、牛奶中有糖，而杂粮、面包、蔬菜中有淀粉等。

通常，碳水化合物在膳食中的分配主要是：膳食中的热量摄入，占总热量摄入的55%～65%，其中10%单糖类及50%复合糖类，训练者的热量摄入占总热量摄入的65%～70%。一般成年人每天摄入谷类、薯类及杂粮250～400g为宜，摄入量最少也不应少于200～250g，以防组织蛋白质的过量分解。谷类为主是平衡膳食的基本保证，谷类食物中碳水化合物一般占重量的75%～80%，蛋白质含量是8%～10%，脂肪含量1%左右，还含有矿物质、B族维生素和膳食纤维，谷类食物是最好的基础食物，也是最便宜的能源。只有膳食中谷类食物提供的能量的比例达到总能量的50%～60%，再加上其他食物中的碳水化合物，才能达到世界卫生组织（WHO）推荐的适宜比例。为保证机体的正常工作，一般建议普通人每天需摄入的量为500～600g碳水化合物。也有专家提出，减肥者碳水化合物应限制在占总热量的50%～60%，甚至45%，以利于减肥。健身运动员在赛前减脂期，碳水化合物的摄入量甚至限制在占总热量的40%，那是为了拉肌肉线条，而减肥者完全没必要像健身运动员在赛前减脂期那样实施低碳水化合物限量，长期这样会产生一系列的副作用。研究证实，选用"食物血糖生成指数"（GI）低且富含碳水化合物的食物，作为肥胖者和代谢综合征患者尤其糖尿病患者的膳食管理以及健康人群的营养参考依据是有非常积极的意义的。然而简单地将糖尿病和肥胖患者增多归因于粮食吃得太多是不正确的。相反，希望增肌和氏壮的人则应选择"食物血糖生成指数"高的食物，以利于增加肌糖原的合成和肌纤维的饱满度。

关于补糖的几点建议：充分利用训练后补糖的最佳时间，除了运动前、中、后，尽量减少在其他时间食用加工过的糖，而选用富含膳食纤维的食物如全麦食物，最后一次碳水化合物的摄入不要离晚上睡前太近。

提示：豆类、乳类、燕麦、蔬菜等纤维含量高，都是低GI值食物。魔芋粉的血糖生成指数只有17，在几乎所有食物中是最低的。而馒头、米饭、蛋糕、饼干、甜点等淀粉含量较高，属于高GI食物。谷类、薯类、水果常因品种和加工方式不同，特别是其中的膳食纤维含量发生变化，而引起GI的变化。例如，100g土豆食物中淀粉的含量占17%，脂肪仅含0.2g，而油炸土豆的脂肪含量将增加几十倍。此外，选择较粗糙的食物（没有经过太多烹调手续和较少调味、添加物），少吃过于精致的食物，也是一种挑选低 GI 食物的方法。

4．低碳水化合物饮食对身体和运动的影响

人体能量的 55%～65%靠碳水化合物供能。低碳水化合物饮食在各种不同的情况下，会对身体产生各种不同的影响。比如：肝糖耗尽时，会引起低血糖症，并且由于肌肉糖原耗尽，患者会出现体弱及疲倦现象，同时蛋白质也将被分解，以转化为糖类提供能量。当血糖过低后采用单糖分量高的膳食，会导致血糖过高症。一般正常血糖水平应是每 100mL 血液中含 80～100mg，当低于 45mg 时就属血糖过低症。运用低强度运动，就能增加脂肪消耗，避免糖原过量使用；但运动强度过高时，肌肉糖原会减少，而血糖则成为主要能量来源（75%～90%）。以植物性食物为主的膳食还可以避免高能量、高脂肪和低碳水化合物膳食模式的缺陷，对预防心脑血管疾病、糖尿病和癌症有益。研究证实，在主食摄入量一定的前提下，每天食用 85g 全谷食品（小米、高粱、玉米、荞麦、燕麦、薏米、红小豆、绿豆、芸豆等粗粮），能有效地减少若干慢性疾病的发生风险，还可以帮助控制体重。

健身运动时糖摄入不足的后果主要有：

（1）运动后糖原的耗竭不能很快恢复。

（2）运动中不能保持血糖水平，疲劳提早发生，运动能力下降。

（3）摄糖不足会造成肌肉蛋白分解，围度减小，瘦体重减少。

（4）摄入糖过少时，会导致脂肪代谢减慢。

（5）糖缺乏会导致水分丢失，新陈代谢减慢，增加食欲。

5．注意事项

为了达到减少加工精制糖类而增加复合碳水化合物和纤维这一理想饮食目标，建议在饮食中作以下调整：

（1）减少像饮料、蛋糕、小甜饼和类似的其他含糖食物的摄入量。

（2）增加全谷面包、粗粮、水果、蔬菜的摄入量。

（3）增加复合碳水化合物热量的摄入，相应地减少脂肪的摄入量。

（4）比赛前的数天，进行高碳水化合物膳食及减低训练强度。此方法可增加糖原储备量。

（5）训练后，首先需补充水分（用以调节体温及正常生理功能），然后补充碳水化合物。

（二）脂肪

1．脂肪的组成和种类

脂肪由碳、氢和氧三种元素组成。其中游离脂肪为脂肪的最简单形式，最常见的包括棕榈脂、油酸酯及硬脂，有的还含有氮和磷。它是由一分子甘油和三分子脂肪酸脱水缩合而成的脂也称甘油三酯（占 95%）。在人体和动植物组织成分中，含有油脂（即脂肪）和类脂两大类化合物，总称为脂类。类脂主要包括磷脂、糖脂、固醇类等（占 5%）。脂肪按其分子结构的不同，可分为饱和脂肪和不饱和脂肪两大类。饱和脂肪多来自动物，在室温条件下呈固态（在碳键中含所有可能的氢原子并在两个碳原子中间没有双键），动物油脂如猪油、牛油、鱼肝油和奶油等。不饱和脂肪多来自植物，在室温条件下呈液态（在两个碳原子中间含双键，碳键中含较少氢原子），植物的油脂如豆油、花生油、菜油和芝麻油等，它们是由脂肪酸与醇类所生成的脂，可分为单不饱和脂肪酸（可多吸取两个氢原子）和多不饱和脂肪酸（可多吸取四个或更多氢原子）。另外脂肪还有如下几个特点。

（1）脂肪酸。属多不饱和脂肪。来自鱼油中，可降低血中胆固醇及甘油三酯的水平，有效减少患冠心病的机会。

（2）胆固醇。肝脏将游离脂肪酸合成为胆固醇，以供身体应用。而肝脏亦使用胆固醇制造胆盐以帮助消化脂肪。其主要来源为动物及蛋类、猪油成分的食品。

（3）脂蛋白。与胆固醇有极大关系，主要有蛋白质、胆固醇、磷脂及甘油三酯。脂蛋白可分为三类。

①高密度脂蛋白（HDL）。高分量蛋白质，中量胆固醇及磷脂，少量甘油三酯。从动脉壁去除低密度脂蛋白，将其运输到肝脏。这种脂蛋白被称为"好胆固醇"。

②低密度脂蛋白（LDL）。高分量胆固醇及磷脂，少量甘油三酯及蛋白质。此脂蛋白会附于动脉上，引致动脉粥样硬化。这种脂蛋白被称为"坏胆固醇"。

③极低密度脂蛋白（VLDL）。高分量甘油三酯，少量蛋白质。这种脂蛋白为低密度脂蛋白的先驱。

2. 脂肪的主要功能

脂肪在体内的储存形式包括以甘油三酯的形式储存在皮下及器官组织周围的脂肪细胞内；以游离脂肪酸储存于血浆内；以甘油三酯的形式储藏于肌肉内等。其主要功能包括：

（1）维持体温。

（2）保护脏器等重要器官和组织。

（3）能量储存，提供必需脂肪酸。

（4）生产激素的原料。

（5）参与细胞的构建，构成血浆脂蛋白。

（6）影响脂溶性维生素的吸收。

（7）持生物膜结构和功能，胆固醇可转变成类固醇激素、维生素、胆汁酸等。

3. 脂肪的需要量

脂肪是能量的另一种重要来源，每克脂肪所含的热量（9kcal）要多出碳水化合物的两倍。WHO推荐的脂肪能量为20%～30%，为了保持较低脂肪，食物脂肪以不超过总热量的20%～25%为适宜，每天40～50g（包括植物油）脂肪即能满足必需脂肪酸（亚油酸、亚麻酸、花生四烯酸）的需求并保证脂溶性维生素的吸收，饱和脂肪酸（SFA）、单不饱和脂肪酸（MUFA）和多不饱和脂肪酸（PUFA）之间的比例约为S：M：P＝1：1：1。

健身锻炼者饱和脂肪酸可占5%，不超过10%，单不饱和脂肪酸占8%，多不饱和脂肪酸占7%。

同时另一种类型的脂类——胆固醇的摄入量也设定每天不超过300mg。为了达到这些

目的,请注意保证做到以下几点:

(1) 多吃瘦肉、鱼类、禽类、干豆、豌豆,以作为蛋白质的来源。

(2) 食用去脂牛奶、低脂牛奶和奶制品。

(3) 限制鸡蛋(尤其蛋黄)和动物内脏器官类肉的摄取量。

(4) 限制油脂,特别是那些富含饱和脂肪的种类,如黄油、猪油、奶油及一些含棕榈油和花生油的食物。

(5) 烤、烧、煮而不应油炸,去除肉中的脂肪组织。

(6) 少饮酒,因为大部分酒精将转化为脂肪。

4. 脂肪摄入过多或不足对身体和健身运动的影响

脂肪摄入过多的危害是:

(1) 造成肥胖、高脂血症及相关疾病,影响心血管的健康。

(2) 代谢产物蓄积,耐力下降,引起疲劳。

(3) 蛋白质、铁和其他营养素的吸收下降等。

脂肪摄入过低的危害是:必须脂肪酸和维生素 E 缺乏,并影响脂溶性维生素的吸收以及肌肉细胞膜的修复。

提示:在碳水化合物、蛋白质和脂肪这三类产能营养中,脂肪比碳水化合物更容易造成能量过剩。1g 碳水化合物或蛋白质在体内可产生约 17kJ(4kcal)能量,而 1g 脂肪则能产生 38kJ(9kcal)能量,也就是说同等重量的脂肪是碳水化合物提供能量的 2.2 倍。另外相对于碳水化合物和蛋白质,富含脂肪的食物口感好,刺激人的食欲,使人容易摄入更多的能量。动物实验表明,低脂膳食摄入很难造出肥胖的动物模型。从不限制进食的人群研究也发现,当提供高脂肪食物时,受试者需要摄入较多的能量才能满足他们食欲的要求;而提供高碳水化合物低脂肪食物时,则摄入较少能量就能使食欲满足。因此进食富含碳水化合物的食物,如米面制品,不容易造成能量过剩使人发胖。造成肥胖的真正原因是能量过剩,而脂肪摄入过多又是肥胖的主要因素之一。

(三) 蛋白质

1. 蛋白质的组成和种类

蛋白质是人体最重要的生命物质。由碳、氢、氧、氮四种主要元素组成。氨基酸是组成蛋白质的基本单位。组成蛋白质的元素先按一定的结构组成氨基酸,再以肽键相连组成蛋白质。大部分蛋白质均由 300 个以上的氨基酸组成。通常人体需要 20 种氨基酸,以组合成不同种类的蛋白质,供身体正常的生长和使用。蛋白质主要来源于食物中的肉类、奶类、豆类等。氨基酸的种类划分主要以是否能在人体内合成为前提的。比如必需氨基酸(8 种),它不能在人体内合成,所以必须从膳食中供给,而非必需氨基酸(12 种),它可以在人体内合成。其中食物中含各种氨基酸的数量是不同的,比如完全蛋白质(来自动物)食物,它含足够量的必需氨基酸,以维持健康及促进发育;而不完全蛋白质(来自植物)食物,它缺少一种或多种必需氨基酸。

2. 蛋白质的功能

蛋白质是构成人体的主要成分，人体的16%～19%由蛋白质组成。在人体细胞中，蛋白质约占1/3，蛋白质具有促进新陈代谢（每天有0.3%的蛋白质要更换，整个一年就换掉一个人，即新细胞代替老细胞）、修补旧组织、供应部分能量和调节生理功能。比如：胰岛素、血红蛋白、线粒体内的氧化激素（活性物质）、体液和酸碱平衡及凝血机制，以及保护机体的抗体和氨基酸及血脂蛋白的载体等。另外，色氨酸及酪氨酸是生成人体大脑中一种重要神经传递物质。进行高强度运动时，肌肉中的亮氨酸会被分解以供给能量。进行健身训练时，蛋白质的主要功能是可以使肌肉发达，力量增长。此外，还可保证体内各内分泌物的平衡。

当足够的氨基酸满足机体需要后，剩余的是不能储存起来的。而多余的氨基酸则会通过脱氨基的作用，将含丰富氮元素的氨基释放出来，然后通过尿液及汗液排出体外。氨是一种有毒物质，会加重肝及肾的负担，引致脱水现象，同时还会使患通风的人感到关节疼痛的程度增加。

当肌糖原储备充足时，蛋白质供能仅占总热量的5%，当肌糖原耗竭时，蛋白质作为能量来源可高至总热量的10%～15%左右，减肥者在减体重过程中蛋白质可占总热量的20%～25%。酸碱平衡会出现于运动后，因为脱氧核糖核酸（DNA）有增加蛋白质合成的功能，而所合成蛋白质的种类则视所参与的运动项目而定。如有氧运动会增加粒线体及氧化激素，而无氧运动则会增加收缩肌的蛋白质。

3. 蛋白质供应不足的后果

（1）减脂速度缓慢。

（2）女性皮肤粗糙无光泽，易疲劳。

（3）机体抵抗力减低，生命脆弱而易病。

（4）健身爱好者肌肉增长缓慢。

4. 建议摄入量

每克蛋白质提供与糖相等的热量，也是4kcal/g，但却不是主要的供能物质。

（1）建议每天的摄入量。青少年：2g/kg体重，成人：0.8～1.2g/kg体重，非从事锻炼群体0.6～1.4g/kg体重，少年运动员：2～3.4g/kg体重。增肌者：1.6～2g/kg体重（具体建议是，一般强度的锻炼需1～1.5g/kg体重，大强度锻炼需1.5～2g/kg体重，休息日需1g/kg体重），有的增肌者甚至达到3.4g/kg体重。减脂：1.2g/kg体重，有的减肥者有时达2g/kg体重。

具体说来，一般的成年人每天每千克体重摄入量约为0.8g蛋白质，因此一个70kg的人每天只需要56g的蛋白质，快速生长的婴儿每天每千克体重需要2.2g蛋白质。健康膳食应包括量肉、禽类肉和低脂制品，而不是更多的红肉和常规的奶制品。

健身运动员进入比赛体格状况时，每天每千克体重摄入2.5g左右，最高时达3g以上，故此，成年人每天每千克体重一般在1.0～3.0g，此标准同时也适用于健身训练者和从事耐力或爆发力的训练者。

(2) 注意事项。计算体重时，应将体脂一并考虑（新陈代谢直接与肌肉量有关）。

(3) 所占比例。一般成人摄入机体的蛋白质应占总热能的 11%～15%，增肌人群 15%～20%，减脂人群可达 20%～25%。

5. 摄取蛋白质的忌点

科学研究显示，鱼类蛋白质含量平均为 18% 左右。其蛋白质的氨基酸与人体需要接近，利用率高，脂肪含量平均约 5% 左右，还含有非常全面的维生素和矿物质，故是人体优质的蛋白质来源。其他水产品如乌贼鱼等，蛋白质含量多为 15% 左右。禽类蛋白质含量为 16%～20%。蛋类（全蛋）的蛋白质含量平均为 12% 左右。畜类蛋白质含量一般为 10%～20%。上述食物氨基酸的组成均与人体需要接近，营养价值极高，但也不是多多益善，如果过食会对身体造成伤害，应注意营养膳食的平衡。

(1) 高蛋白质的食物往往是高脂肪。在摄入大量蛋白质的同时会带进大量的脂肪。个别健身者只摄取蛋白质，而忽略了其他能量物质对其身体的影响。以猪肉为例，肥瘦肉的脂肪含量在 1/3 以上；纯瘦肉的脂肪含量也在 6% 以上，这样就会导致身体肥胖。过多的蛋白质同样会造成热能过剩，增加体重（主要是体脂）。

(2) 高蛋白质的食物往往也是高胆固醇食物（如表 9-1 所示）。

表 9-1　每 100g 食物中胆固醇含量（mg）

食物名称	胆固醇含量	食物名称	胆固醇含量
鹌鹑蛋	3640	鳝鱼	264
鸡蛋黄	1163	海参	0
乌贼鱼	275	豆制品	0
鱿鱼	215.6	蛋白	0

(3) 高蛋白质的食物使机体丢失更多的钙。

(4) 过多的代谢产物（废物）增加了肾脏的负担。蛋白质代谢生成的氨，需经过肝脏转化和肾脏排泄，过量食用蛋白质会造成机体酸性代谢产物过多而导致机体酸化，故过多地摄入蛋白质会加重肝脏和肾脏的负担。

(5) 高蛋白质食物会造成脱水和活动能力下降。人体的最佳内环境（主要是组织液和血浆）是中性偏碱性的，过量蛋白质会造成体液酸化和脱水，使疲劳提早出现，降低人的活动能力。

（四）维生素

1. 维生素的种类、功能及来源

维生素是维持人体生命和正常机能不可缺少的一种营养素。维生素在体内不能合成。维生素在人体内主要起到辅酶的功能。人体共有 13 种必需维生素，也是食物中含量特别少的一种特殊的营养物质，但它对机体的正常功能却必不可少。根据其溶于水和脂的能力，将其分为水溶性和脂溶性两类。脂溶性维生素包括 A、D、E 和 K，由于它们的溶解性能，它们可储存于人体内，并非每天都需要从外界摄取。脂溶性维生素对人体的一个潜在的危险是，如果你长期摄入过多的脂溶性维生素，会造成维生素中毒症。

水溶性维生素包括维生素 B、C、叶酸、泛酸和生物素，由于任何多余的水溶性维生素都可以通过尿液排出体外，所以很少造成维生素中毒症。但是摄入过多的水溶性维生素对人体也有毒害作用，因此也应避免。由于这些维生素的排泄，每天都必须摄入一定量的水溶性维生素，以便补充。对各种维生素，它们的功能及食物来源总结于表 9－2 中。

表 9－2 维生素的功能与来源

维生素	功能	来源
B_1	作为一种辅酶的组成，辅助能量的供应	全谷、坚果、瘦猪肉
B_2	作为一种辅酶的组成，与能量代谢有关	牛奶、酸奶、奶酪、肉类、内脏、蛋类、谷类蔬菜、水果
PP	促进细胞内的能量产生	瘦肉、鱼类、禽类、谷物
B_6	氨基酸代谢，辅助细胞的生成	瘦肉、蔬菜、全谷、豆类、肝脏
泛酸	辅助糖、脂肪、蛋白质的代谢	全谷、杂粮、面包、黑色或绿色蔬菜
叶酸	作为核糖和蛋白质合成的辅酶	绿色蔬菜、豆类、全麦食物
B_{12}	与核酸的合成、红细胞的形成有关	只存在于动物性食物中，而不存在于植物性食物中
生物素	脂肪酸和糖原合成的辅酶	蛋黄、黑色和绿色蔬菜
C	骨、牙齿、毛细血管间的营养	柑橘等水果、青辣椒、番茄
A	与视力有关；形成和保持皮肤及黏膜；抗氧化剂，可延缓衰老	胡萝卜、甜薯、黄油、肝脏、蛋黄、有色蔬菜
D	辅助骨和牙齿的生长和形成，促进钙的吸收	蛋黄、海鱼、肝脏、鱼肝油
E	保持不饱和脂肪酸，保护细胞膜使其免受损伤	植物油、全谷、谷类、面包、绿叶蔬菜、豆类、蛋黄
K	对凝血起重要作用	绿叶蔬菜、豌豆、马铃薯

维生素与健康关系非常密切。如番茄红素、维生素 C、维生素 E、β 胡萝卜素等可防止自由基对机体的伤害，B_1、B_2、PP 等 B 族维生素在能量代谢中必不可少。番茄红素是近年来国际最新流行的一种营养素，有研究资料显示，它的抗氧化能力比维生素 E 强 100 倍，番茄红素的功能主要是，增强免疫力，抗衰老，保护心血管，降低癌症的发生。

提示：一个人完全可以通过摄取平衡饮食而满足每天对维生素的需求，因此额外补充维生素是毫无必要的。然而对那些想确保摄入足够维生素的人来说，每隔一天多服用点维生素总的说来是不会有害的。从另一方面说，健身者应注意平衡饮食，从长远的观点出发，保证机体对营养物质的需要，而不是靠额外的补充。请记住，平衡饮食不仅仅是提供足量的维生素，同时也能满足人们对蛋白质和无机盐的需求。

2. 哪些人需要补充维生素

前面说过，脂溶性维生素可储存于体内，并不需要每日补充（病人及缺乏者除外），而任何多余的水溶性维生素都可以通过尿液排出体外，故每天都必须摄入一定量的维生素进行补充。特别是处于亚健康状态的人或患有某些疾病的人，如下列人群应该寻求补充多种维生素：严格的素食者；长期患病而使食欲下降或营养素吸收障碍的人；使用影响食欲或消化功能药物的人；体育健康锻炼者，或进行严格训练的运动员；孕妇和哺乳期妇女；长期食用低能量膳食的人。

(1) 维生素不足与缺乏常见症状。如果发现自己或家人有以下情况或症状的话，不妨注意一下维生素的营养状况。

①常感疲劳、常易感冒、咳嗽、抵抗力下降，而无工作过度劳累、环境急剧改变或其他器质性疾病等客观原因。

②消瘦、贫血。

③牙龈出血、牙龈发炎，口腔黏膜发炎及溃疡。

④口角炎、口角裂、唇炎、杨梅样舌、舌水肿、地图舌。

⑤皮肤粗糙、毛囊角化、皮炎、脂溢性皮炎，皮肤淤点、淤斑。

⑥眼睑炎、眼角膜干燥、角膜软化，暗适应能力下降，夜盲。

⑦多发性神经炎、中枢神经系统功能失调、下肢肿胀、脚气病。

⑧鸡胸、患珠胸、O 形腿、X 形腿、软骨病。

(2) 哪些人需要补充维生素 A？归纳起来主要有以下几类。

①视力下降和夜盲症患者。

②上皮组织萎缩，皮肤老化、干燥、脱屑、毛囊角化及黏膜组织发生异常现象者。

③人体感觉疲劳，皮肤灼热、发炎，眼球疼痛，眼分泌物增加及角膜炎患者。

但过量服用，可引起中毒现象，如出现脱发、胃痛、呕吐、腹泻、疲劳、头痛、肝脏肿大、视力模糊等征兆。

(3) 哪些人需要补充维生素 B？归纳起来主要有以下几类。

①精神不振、有疲劳感、记忆力差、头痛、心跳异常、食欲不振、浑身及腰膝酸软无力者需补充维生素 B_1。

②精力不济、易疲劳、头晕、嘴唇干裂、脱皮、口腔溃疡、舌头发红或紫红、皮肤发痛、发育迟缓者需补充维生素 B_2。

③脱发、贫血、口臭、皮肤损伤、易发炎、虚弱、走路不稳、协调性差者需补充维生素 B_6。

④贫血、皮肤粗糙、面色发黄、苍白、抵抗力差者需补充叶酸。但不可过量，因为过量摄取叶酸，可能影响医生对恶性贫血的诊断。

(4) 哪些人最应补充维生素 C？以下几点可作参考。

①从事剧烈运动和高强度劳动的人。

②抽烟的人。多吃含维生素 C 的食物，有助于提高细胞的免疫力，消除体内的尼古丁。

③容易疲倦的人。维生素 C 是一种抗氧化物质。

④脸上有色素斑的人。补充维生素C可抑制色素斑的生成并促进其消退。

⑤长期服药的人。如安眠药、抗癌药、四环素、阿司匹林、降压药、钙制品等都会使人体维生素C减少，从而引起不良反应。

⑥坏血病患者。饮食中缺乏维生素C，从而影响结缔组织的形成，是毛细管管壁脆性增加所致。

（五）矿物质（无机盐）

1. 矿物质的种类、作用及来源

矿物质是构成人体组织的各种元素，如骨骼、牙齿及肌肉。它也是人体中酶及激素的成分（调节新陈代谢）。无机离子和电解质在人体中主要的生理调节作用是肌肉收缩、神经脉冲传导、血中酸碱平衡、血凝固、正常心率等。它主要来源于植物、动物及水，缺乏时会出现贫血、血压高、癌症、蛀牙及骨质疏松症等疾病。通常身体吸收的比率，即是日推荐量为真正需要量的10倍（被吸收的只占10%）。此外，矿物质有相互干扰（一种矿物质过多时会影响其他矿物质的吸收）的特性，如锌与铜、钙与镁等，故应特别注意。

矿物质和维生素一样重要，机体只需要少量就可维持正常机能。无机盐又可分为两类：大量无机盐和微量无机盐。常量元素（每天需100mg以上）如钾、钠、钙、镁、磷；微量元素（每天需100mg以下）如铁、碘、铜、锌、锰、铬、钒等。大量无机盐包括对骨起重要作用的钙，对神经肌肉起重要作用的钾和钠以及对人体内许多酶起重要作用的镁等；微量无机盐包括血液中氧运输所必需的血红蛋白中的铁，调节正常代谢率所必需的腺垂体中的碘，许多与酶正常功能有关的锌、硒、铜等。人可通过摄入全面平衡的饮食获取他们每天所必需的这些矿物质元素。但是妇女常常会缺乏铁和钙，所以有必要考虑给妇女适当补充这些矿物质元素。无机盐的主要作用如下：

(1) 维持细胞内外液的容量和渗透压（维持机体内环境稳定）。

(2) 维持体液的酸碱平衡。

(3) 维持神经肌肉的兴奋性（如血钙低就会抽筋）。

(4) 影响体温调节。

(5) 构成体质（尤其钙等）。

2. 矿物质缺乏和大量消耗对运动的影响

(1) 疲劳提早发生。

(2) 运动能力下降。

(3) 影响运动后疲劳恢复。

(4) 降低减脂效果。

3. 需要补钙的人群

钙是人体内含量最丰富的矿物质，约99%的钙存在于牙齿和骨骼里，主要是以与磷相结合的形式存在，其余1‰则存在于体液和软组织中，大多呈离子状态，与骨骼维持着动态交换与平衡。有证据表明，钙还有助于防止结肠癌。

11～24岁的男女每天的钙摄入膳食推荐量为1200mg，在此年龄阶段补充充足的钙对以后年龄段防止骨质疏松至关重要。

(1) 钙的主要功能如下：钙对于骨骼及牙齿的形成、正常心跳的维持、神经活动的传导、血液酸碱的平衡等起重要作用；钙能帮助肌肉收缩、血液凝结，并维护细胞膜；钙可以在与磷、维生素D的共同作用下防治小儿佝偻症；钙可以预防和治疗更年期骨质疏松症；细胞内游离钙浓度的平衡有助于维持血压稳定；钙还有助于预防结肠癌。

(2) 缺钙的原因除了遗传因素外，主要是后天造成的。在日常生活中，钙的摄入量远远满足不了人体所需的标准量，这是缺钙的主要原因。人体钙的来源主要通过膳食。然而，人体对钙的吸收又非常苛刻，钙盐只有在酸性环境中呈离子状态，溶解于水的钙，才能被吸收，而钙的吸收又依赖于机体对钙的需要、食物的种类和钙的摄入量，并且受到很多因素干扰。

当今随着饮食的欧美化和加工食品、速食品、肉食品的摄入量增加，钙的摄入不足将会越来越严重。尽管奶与奶制品、豆与豆制品等含钙丰富，可是由于受到饮食习惯和食品供应等限制，很难通过膳食满足人体对钙的需求。此外，随着社会的老龄化、缺钙导致对人体健康的危害将会越来越显露出来。

(3) 缺钙的症状：虚汗、盗汗、出牙慢、换牙晚，牙齿不坚固；关节酸痛、腰酸背痛、小腿抽筋；骨质疏松；长不高，长得慢；易疲劳。

(4) 缺钙的危害：由于钙有助于神经刺激的传导，缺乏钙，导致神经无法松弛下来，因而疲劳无法缓解，并且引起经常性失眠；缺钙会引起不同程度的骨质疏松症；缺钙可引起的疾病有高血压、冠心病、尿路结石、结（直）肠癌、手足抽搐症等。

(5) 以下这些人要警惕骨质疏松：长期饮酒者；缺硼、缺镁者；自身免疫状况较差者；长期缺乏锻炼者；缺乏雌激素者；月经不调者。

4. 预防骨质疏松及补钙的方法

(1) 食物弥补：低脂牛奶及奶制品、豆类及豆制品、海藻类（海带）、虾类、鱼类、绿色蔬菜（如萝卜、花椰菜和绿芥末）、花生、柑橘、山楂、橄榄、杏仁、番茄、蛋类、瓜子类等，以及含维生素C丰富的食物，以促进钙的吸收。通过饮食调节，增加含钙的食品摄入，这是最重要的。

(2) 加强体育活动，尤其是经常进行户外体育活动，它是预防控制骨质疏松症发生与流行的一项不可忽视的措施。

(3) 控制影响骨质形成的药品和食品的摄入：吸烟可促使骨质丢失，饮酒会减少钙的摄入，增多尿钙的排泄，因此不吸烟、少饮酒是很重要的；含铝的制酸药，如可的松、苯妥英钠、肝素和咖啡因等药品,均会影响骨质的形成,应加以控制使用;积极治疗引起骨质疏松症的内分泌疾病,如库欣综合征、肢端肥大症、甲状腺功能亢进、糖尿病等。

(4) 选用含钙的保健品的原则:钙含量高;吸收利用率好;安全无污染,刺激性小;口感好,服用方便;价格比较经济。

5. 需要补铁的人群

铁是人体必需的重要微量元素,是维持生命的重要物质,是血液中含量最高的矿物质。

(1) 铁的功能:铁是合成血红蛋白的重要物质,在组织呼吸和生物氧化中起着重要作用,可以防治缺铁性贫血症,促进发育,增强抗病力,改善儿童的精神状态;由于铁在血液中的重要作用,可以增强人体活力,防止疲劳,使皮肤恢复良好的血色。

(2) 缺铁的原因:食物中铁的摄入量不足;妇女因月经过多导致缺铁;疾病影响,如溃疡病等导致失血;胃肠功能紊乱以及胃肠疾病影响铁的吸收。

(3) 缺铁的症状:注意力不集中,精神萎靡;贫血,面色发黄,苍白;心跳加快,胸闷;厌食,偏食,腰膝酸软,手脚冰凉。

(4) 缺铁的危害:人体缺铁时不能合成足够的血红蛋白,就会发生缺铁性贫血;缺铁导致细胞免疫功能受损,同时还会影响中性粒细胞杀菌能力,铁的缺乏直接影响了机体的免疫功能;缺铁会引起儿童智力下降;缺铁可影响人的肌肉运动能力,导致人的肌力减弱,耐力差,表现为易疲倦和软弱无力等。

(5) 预防缺铁及补铁的方法。缺铁的治疗首选饮食疗法,要选择既富含铁又容易吸收的食物,其中动物性食物不论含铁量和吸收率一般都要优于植物性食物,炒菜最好用铁锅,可以增加铁的来源。

食物弥补:动物肝、莲子、黑木耳、海藻、菠菜、黄花菜、鸡鸭肉、猪肉、牛肉、羊肉、香蕉、橄榄、蘑菇、油菜、芝麻、酵母、枣、大豆制品、芹菜、海晢、鱼、蛋、番茄、虾皮、香瓜、谷类、胡萝卜、牛奶、葱等,以及含维生素 C 丰富的食物,以增加铁的吸收。

病因治疗:治疗胃肠疾病,改善肠胃功能,保证铁的吸收,及时治疗妇女月经过多以及其他失血量多的疾病,减少铁的损失。

6. 维生素与矿物质的一般常识

(1) 维生素和矿物质的重要性。维生素是维持人体生命活动不可缺少的一大类有机物质。而矿物质是构成机体组织和维持正常生理功能所必需的无机物质。

(2) 维生素易失效和流失。水洗、加热都会令维生素流失或失去效力。

(3) 维生素与矿物质能清除体内氧自由基。氧自由基是引发癌症和衰老的主要诱因之一,抗氧化维生素 A、C、E 及 β 胡萝卜素和微量元素硒能帮助清除体内氧自由基。

(4) 维生素和矿物质能帮助改善体质,增强抵抗力。

(5) 维生素和矿物质需要依靠从外界摄取。

(6) 生活中仅靠日常饮食常常无法从外界摄取足够的维生素和矿物质。

（7）体内维生素与矿物质由于外界因素会过度消耗。紧张的生活节奏、加班、熬夜、烟酒过度、饮食没有规律，这些外界因素都会造成体内维生素和矿物质过度消耗，进而引起疲劳、体质差、抵抗力弱等一系列后果。

（8）补充矿物质并非品种和数量越多越好，科学实验证实：某些矿物质（如汞）极少剂量就会对人体产生毒性作用。而另一些微量元素（如锂）究竟进入人体有何作用至今尚未有科学定论专家建议，对人体作用不明的微量元素要谨慎服用谨防毒副作用。

（六）水

1. 水的来源及功能

水被称为生命之源，它约占健康成年人体重的 60%～70%，人体内的水含量因年龄、性别不同而有所差异。以 19～30 岁年龄段的人群为例，男性平均占体重的 59%，女性占体重的 50%；过胖人士占体重的 40%；训练者可达至体重的 70%。其中，水在骨骼内占 1/4，肌肉和脑内占 3/4。在缺水的情况下，人体约可维持 7 天生命。而人体对水的日需要量为 2kg 左右。一般体内的水分会从下列各方面散失，即排汗、呼吸及大小便（饮用含酒精及咖啡因的饮品会增加排尿量）。然而，人体中的水分主要是从各式饮品及食物（水果占 10%～90%、主食占 36%）获得。人体内水分的储存，有 55% 在细胞内，45% 在细胞外。水与蛋白质、碳水化合物及电解质在体内紧紧融合在一起。运动时，350g 经代谢后的葡萄糖会释放出 1L 水，以供机体运动的需要。人体内水分降低时，血浓度会随之上升，水则会从细胞渗出而进入血液，引致脑垂体释放出抗利尿素，驱使肾脏再保留水分。相反，体内水分过多时，更多的水分则会被排出，如表 9-3 所示。

表 9-3　正常人体每日水的出入平衡

来源	摄入量（mL）	排出途径	排出量（mL）
饮水或饮料	1200	肾脏（尿）	1500
食物	1000	皮肤（蒸发）	500
内生水	300	肺	350
		大肠（粪便）	150
合计	2500		2500

值得注意的是：处于高温环境下的劳动者或运动的人，其饮水量是完全不同的，有时甚至存在着惊人的差别。根据个人的体力（运动）负荷和热应激状态水平的不同，他们每日的水需要量可从 2～16L 不等。因为，即便不考虑任何影响因素，成人每消耗 4.184kJ 能量，就需 1mL 水，考虑到活动、出汗及溶质负荷的变化，所以，一般成人的水需要量也可增至 1.5mL/4.184kJ。饮水应少量多次，切莫感到口渴时再喝水。如果活动量大，出汗多，应考虑同时需要补充淡盐水及矿物质。

水的主要功能为：细胞原生质的构造物质；保护身体组织（脑部及脊柱）；维持体液平衡；成为氧气和各种养分及激素的载体，运送各种物质往返于细胞；传递各种感觉；调节体温；补水不仅对保持运动能力至关重要，而且有助于减脂和增肌。

此外，体内碳水化合物的储存也需要水，如肝脏和肌肉储存 1kg 的碳水化合物需 2.7kg 的水。如果一个人摄入低糖饮食,一两天后体内的碳水化合物的储量会急剧下降,同时储存在碳水化合物中的水也随之丧失。这就解释了为什么人们常常在低糖饮食后会经历一个体重迅速下降的过程(但不是脂肪的减少)。请记住,要减少 0.45kg 的体脂需要消耗 14700kJ(3500kcal)的热量,但很少有人能在一天内达到这一目标。这种能致使体重迅速降低的饮食方案只是使体内的水分减少,但这种减少终究会被补充。同时请不要忘记只有热量的消耗才能对体重的减轻有意义,而非摄入食物的类型。就上面所提到的理想饮食模式而言,碳水化合物在减体重的过程中应是最后减少的成分。

2. 运动中如何补水

很多人口渴时才饮水,这是一种错误的做法,其时,此时缺水已达 2%～3%。不少人运动中单纯补水,也是可以的,但最好的补水方法是补水与补糖和电解质相结合(减肥者可不补糖)。补水方法为:

(1) 运动前 2h 可补水 250～500mL。

(2) 运动前即刻补水 150～250mL。

(3) 运动中强度大时每隔 15～20min 补水 120～240mL。

(七) 膳食纤维

膳食纤维又叫粗纤维,是一类不能被人体消化吸收的多糖,它一般在小肠不被消化吸收,在大肠发酵。它可分为两类:一类是可溶性膳食纤维,如果胶、树胶;另一类是不可溶性膳食纤维,如纤维素和半纤维素等。

1. 膳食纤维的功能

(1) 润肠通便。由于没有酶可分解它,不提供能量,因此"怎样进来,就怎样出去",故被誉为肠道"清洁工"和排毒能手。

(2) 减肥作用。纤维遇水会膨胀,从而增加饱胀的感觉,降低食欲,加之没有热量,故可减脂、控体重。此外,消化、吸收富含纤维的食物会消耗更多的热量。

(3) 防止心脑血管疾病。在食物四周形成一层保护膜,延缓、降低胆固醇、甘油三酯和单糖等营养物质的吸收。

(4) 预防糖尿病。膳食纤维可减少胰岛素的变化幅度等。

2. 食物来源

谷类、薯类、豆类、蔬菜、水果及植物性食物、贝壳等。

3. 推荐摄入量

建议普通成年人每人每天摄入 30g 左右。

四、应该减少食用的食物

(一) 高脂肪食品

应该减少或避免那些含有高脂肪的食品。因为无论是饱和脂肪还是不饱和脂肪都与心脏病、肥胖症和其他癌症密切相关。此外,人们常常忽略在膳食中脂肪比糖和蛋白质对形成身体肥胖有更直接的关系。胆固醇是一种维持身体功能所必需的物质,但胆固醇太高可引起心脏病等。因此，食用低胆固醇的食物可降低发生心脏病的危险。

(二) 高盐食品

盐（氯化钠）是必需的营养素，但机体的每日需要量较小（小于 1/4 匙）。排汗量较大的人，其需要量可增加到 1.5 匙/天。世界卫生组织建议每人每日食盐用量以不超过 6g 为宜。人体应该避免摄入过多的盐，因为高盐是引起高血压的一个很重要的原因。膳食中少盐的国家，其国民高血压的发生率极低。因此，即使你还没有患高血压，也该在膳食中减少每日盐的摄入量。

(三) 高糖食品

据估计一般人每天膳食中摄入的食糖是以蔗糖这样的糖的形式摄入的。蔗糖是用来做糕点、糖果、冰淇淋、甜饮料、甜食品和其他食物的。有研究认为过多摄入这些单糖与许多健康问题密切相关，但也有研究认为尚没有足够的证据支持这一观点。然而，过多摄入这些糖，对机体有许多不良影响。首先，大量的食糖增加了膳食中的热能，这就容易使人体发生肥胖，而肥胖则又可导致许多健康问题（如糖尿病）。此外，由单糖提供的热能被认为是"空的"热能，因为它不能提供机体所需的微量营养素用于三大营养素的代谢。因此，多糖对机体更有利，因为它们可提供多种微量营养素。其次，食糖也易产生龋齿，尽管吃过甜食后刷牙可以防止这些问题的产生，但是它不能解决其他摄糖过度所带来的问题。由于食糖有不良后果，应当注意控制食糖。

和蔗糖一样，酒精也提供了"空的"能量。此外，长期饮酒会导致机体储存的某些维生素被消耗，这会引起维生素缺乏症，因此应该限制酒精的摄入。

五、注意食物安全

食物的安全性对健康有积极影响。近些年来，由于不当的食品储存和食品加工而导致机体患病和死亡的报告有所增加。

(一) 防止食物感染

据报告，每年大约出现 8000 万种由食物引起的细菌性疾病，这些疾病在感染后 12 小时到 5 天里会出现恶心、呕吐和腹泻等症状，其严重程度取决于微生物的摄入量和受害者的综合健康状况。实际上，对那些免疫系统遭受损害的人和处在疾病中的人来说，食物产生的感染可能对他们是致命的。下面的建议可防止食物中毒。

(1) 彻底清洗所有的农产品和生肉，检查罐装食品是否有泄漏和膨胀现象。

(2) 喝消毒过的牛奶。

(3) 不吃生蛋。

(4) 彻底煮熟家禽。

(5) 烹调猪肉时，使猪肉内部的温度达到 80℃ 以上，以致杀死寄生虫。

(6) 彻底煮熟所有的水生贝壳类动物。

(7) 当心生鱼，其体内可能含有寄生蛔虫，应将鱼冷冻或烧熟。

(8) 加工家禽后，用消毒液和非常热的水，清洗器皿、盘子、切菜板、刀、搅拌器和其他烹调用具。

(二) 尽量少食用含食物添加剂的食品

食物添加剂常常用来延长食物储存的时间，改变食物的口味和颜色。对食物进行一些加工使食物更加诱人，但是它们易形成亚硝酸盐。亚硝酸盐常常在咸猪肉、香肠和午餐肉中发现，可防止食品的腐败，但在体内也容易形成致癌物亚硝酸胺。此外，要坚决不吃使用过"吊白块"等化学成分的食物。

(三) 关注被照射过的食品

照射是指用放射性射线（X射线）来杀死食物中的微生物。这个过程并不使食物含有放射性，但可延长食物的保存时间。事实上，被照射过的食品可以在室温下密闭的容器中保存数年而不变坏。此外，照射可以推迟马铃薯和洋葱蔬菜的发芽，也可以推迟香蕉、苹果、梨等水果的成熟，这可以明显地节省费用。

这些被照射过的食品是否可以安全地食用呢？目前认为是可以食用的。近年来的一些研究表明，这些食物是安全的，但这些研究尚没有充分的事实加以证明。因为目前大部分研究是用非常低的放射量去照射食物的，这就产生了一个问题："对处理食物来说，安全的放射量究竟以多少为宜呢？"

(四) 远离用抗菌素和激素治疗过的动物食品

近年来，消费者越来越担心自己在吃用抗生素治疗过的动物肉，这种担心还在发展，因为吃了这些肉可能导致体内出现抗生素抵抗性细菌的繁殖。现在，专家们认为这些用抗生素治疗过的动物是不宜食用的。

近来的厂家常常用激素来增加牛奶的产量，最值得注意的是，牛生长激素已经被用来增加牛奶的产量。这种用激素帮助生产出来的奶制品可以导致一些不确定的健康问题，应引起人们的注意，许多超市也严格限制这类奶制品的出售。

(五) 提倡吃绿色食品

我国每年有无数的农药被利用，尽管这些农药有助于防止植物的病虫害，但它们对人类的健康也构成了威胁。近年来，许多人都开始购买绿色食品。绿色食品是指那些在生长过程中没有使用过农药和其他化学药品而生长出来的食物。由于绿色食品是天然生长出来的食品，且没有太多污染而对健康有益，因此深受大家的欢迎。

在不久的将来，随着生物学的发展，人们可寻找到一种新的基因技术，并能开创一个无农药、无杀虫剂的新的绿色食品世界。这种新技术可以将各种植物中能够抵抗病虫害的基因原料结合起来，产生出高质量无化学污染的高产粮食植物，也可以使植物结合起来形成新品种，最大程度地提高其营养价值。

六、健康食品的选择与食物的搭配

自然界，人类可以吃的食物种类大约有万种之多。我国通常把食物分为谷类、豆类及其制品、蔬菜和水果、水产和肉类、蛋类与奶类及奶制品六大类。美国农业部将食物分为粮谷类、蔬菜、水果、肉类、奶类及其制品与单纯能量类六大类。

人们决定吃什么，什么时候去吃不完全是基于有关营养对身体健康的重要性。幸运的是，对很多不同的食物进行选择是有助于身体健康的，以下的营养知识将帮助你做出更合理地选择。

（一）健康食品的选用

1. 谷类、薯类及杂豆

谷类包括小麦面粉、大米、玉米、高粱等及其制品，薯类包括红薯、马铃薯等，杂豆包括大豆以外的其他干豆类，如红小豆、绿豆、芸豆等。这类食物主要供给淀粉，其次供给蛋白质、无机盐和维生素，同时也是膳食纤维的主要来源。这类食物的摄取量应以健身锻炼者身体消耗热能的需要为度。一般人每天摄入量为250～400g，其中最好包括50～100g粗粮，因为每100g玉米掺和全麦粉所含的膳食纤维比精面粉分别多10g和6g。

2. 肉、鱼、禽、蛋、大豆及坚果类

这类食物主要供给优质蛋白质和脂肪，也供给一部分无机盐和维生素。它们之间最大的区别是所含脂肪的质和量不同。一般说来，植物脂肪含不饱和脂肪酸较高，动物脂肪含饱和脂肪酸较高（鱼的含脂量较少）。这类食物能够提供优质蛋白质，并以脂肪形式补充必要的能量，故为健身锻炼者每日膳食中不可缺少的食物，其用量以125～225g为宜，其中动物性食品与大豆类或豆制品最好各占50%。如果按照中国居民平衡膳食宝塔建议的食物量来具体分配，建议一般人每天摄入肉类（猪、牛、羊、禽肉）50～75g，水产品（包括鱼类、甲壳类和软体类动物性食物）50～100g，蛋25～50g，大豆类（黄豆、黑豆、青豆等及其制品）30～50g，坚果类（花生、瓜子、核桃、杏仁、榛子等）5～10g。

3. 蔬菜、水果类

这类食物主要可供给维生素、无机盐和膳食纤维。它们是维生素C的主要来源，也是提供无机盐和膳食纤维的主要食品。它们能增加膳食的体积，促进肠蠕动，有利于消化、吸收和排泄。它们能降低胆固醇的吸收，促进胆固醇的分解代谢与排泄（对减轻高胆固醇血症，预防动脉硬化非常有益）。蔬菜类食物应以叶菜为主，锻炼者每日摄入量以500g左右为宜（一般人300～500g即可满足日常需要）。新鲜水果200～400g，锻炼者根据需要可多吃一些。

4. 乳类及乳制品

这类食物主要可供给优质蛋白、脂肪、脂溶性维生素、维生素D和钙。建议一般每人日食相当于液态奶300g，酸奶360g，奶粉45g。有条件者或锻炼者可多吃一些。

5. 烹调油及食盐

烹调油包括各种动、植物油，这类食物主要可供给热能，不饱和脂肪酸和部分脂溶性维生素。虽然动物脂肪完全可以由第二类食物替代，但植物油则必不可少，因为它是不饱和脂肪酸的主要来源，又是烹调的必备辅料。建议一般每人每天摄入量25～30g。此外，健康成年人一天食盐以不超过6g为宜。一般20mL酱油中就含3g食盐，10g黄酱中含1.5g食盐，如果菜肴中需要用酱油和黄酱类，应按比例减少食盐用量。

（二）健康食物的搭配

食物配膳的科学性很强。配膳合理能提高食物的营养贡献价值，若配膳不当不仅丧失营养价值，而且会引发疾病。对于健身锻炼者来说，配比合理的食物即是健康食品。

1. 荤素原料搭配

荤素原料搭配烹调是中国烹调一大特点。它不仅具备色、香、味、形，而且荤菜含有谷胱甘肽的硫氢基，能保护蔬菜里的某些营养素少受或免遭损失，有利于人体充分吸收，并能减少胆固醇的沉积。蔬菜中维生素A、D、E、K均属脂溶性维生素，含这类维生素的蔬菜，只有搭配含丰富脂肪的食物才能提高维生素的利用率与吸收率。

2. 混杂式原料搭配

无论是主食还是副食，将粗、细、动、植物性食物等混合搭配烹制能够保证营养全面、均衡、热量适宜而提高食物对人体的生理与健身价值。

3. 补偿性原料搭配

根据人体某种营养所缺选择具有补偿价值的食物进行搭配，例如，有些女性身上长痤疮、发落变黄，可长期食用富含锌的酵母发面和葵花籽油煎烙成的黑芝麻饼，以使痤疮销迹，黑发生辉。这是因为锌是体内多种酶的重要组成部分和激合剂，对促进新陈代谢和维持上皮黏膜组织的正常功能具体的重要作用。

4. 同性酶原料搭配

人类食物可分为酸性食物和碱性食物。判断食物的酸碱性，并非根据人们的味觉，也不是根据食物溶于水中的化学性，而是根据食物进入人体后所生成的最终代谢物的酸碱性而定，酸生食物通常含有丰富的蛋白质、脂肪和糖类，含有成酸元素较多，在体内代谢后形成酸性物质，可降低血液、体液内的pH。蔬菜、水果等含有K、Na、Ca、Mg等元素，在体内代谢后生成碱性物质，能阻止血液向酸性方面变化，所以，酸味的水果一般都为碱性食物而不是酸性食物。鸡、鱼、肉、蛋、糖等味虽不酸但却是酸性食物。在配餐中，不要把需要碱性酶消化的食物和需要酸性酶消化的食物搭配在一起，否则会引起酸碱中和作用，导致人体消化道受阻，使其丧失营养价值。

5. "相克"食物禁忌搭配

所谓食物相克即是讲两种食物之间的各种营养或化学成分相互制约的关系，它们之间的配膳不当，会影响人体对食物营养的吸收。严重的还会造成食物中毒。例如，蛋黄、大豆和动物肝脏含有较多的铁元素，当它们与含纤维素较多的萝卜、甘薯、芹菜和含草酸多的竟菜、雍菜配膳或同吃，就会阻碍人体对铁质的吸收；在我国的日常膳食中，大约有120对相克的食物，如配膳不合理或数量比例搭配不当，均会引起人体对某种食物营养素吸收的拮抗现象，甚至出现中毒反应。

第二节 乒乓球健身运动与合理膳食营养

一、乒乓球健身运动与合理膳食营养

健身运动能量代谢与体力劳动能量代谢不同，健身运动能量代谢根据不同的健身项目其消耗的能量有所不同。实验研究证实，合理的营养可以调节器官、组织和细胞的功能，有利于运动时代谢过程和中间反应顺利进行，从而提高人体运动时的机能，并促进运动后的恢复。由此可见，合理的膳食营养是健身效果的一个有力的保证，健身运动和合理膳食营养两者有机的结合才是增进健康的最佳方式。合理膳食营养在保证健身运动增进健康中的作用有以下五个方面。

（一）合理膳食营养可为健身者提供适宜的能量

任何形式的运动均以能量消耗为基础，但人体内可能快速动用的能源储备有限，如果无充足可利用的能源物质，即体内糖原水平极低时，就不能满足运动中需要不断合成 ATP 速率的要求。因此，健身运动应注意摄取含糖类丰富的食物以保证体内有充足的肌糖原和肝糖原储备，保证健身运动中 ATP 合成速率的需要。

（二）合理膳食营养可为健身者提供充分的维生素和微量元素

能源物质在体内储存或分解需要一系列辅酶的催化，维生素和微量元素多数是辅酶的组成成分或激活剂，提供充分的维生素和微量元素，可促进健身者体内代谢、并提高抗氧化能力，满足运动中水分和电解质的生理需要，有利于改善运动能力，增进健康。而这些营养素的缺乏会降低健身者的运动能力，并影响健康。

（三）合理膳善食营养可为健身者防止运动损伤提供物质保证

肌纤维中能源物质（糖原）的水平与运动损伤的发生有直接的联系。研究表明，当快收缩肌纤维中糖原耗尽时，人体会发生疲劳，控制和纠正运动动作的能力下降，运动外伤的发生也随之增加，体内糖原储备充足，有利于预防损伤。

（四）合理膳食营养有助于健身者在健身运动后的恢复

健身运动者运动后身体机能的恢复在于恢复身体的能量供应及其储备（包括肌肉和肝脏糖原）、代谢能力（包括有关酶的浓变，如维生素和微量元素）、体液（保证体内的血容量和微循环体液量）、元素平衡及细胞膜的完整性（如铁、锌、钠、钾、镁等）。代耐能力的恢复主要靠合理营养措施才能实现。

（五）合理膳食营养可延缓健身者运动性疲劳的发生或减轻其程度

引起健身者运动性疲劳的常见原因有脱水引起体温调节障碍，所致的体温增高，酸性代谢产物堆积，电解质平衡失调造成的代谢紊乱，能源储备耗竭等。合理营养措施，可保

持健身者良好的身体机能状态，延缓疲劳的发生或减轻疲劳的程度。

二、乒乓球健身运动合理营养的基本要求

（一）食物的数量和质量应满足健身运动的需要

食物的数量应满足健身运动能量消耗的需要，使健身者能保持适宜的体重和体脂；在质量方面应保证与全面营养需要相适合的配比。食物中能源物质蛋白质、脂肪和糖类的比例应适应于不同健身运动的需要。一般情况下蛋白质能量占总能量的10％～15％，脂肪能量占总能量的20％～25％，糖类的能量占总能量的60％～70％，有氧健身运动的糖类能量可达到总能量的70％以上。

（二）食物应当营养平衡和多样化

食物应包括谷物食物（包括米、面和适量的粗杂粮、薯类）、蔬菜和水果、奶和奶制品、水产品、肉、禽、蛋、豆和豆制品等高蛋白食品及烹调用油和白糖等纯能量食物。

（三）一日三餐食物能量的分配应根据健身运动的量和强度安排

健身运动者的早餐应有较高的能量，并含有丰富的蛋白质、无机盐和维生素等食物。午餐应适当加强，但要注意避免肠胃负担过重。晚餐的能量一般不宜过多，以免影响睡眠。早、午、晚三餐的能量大致为30％、40％和30％左右。运动量较大能量消耗增多时，可考虑加餐措施。

（四）运动健身的进食时间应考虑消化机能和健身者的饮食习惯

较大运动量健身运动前的一餐一般应当在3小时以前完成，因为正常情况下胃中食物的排空时间为3～4小时，不容易消化的食物如牛肉可在胃内停留5～6小时。运动时，因血液的重新分配，使内脏血液减少，如进食和运动的时间间隔过近，既影响肠胃功能，又会影响运动。运动结束后，血液主要分布在肢体皮肤血管内，内脏仍处于一时性缺血状态。因此，运动结束后，不宜立即进食，根据运动量的大小，至少需要休息40分钟以上再进食。

三、乒乓球健身运动与营养膳食平衡

营养膳食平衡是指既能保证人体摄食的热能和各种营养素全面达到营养生理需要量，又能在各种营养素之间建立代谢协调的生理平衡。换言之，平衡膳食是指同时在4个方面使膳食营养供给予机体生理需要之间建立起平衡关系，即氨基酸平衡、热量营养素构成平衡、酸碱平衡及各种营养素摄入量之间的平衡。平衡膳食的基本作用是在各种营养素消化、吸收、运输和利用的动态过程中使身体各组织都能正常工作。任何一种营养素过多或不足都会影响其功能平衡，造成平衡关系失调吧对人体健康造成不良影响，甚至导致某些营养性疾病或慢性病。

（一）氨基酸平衡

食物蛋白营养价值的高低，很大程度上取决于食物中所含的8种必需氨基酸的数量及

比例，只有数量及比例同人体的需要接近时，才会合成人体的组织蛋白质，反之则会影响食物中蛋白质的利用。世界卫生组织提出人体所需8种必需氨基酸的比例，比例越与之接近，生理价值越高。生理价值接近100时，即100%被吸收，就称为全部氨基酸平衡。能达到氨基酸全部平衡的蛋白质，称之为完全蛋白质。利用这个标准可以对各种食物的蛋白质进行氨基酸评分。鸡蛋、母乳的氨基酸比例与人体极为接近，因此可称为氨基酸平衡的食品。健身运动者由于运动的项目、运动时间和运动强度等不同，造成体内氨基酸消耗的差异，要根据健身运动的情况，保持体内氨基酸的平衡。多数食品氨基酸构成均不平衡，所以蛋白质的营养价值就受到影响，如玉米中亮氨酸过高影响了异亮氨酸的利用，小米中精氨酸过高影响了赖氨酸的利用。因此健身者的膳食应以植物性为主时，注意食物的合理搭配，纠正氨基酸构成比例的不平衡。如将谷物与豆类混食，制成黄豆玉米粉、黄豆小米粉等，可以提高蛋白质的利用率和营养价值，只有这样才能提高健身者的健康水平。

（二）热量营养素构成平衡

糖类、脂肪、蛋白质均能给机体提供热量，故称为热量营养素。当这三种物质摄入量适当时，各自的特殊作用方可起到互相促进和保护的作用，这种情况称之为热量营养素构成平衡。通过对动物实验和人体的观察，认为糖类、蛋白质、脂肪三者摄入量的合适比例为6.5∶1∶0.7，这样在体内经过生理燃烧后，分别给机体提供的热量为糖类占60%～70%、蛋白质占10%～15%、脂肪占20%～25%，即称为热量营养素平衡。当膳食中糖类摄入量过多时，热量比例会增高，破坏三者平衡，出现体重增加，增加消化系统和肾脏负担，减少摄入其他营养素的机会。当膳食中脂肪热量提供过高时，将引起肥胖、高血压和心脏病。蛋白质热量提供过高时，则影响蛋白质功能的发挥，造成蛋白质消耗，影响体内氮平衡。相反，当糖类和脂肪热量供给不足时，就会削弱对蛋白质的保护作用。三者之间是相互影响的，一旦出现不平衡，将会影响身体的健康。健身者要根据各自健身运动的特点，合理补充能量物质，促进健康水平的提高。

（三）各种营养摄入量间的平衡

各种营养素之间存在着错综复杂的关系，并且不同的生理状态、不同的活动和运动，营养素的需要量也有所不同。中国营养学会制订了各种营养素的每日供给量，膳食中所摄入的各种营养素在一定周期内，保持在标准供给量上下误差不超过10%的范围。这种相互间的比例，即可称之为营养素间的基本平衡。营养学专家建议，每日摄入20多种各类食物大约1500g，才能基本保证平衡膳食的要求。健身者要根据各自健身运动的特点，合理补充各种营养素，保证健康水平的提高。

（四）酸碱平衡

正常情况下人的血液由于自身的缓冲作用，pH值保持在7.3～7.4。人们食用适量的酸性食物和碱性食品，将会维持体液的酸碱平衡，但食品若搭配不当，则会引起生理上的酸碱失调。常见的酸性食品有蛋黄、大米、鸡肉、鲤鱼、面粉、猪肉、牛肉、鱿鱼、啤酒、花生等。常见的碱性食品有海带、菠菜、西瓜、萝卜、茶叶、香蕉、苹果、草莓、南瓜、四季豆、黄瓜、藕等。当食品搭配不当。酸性食品在膳食中超过所需的数量时，将导致血液偏酸性、血液颜色加深、黏度增加，严重时会引起酸中毒，同时还会增加体内钙、镁、钾等离子的消耗，而引起缺钙。这种现象称为酸性体质，将会影响身体健康。健身者由于经常参加运动，运动后体内会产生许多酸性代谢产物，应该多摄入一些碱性食物，以维持体内的酸碱平衡。

总之，膳食不平衡会影响身体健康，严重时还会导致疾病的发生。乒乓球健身运动只有在膳食平衡的情况下才能增强体质，增进健康，同时也可以有效地防止各种疾病。

第三节 乒乓球健身运动膳食的最优化方案

人们为了满足机体的营养需求，促进健康和长寿，预防疾病，应该参照中国居民平衡膳食宝塔和中国居民膳食指南，并根据个人的实际情况制订膳食营养计划，做到平衡饮食。

一、根据年龄、性别、体力强度、生理状态确定每天的能量需求

青少年、身体活动强度大的人需要的能量高，应适当多吃些主食；活动少的人需要的能量少，可少吃些主食。能量是决定食物摄入量的首要因素，一般来说人们的进食量可自动调节，当一个人的食欲得到满足时，对能量的需要也会得到满足。但由于人们膳食中脂肪摄入的增加和日常活动的减少，许多人例如都市白领人群目前的能量摄入大多超过了自身的实际需要。对于正常成人，体重是判定能量平衡的最好指标，每个人应根据自身的体重及变化适当调整食物的摄入，主要应调整的是含能量较多的食物。

能量是人体维持基本生命活动并进行各种体力活动所必需的，每个健身者因其年龄、性别、体力活动的强度、生理状态的不同，能量需求也不同。如果人体摄入的能量不足，机体会动用自身的能量储备甚至消耗自身的组织以满足生命活动能量的需要，相反，能量摄入过剩则在体内会不断储存，因此能量平衡是膳食计划的首要问题。科学的膳食，不但要有足够的热量供应，以保证机体的需要；而且能量摄入又不能过量，防止体内能量蓄积造成肥胖。

二、根据自己的能量水平确定食物需要

膳食宝塔建议的每人每日各类食物适宜摄入量范围适用于一般健康成年人，按照7个能量水平分别提出了10类食物的建议摄入量，健身者应用时要根据自身的能量需要进行选择。建议量均为食物可食部分的生重。进行健身锻炼的人各类食物需要量又要高于一般健康成年人。

膳食宝塔建议的各类食物摄入量是一个平均值。每日膳食中应尽量包含膳食宝塔中的各类食物。但无须每日都严格照着膳食宝塔建议的各类食物的量吃，例如，烧鱼比较麻烦，就不一定每天都吃 50~100g 鱼，可以改成每周吃 2~3 次鱼、每次 150~200g 较为切实可行。实际上平日喜欢吃鱼的多吃些鱼，愿吃鸡的多吃些鸡都无妨，重要的是一定要经常遵循膳食宝塔各层中各类食物的大体比例。在一段时间内，比如一周，各类食物摄入量平均值应当符合膳食宝塔的建议量。

三、根据糖、蛋白质、脂肪三大营养素的供能比例确定能量分配

糖、蛋白质、脂肪是提供人体所需能量的三大产热营养素，不同人群三大营养素的供能比例是不同的。按照 WHO 推荐的适宜膳食能量结构，一般人群糖、蛋白质、脂肪的供能比例为 35%~65%、11%~15%、20%~30%。健身人群糖、蛋白质、脂肪的供能比例为 60%~65%、15%~20%、20%。而且早、中、晚三餐的能量分配也要合理，三餐能量摄入大致要遵循 3:4:3 的比例，参加健身锻炼的人如果每天进餐 5~6 次，可根据时间将加餐分别归入早、中、晚餐计算。

（一）根据供热营养素的产热系数确定三大营养素的量

每克糖、蛋白质、脂肪在体内氧化产生的能量值称为产热系数，食物中每克糖能提供 4kcal 的热量，每克蛋白质也提供 4kcal 的热量，而每克脂肪提供 9kcal 的热量。

（二）根据食物成分表确定提供三大营养素的食物种类

将上述的营养素分配到不同的食物中，保证食物的多样化，同时要摄入足够的蔬菜和水果，以保证维生素、矿物质和膳食纤维的摄入量。

（三）注意同类食物的互换，调配丰富多彩的膳食

人们吃多种多样的食物不仅是为了获得均衡的营养，也是为了使饮食更加丰富多彩，以满足人们的口味享受。假如我们每天都吃同样的 50g 肉、40g 豆，难免久食生厌，那么合理营养也就无从谈起了。膳食宝塔包含的每一类食物中都有许多品种，虽然每种食物都与另一种不完全相同，但同一类中各种食物所含营养成分往往大体上近似，在膳食中可相互替换。

应用膳食宝塔可把营养与美味结合起来，按照同类互换、多种多样的原则调配一日三餐，同类互换就是以粮换粮、以豆换豆、以肉换肉。例如，大米可与面粉或杂粮互换，馒头可与相应量的面条、烙饼、面包等互换；大豆可与相当量的豆制品互换；瘦猪肉可与等量的鸡、鸭、牛、羊、兔肉互换；鱼可与虾、蟹等水产品互换；牛奶可与羊奶、酸奶、奶粉或奶酪等互换。

多种多样就是选用品种、形态、颜色、口感多样的食物和变换烹调方法。例如，每日吃 40g 的豆制品，掌握了同类互换多种多样的原则就可以变换出多种吃法，可以全量互换，即全换成相当量的豆浆或豆干，今天喝豆浆、明天吃豆干；也可以分量互换，如 1/3

换豆浆、1/3换腐竹、1/3换豆腐。早餐喝豆浆，中餐吃凉拌腐竹，晚餐再喝一碗酸辣豆腐汤。

（四）要因地制宜充分利用当地资源

我国幅员辽阔，各地的饮食习惯及物产不尽相同，只有因地制宜充分利用当地资源才能有效地应用膳食宝塔。例如，牧区奶类资源丰富，可适当提高奶类摄入量；渔区可适当提高鱼及其它水产品摄入量；农村山区则可利用山羊奶以及花生、瓜子、核桃等资源。在某些情况下，由于地域、经济或物产所限无法采用同类互换时，也可以暂用豆类代替乳类、肉类；或用蛋类代替鱼、肉；有时也可用花生、瓜子、榛子、核桃等坚果代替大豆或肉、鱼、奶等动物性食物。

（五）要养成习惯，长期坚持

膳食对健康的影响是长期的结果。应用平衡膳食宝塔需要养成习惯，并坚持不懈，才能充分体现其对健康和长寿的重大促进作用。

第四节 乒乓球健身运动易损伤的部位

在乒乓球运动中，常见的运动损伤主要集中在颈部、肘部、腕部、腰部、大腿、踝关节等部位。

其中易发生急性损伤的部位主要分布在腕部（26.5%）、腰部（29.4%）、大腿（26.5%）、踝部（20.6%）等部位；相对于急性损伤而言，慢性损伤部位更加集中。慢性损伤易发部位按照发病人数的多少依次为腰部（52.9%）、腕部（41.2%）和颈部（35.3%）。

并且腰部、腕部、颈部的慢性损伤的比例要大于急性损伤的比例。急性损伤的发病部位分布相对较平均。颈部、腕部、腰部是慢性损伤预防的重点；腕部、腰部、大腿、踝关节是急性损伤的重点。腕部、腰部急性损伤后很可能转化为慢性损伤。因此，在日常的健身活动中要注意，加强对容易发生急性损伤的部位的准备活动；同时加大对易发生慢性损伤部位——腰部、腕部、颈部的恢复措施。下面我们对其进行具体介绍。

一、擦伤

擦伤后皮肤多表现为出血或组织液渗出。

二、挫伤

挫伤常常会出现单纯挫伤、内脏器官损伤等情况。单纯挫伤在损伤处会出现红肿，皮下出血，并有疼痛；内脏器官损伤时，则会出现头晕、脸色苍白、心慌气短、出虚汗、四肢发凉、烦躁不安，甚至休克等状况。

三、撕裂伤

撕裂伤中的闭合伤和开放伤各有不同的表现症状。闭合伤触及时有凹陷感和剧烈疼痛；而开放伤则顿时出血，周围肿胀。

四、肌肉拉伤

肌肉拉伤之后常常会出现肿胀、压痛、肌肉痉挛等症状，触诊时会触摸到硬块；严重的肌肉拉伤是肌肉撕裂。

五、踝关节扭伤

踝关节扭伤主要症状常常表现为伤处疼痛、肿胀、韧带损伤处有明显压痛、皮下淤血。

六、关节脱位

关节脱位的表现症状是受伤关节畸形，与健肢对比不对称，因软组织损伤而出现炎症反应，局部疼痛、压痛和关节肿胀，并失去正常活动功能，甚至发生肌肉痉挛等现象。

七、肩袖损伤

肩袖损伤常常表现为肩痛、肿胀、压痛、痛弧以及外展和外旋抗阻力试验等症状。

（一）肩痛

肩痛的症状大多数发生在肩外侧，也会向三角肌上部或颈部放射，在肩关节外展或同时伴有内外旋时往往会出现疼痛感。

（二）肿胀

肩袖损伤急性患者会伴有局部肿胀的情况。

（三）压痛

肩袖损伤的压痛感常常出现在肩峰下肱骨大结节处。

（四）痛弧

肩袖损伤的痛弧主要表现为在肩关节外展 10°～120°的弧度内有疼痛感，超越 120°后疼痛会消失。肩部又放下至 120°以下时，疼痛会再次显现。

（五）外展和外旋抗阻力试验

对乒乓球练习者进行肩袖损伤的外展和外旋抗阻力试验，结果呈现阳性则表明存在肩袖损伤症状。

八、髌骨劳损

髌骨劳损在乒乓球运动中的发生率也很高，是膝关节部十分常见的一种损伤，同时有部分伤者会波及两侧肢体,这种伤会给乒乓球爱好者参加乒乓球运动带来较大影响。

之所以出现这样的损伤,是因为:膝关节处于半蹲位时,关节的稳定性下降,而股四头肌包绕髌骨的腱膜与韧带承受的拉力牵张和髌骨、股骨相应的关节软骨面上所承受的应力都明显增加。另外,膝关节处在半蹲位活动时,如滑步、蹬跨起跳等动作,都会让髌骨软骨面承受更大的应力和较大的摩擦力,这些力如果超过组织的生理负荷,就会导致局部组织细胞的损害与破坏,从而引起相应的病理变化。

髌骨劳损的表现症状主要是膝关节无力、发软、疼痛,检查时可以发现髌骨边缘指压痛,髌骨压迫痛,伸膝抗阻痛,有些伤者还可能出现髌骨摩擦实验呈现阳性。

九、肘关节内外侧软组织损伤

在乒乓球运动中,肘关节内外侧软组织损伤的发生率大约占总损伤的6%左右(内侧高于外侧)。

之所以出现这样的损伤,是因为肘关节内外侧软组织的损伤原理是伸手肌群突然收缩,使肌肉或关节囊韧带受到剧烈牵拉或因经常做前臂的旋后或伸腕动作,深层组织反复摩擦、挤压造成局部劳损性病变,滑囊的过分刺激而造成的。

肘关节内外侧软组织急性损伤者,伤后即觉肘内外侧疼痛,局部肿胀,甚至皮下出现瘀血(内侧软组织损伤多见,大多表明有组织撕裂)。肘关节活动受限,常常不能完全伸肘或屈肘。

肘关节内外侧软组织慢性损伤者,肿胀往往不明显,但伤者常诉在完成扣杀或抽球、快打时,动作完成质量不高。损伤部位有明显压痛,作肘关节被动外展外旋或屈肘屈腕、前臂旋前抗阻力收缩活动时(检查内侧伤),或做腕关节背伸前臂旋后抗阻力活动和肘关节稍微弯曲、手半握拳,腕关节尽可能掌屈,然后前臂旋前并逐渐伸直时(检查外侧伤),都可以出现疼痛明显加重。如在检查时发现肌肉上端有凹陷或裂隙,或肘关节出现松动,侧扳肘关节间隙加宽,或外内翻角度增加等现象,则表明肌肉韧带有完全断裂的可能性,这种可能性多见于内侧损伤者。

十、腰部损伤

腰部损伤,又称为"腰肌劳损",是指腰(臀)部肌肉、韧带、筋膜或椎间关节等软组织损伤。

腰部损伤常常表现为疼痛、脊柱生理弯曲改变、腰部活动障碍和肌肉痉挛、棘突偏歪或损伤部位有点压痛等症状。

(1)疼痛。轻伤时常没有疼痛,过后或次日晨起时感觉腰痛。重伤后即疼痛,甚至在发生扭伤一刹那,觉"断了腰"或有一响声,疼痛也较剧烈。如果腰痛伴有小腿或足部放射痛及麻感,在胸腹内压力改变(如咳嗽、打喷嚏、大便)时出现疼痛,麻木加重,则有可能是腰间盘髓核突出症。

（2）脊柱生理弯曲改变，可以出现侧弯，腰曲减小或消失。

（3）腰部活动障碍和肌肉痉挛。如腰背肌拉伤，在弯腰和侧屈时疼痛，并抗阻伸脊柱活动时出现伤处疼痛的情况。

（4）棘突偏歪。椎间关节扭伤或错位，椎间盘髓核突出症的患者，时常伴有患部棘突偏离正中线。

（5）损伤的局部通常都有较明确的点压痛。

十一、三角纤维软骨盘损伤

三角纤维软骨盘是使桡尺骨远端紧密联结的主要结构，在乒乓球运动的腕部损伤中，其发生率较高。

之所以出现这样的损伤，是因为由于前臂极度旋转时，特别是在腕背朝下旋前时，会使桡尺骨的远端趋向分离，三角纤维软骨盘会被拉紧、扭动，如果旋转力或剪力作用过大，就会让三角纤维软骨盘的附着处撕断或分离甚至使软骨盘本身撕裂，而桡尺骨远侧关节间也可产生不同程度的扭伤、分离或脱位。在乒乓球运动过程中，握拍手的前臂与腕部，在完成各种击球技术动作时，往往需要处在上述力学作用的状态下，造成三角纤维软骨和桡尺骨远侧关节的受损概率较大。

三角纤维软骨盘损伤者往往会感到腕关节桡尺侧或腕关节内疼痛，腕部软弱无力，当前臂或腕部做旋转活动时，疼痛会加重。在检查时，大多数没有腕部肿胀，压痛点多局限于尺骨茎突远方的关节间隙处和桡尺远侧关节背侧间隙部，当腕关节背伸尺骨侧倾斜受压时，就可以出现疼痛，如有些伤者有桡尺远侧关节松弛或半脱位、脱位，则可以发现尺骨小头明显地在腕背部隆起，推之活动范围明显增加（可与正常侧比较），按之可平，松手又可以见到隆起，握力会有所减退。

第五节 造成运动损伤的原因

一、准备活动不合理

准备活动不合理是造成运动损伤的重要的训练学因素。准备活动是指剧烈运动、训练和体育课的基本部分之前，为克服内脏器官生理惰性，缩短进入工作状态时程和预防运动创伤而有目的进行的身体练习，为即将来临的剧烈运动做好准备。准备活动的生理作用是：调整激烈运动前或赛前的状态、克服内脏器官生理惰性、提高机体的代谢水平，使体温升高、增强皮肤的血流量有利于散热，防止激烈运动时或正式比赛时体温过高。其生理机理使正式比赛时中枢神经系统的兴奋性处于最适宜水平。由于运动项目不同，动作的结构、强度、速度、节奏及用力方法均不同，因而准备活动的内容、形式、强度也应有区别。如准备活动的效果不好，则有关部位的关节、肌肉会由于活动不适宜而容易造成损伤。在做准备活动时，除了肌肉的主动运动外，还要考虑做好被动肌肉拉长的活动，以提高其柔韧性，尤其是在激烈运动前或比赛前。准备活动中基本动作的强度一定要按正式运动或比赛时的要求，以提高灵活性，避免运动损伤的发生。准备活动应以一般性活动过渡到专项性活动。在各项运动中，准备活动是每次运动或比赛前都必须完成的程序，是每一个健身者或运动员最熟悉一个环节，也是最容易忽视的问题。准备活动问题引起运动损伤是一个带有普遍性的问题，也是应引起健身者或运动员重视的问题。

一项具有权威性的数据调查显示。"准备活动不合理"是导致运动损伤最关键的因素之一。这就说明在健身者或运动员眼中准备活动不合理是造成损伤的最主要原因。准备活动不合理主要包括：未做准备活动、准备活动不充分、准备活动的量过大、准备活动与正式的运动和比赛之间的时间间歇过长、准备活动的内容与训练的内容结合得不好。

准备活动不充分，是指乒乓球健身者或运动员所进行的活动没有充分调动起参与训练的各器官系统，机体没有达到适宜的水平。现代的乒乓球对于运动者的生理机能要求很高，如果运动者的神经系统和各内脏器官的功能没有充分调动起来，关节、肌肉、韧带的弹性和伸展性没有得到充分发展，就会对身体造成损伤。不充分的准备活动容易引发急性损伤，同时还会引起已有的慢性损伤不适或复发，严重影响正常的运动。因此，每一名运动者要根据自己的实际情况，在完成一般准备活动后，还要进行专项准备活动。准备活动的负荷内容及活动部位要根据训练比赛强度和个人当时的身体状况、天气状况、个人是否有伤情况而定。

二、缺乏自我保护

缺乏自我保护包括缺乏自我保护意识、缺乏自我保护动作和缺乏有效利用护具。自我保护意识是运动者慢慢养成的，是运动者比较成熟的表现。

思想重视程度是保护意识中的重中之重，不能把运动损伤问题提前考虑，不能把有可能造成损伤的情况考虑全面，势必会在训练和比赛中出现问题。有些运动者在比赛时，情绪过于激动，过于看重比赛的输赢，从而忽视了对自己身体的保护；或者在没有做好准备活动的情况下，就去和别人打强度较高的比赛。这样很容易造成急性损伤和慢性损伤的复发。

自我保护动作是通过身体动作而完成的，自我保护的动作是根据运动力学与解剖学原理，在出现运动致伤的情况时，利用改变受力对象即人体本身的受力要素而完成的。通常利用改变身体姿势、身体重心及改变肌肉紧张度等方法来达到自保的目的。

三、运动负荷过大

运动负荷是以身体练习为基本手段对运动者有机体施加的训练刺激，是在承受一定的外部刺激时，机体在生理和心理方面所表现出来的应答反应的程度。在适宜训练负荷下机体会出现生物适应现象，在负荷保持在一定范围的条件下，机体的应激以及随之产生的一系列变化，都会保持在一个适宜的范围内。这时负荷的量度越大，对机体的刺激越深，所引起的应激也越强烈，机体产生的相应变化也就越明显，人体竞技能力提高也就越快。但是机体的生物适应现象只发生在适宜负荷的条件下，而当负荷超过了一定的范围，超出了运动者的最大承受能力时（或称过度负荷时），运动者的机体便会产生劣变现象。过度负荷有时表现在生理方面，有时也表现在心理方面。过度负荷的直接结果，首先出现不适应的症候，如果仍不采取措施，使运动者机体得到必要的恢复，那么就会进一步发展成为过度疲劳。然后导致运动者健康状况和体能的明显下降，使运动创伤增加。

运动负荷由负荷量和负荷强度两个因素构成。前者反映着负荷对机体刺激的量的大小，后者反映着负荷对机体刺激的深度。反映负荷量大小的指标一般为次数、时间、距离、重量等。负荷强度的大小常常通过练习的速度、远度、高度、单位练习的负重量或练习的难度予以衡量。对于乒乓球项目来讲，其负荷量为练习的时间和次数；负荷强度为单位时间练习的次数和组数。另外参加比赛的级别不同，运动者所承受的心理负荷也明显不同。负荷量和强度相互依存而又相互影响，任何负荷的量都是以一定的强度为条件而存在的，任何负荷的强度又都以一定的量为其存在的必要基础。乒乓球项目主要是用某一持拍手进行挥臂，并且配合全身用力击球的运动项目。不合理的大负荷训练和比赛会超过了人体器官、组织的承受力。在这种情况下进行训练，人体组织结构因过度摩擦挤压、过度牵拉引起微细损伤的积累，如慢性骨劳损、关节劳损、肌肉劳损等都因此产生。乒乓球运动者损伤也以慢性损伤居多，特别是优秀乒乓球运动者。同时不合理负荷还容易造成乒乓球运动者局部负担过大。

四、肌肉力量不足

乒乓球运动者常见急性损伤以肌肉、韧带的拉伤为多。好多慢性损伤也多与肌肉力量不足有关。力量素质是所有其它素质的基础，也是预防运动损伤最重要的基础。这是因为力量素质好，必然对身体的控制能力强、关节的稳定性好、在运动中疲劳出现的晚，因而可以大大减少损伤的发生。适当的力量训练还可以引起其他的适应性变化。非收缩性组织，如肌膜和韧带抗牵拉的强度也增强了，骨骼中沉积的矿物质也增加了，使骨骼更强壮，抵抗骨折的能力更强了。

肌肉力量不足解决的办法是加强体能训练，特别是力量训练。合理的力量训练能够减少身体结构及功能上的不对称，尤其对于像乒乓球这样单侧身体用力较多的项目。同时国家队女运动员加大力量训练比例，增强力量可以更好向男性化靠近。另外，在比赛期间适当采用小力量训练、爆发力训练和稳定关节的力量训练，从运动损伤的层面来看，可以更有效的防止比赛期间损伤的发生。

五、运动场地和器材不达标

乒乓球运动对于乒乓球的器械与场地的要求相对较高，在炎热且通风较差的地方训练往往会引起运动性疾病的发生。如果在有刺眼光线、有侧风、有障碍物限制等环境下从事乒乓球运动就会难以把握合适的击球位置，造成技术动作变形，增加受伤的概率。球拍要根据自身条件合理选择胶皮、海绵、底板，不适合的球拍都会对运动者的击球动作造成负担，增加运动损伤的概率和加重损伤程度。同时，乒乓球台面和场地的质量、服装与球鞋的舒适度、辅助器材是否安全、灯光照明能否达标等都与运动性损伤和疾病产生有着一定的关联。

六、技术动作不规范

乒乓球需要通过蹬地、转腰、挥臂等发力顺序把力量通过球拍集中传递给乒乓球，如果在乒乓球训练和比赛中技术动作不正确，违背人体生物力学原理和生理特点，就极易造成运动损伤。因此，技术动作不规范也是造成运动损伤的主要原因。

此外，乒乓球运动损伤的原因还表现在：健身者不注意科学的锻炼方法，违反循序渐进和量力而行的原则，急于求成；单一的技术动作练习过多，局部负担过重等。

第六节 运动损伤的预防与紧急处理

一、运动损伤的预防

（一）充分的准备活动

对乒乓球运动者来说，大脑的反应速度十分关键，超快的大脑的反应速度能促进乒乓球运动员技术水平的提高，在比赛中大脑的反应速度也是取得胜利的关键因素之一。充分的准备活动能够提高中枢神经系统的兴奋性，加快大脑的反应速度，克服内脏器官生理惰性。

在乒乓球运动健身爱好者训练或比赛的过程中，乒乓球的球速较快，落点具有不确定性，这不仅要求运动者的步伐能够瞬间移动而且还要求运动者能够保持身体自身的稳定性，所以，这就需要健身者的身体具有高度的协调性。训练或比赛前的准备活动具有提高机体代谢水平和升高机体温度的作用，而机体体温的升高可以减弱肌肉的黏滞性，提高肌肉收缩和舒张的速度，进而有助于充分的调动肌肉的协调性，从而保护身体肌肉、关节、内脏等部位，所以，如果准备活动不充分就很容易造成肌肉拉伤或是身体关节的受伤。因此，训练或比赛前要做好充分的准备活动，并要根据个人的实际情况做好专项准备活动，促使运动者迅速进入最佳工作状态，避免新运动损伤的再次发生和旧伤的复发。

（二）加强医务监督

医务监督可以具体地了解运动员容易受伤的部位，及时发现和治疗运动损伤，这在一定程度上避免了带伤继续参加训练，进而降低再次发生损伤的概率。所以，建立完善而科学的医务监督制度是十分必要的。

（三）合理安排训练

不恰当的安排训练是运动损伤的常见潜在因素，合理、科学的安排训练是预防运动损伤的基础。健身者需要根据自身情况合理安排训练量，严格遵循科学的训练原则，不要急于求得技术水平的提高而忽视了训练的内容和负荷，要循序渐进，不断提高，尽最大可能避免把运动损伤的发生。在运动疲劳出现时要及时恢复否则会影响技术动作的完成，运动能力降低，很容易造成运动损伤的发生。

（四）重视体能训练

良好的体能能够有效地预防运动损伤的发生，体能训练能够提高人体机体各器官系统的机能，充分发展运动素质，有效的促进运动成绩的提高。良好的体能是运动者在高强度、高负荷训练和激烈的比赛中的心理保障。乒乓球运动的特点是节奏快、移动迅速，因此，对人体自身的启动制动的速度要求较高。决定人的身体启动制动速度快慢的因素是乒乓球运动健身爱好者自身的爆发力、协调性的好坏。如果体能不够很难完成高难度、高质量的技术动作，容易出现动作不协调、技术结构不正确等问题引起机体组织的受伤。在激烈的比赛中体能不够，容易造成运动员的精力不集中等因素引发运动损伤发生的可能性。所以在难度高、复杂性强的训练或激烈的比赛之前更要加强身体体能的训练，特别是加强易造成运动损伤部位的训练。

（五）加强理论学习和自我保护方法的练习

很多运动者对于关于运动损伤方面知识的欠缺不仅成了运动损伤发生的潜在因素，还成了损伤再次扩大或复发的最大隐患，因此，作为高水平的健身者不仅要学会更好地保护自己，还要认真学习其他知识，包括运动损伤方面的知识。这样可以有效地预防和及时治疗自身出现的运动损伤。为达到减少运动损伤的可能性的目的，在日常的训练中有意识的加入自我保护的动作方法进行训练更好地保护自己，这类练习主要是为了通过培养自我保护意识来达到预防运动损伤的目的。

（六）重视训练，比赛后的恢复

大运动量训练或比赛后运动员肌肉、关节、韧带等出现疲劳，这时机体需要得到充分的恢复，如果不及时采取有效地恢复措施会导致运动性疲劳，以致引发运动损伤的发生。合理的休息和充足的睡眠能够较好的消除疲劳，此外有条件的运动者可以通过身体按摩和心理放松来达到恢复的效果。

（七）全面做好后勤保障工作

乒乓球的器材场地要符合训练和运动者自身条件的需要。训练场地和器材维护不良甚至年久失修，致使球台和场地太硬或太滑，甚至不平整；球拍、胶皮、海绵等不适合运动者的年龄、性别等自身实际情况；球鞋、球袜的舒适性、摩擦性不能达到运动者的训练要求；服装、毛巾未达到运动卫生标准等都可能会诱发运动性损伤与疾病的发生。在训练和比赛后，全面的营养保证和不同运动强度下的特殊营养要求，也是保证运动者运动水平的有效发挥和避免运动伤病的有效手段。

二、运动损伤的紧急处理

（一）擦伤

紧急处理方法：对于小面积的擦伤，可用红药水涂抹伤口即可；而大面积的擦伤，先用生理盐水洗净，后涂抹红药水，然后再用消毒布覆盖，最后用纱布包扎。

（二）挫伤

紧急处理方法：挫伤部位应在 24 小时内冷敷或加压包扎，抬高患肢或外敷中药；24 小时后，可对挫伤部位进行按摩或理疗；恢复期可进行一些功能性锻炼；如果怀疑内脏损伤，作临时性处理后，立即送医院检查和治疗。

（三）撕裂伤

紧急处理方法：轻微开放伤，用红药水涂抹伤口即可；裂口大时则需止血和缝合伤口，必要时注射破伤风抗毒血清，以防破伤风症；肌腱断裂，则需手术缝合。

（四）肌肉拉伤

紧急处理方法：对于肌肉拉伤的处理，轻者可即刻冷敷，局部加压包扎，抬高患肢；24 小时后可施行按摩或理疗；如果肌肉已大部分或完全断裂者，在加压包扎急救后，立即送医院进行手术治疗。

（五）踝关节扭伤

紧急处理方法：受伤后，应立即冷敷，用绷带固定包扎，并抬高伤肢；24 小时后，根据伤情采取综合治疗，如外敷伤药、理疗、按摩等，必要时作封闭疗法；待病情好转后进行功能性练习；对严重患者，可用石膏固定。

（六）关节脱位

紧急处理方法：对关节脱位的处理，可采用长度和宽度相称的夹板固定伤肢，如果没有夹板，可将伤肢固定在自己的躯干或健肚上，防止震动，随后及时送医院治疗；必须指出，如果没有把握做整复处理时，切不可随意做整复手术，以免增加伤害。

（七）肩袖损伤

紧急处理方法：

（1）肩袖损伤慢性病患者可以从事肩部的各种活动，但要避免引起疼痛或使损伤会加重的一些动作。在进行专项练习时，可先做些难度和强度要求较低的动作，或改变一些练习方法或技术动作的样式，控制专项练习中局部的负荷量。

(2) 肩袖损伤急性伤者要将上臂在外展 30°的位置下固定休息。急性损伤或慢性损伤发作的伤者要适当休息，暂停肩部超范围的急剧转动活动或专项技术练习。

(3) 肩袖损伤急性伤者度过急性期之后，应适当开始练习肩关节的绕环及旋转活动。在伤后练习时，要从上肢下垂放松位开始练习，然后逐渐增加肩的抬举角度进行练习，基本不痛之后，可进行负重练习和逐步过渡到专门练习。

(4) 肩袖损伤者在伤后的练习与康复中，应该注意发展肩带小肌肉群的力量和柔韧性，在加强肩袖肌群肌力练习时，适合做上肢外展 80°～90°的屈肘静力负重练习。

（八）髌骨劳损

紧急处理方法：

(1) 练习者应积极采取练习与治疗相结合的康复措施。常用的治疗手段有中草药外敷、物理疗法（红外线照射超短波等）、针灸与按摩下肢和膝关节周围，必要时可以在关节腔内或痛点处注射肾上腺皮质激素类药物，但一定要慎重。

(2) 练习者出现髌骨劳损后，应根据不同的伤情，合理安排伤后练习，采取治练结合的方针，对于轻伤（膝无力、酸痛，活动开症状即失）可加强具有一定强度的膝功能锻炼，适量调整膝关节负荷较大的专项练习。

(3) 髌骨劳损者尽可能不做膝关节负荷较大的练习。

(4) 对于中等伤（半蹲时疼，活动开后症状减轻，锻炼之后会加重，休息后又减轻）在不加重髌骨损伤的前提下，增加中等强度的膝部功能练习，如静蹲、跳绳等。

(5) 练习者在出现髌骨劳损后应积极进行治疗。对于重型髌骨劳损者（互动膝痛明显，甚至走路都痛），要停止膝部专项练习，不能进行半蹲位的发力动作。此时要积极治疗并进行一些膝关节功能练习，如进行静力半蹲或"站桩"练习，时间长短和角度因人和因伤来具体决定。

(6) 随着伤情的变化而变化，最后一定要做放松整理活动，并能长期坚持活动。

（九）肘关节内外侧软组织损伤

紧急处理方法：

(1) 在肘关节内外侧软组织急性损伤期，伤者应使伤肘进行适当休息制动。

(2) 损伤即刻和损伤早期可以对局部进行冷敷，加压包扎，外敷新伤药。24～48 小时之后，可考虑进行理疗、按摩、外敷中药。

(3) 对有肌肉韧带断裂或伴有撕脱骨折者，宜进行手术缝合术等。

(4) 局部封闭注射肾上腺皮质激素类药物，往往可以收到较好的疗效。对慢性伤者，可主要采取以按摩、针灸和理疗等方法进行伤后治疗。

(5) 在进行肘关节内外侧软组织伤后练习与康复安排时，急性期要停止进行防止再伤或加重损伤的一些动作的活动。

(6) 要等到损伤部位已基本没有疼痛后，才可进行这些动作的练习，通常大约需 2～3

周的时间，而且运动量和强度等都要逐渐增加。

（7）对肘内侧软组织损伤者，尤其是肘关节有一定松弛者，应适当加长正式练习的时间，否则非常容易再损伤和进一步加重肘关节的松弛，从而发展成慢性劳损，甚至导致骨关节病。

（8）在进行肘关节内外侧软组织伤后练习与康复时，要佩戴保护装置，如护肘、弹力绷带等；同时还应加强前臂肌肉群的力量练习和伸展性练习。

（十）腰部损伤

紧急处理方法：

（1）针灸、按摩、外敷新伤药、内服跌打伤药，必要时还可以采用痛定封闭等。

（2）急性疼痛期，除进行必要治疗之外，要卧床休息，避免多重受伤，形成劳损。

（3）在伤后康复练习时，要用宽腰带保护，要练治结合，练后腰疼加重者，要暂停专项练习，并注意休息。

（4）如果进行完伤后练习而没有明显加重者，可以按照原计划进行适当练习。

（5）在进行腰部损伤的康复练习时，伤者应以加强躯干肌的力量和柔韧性为主，同时也要重视相关肌肉的锻炼（如腹肌、两侧躯干肌等），此外在练习之前要做好局部的准备活动，练习后做好放松和恢复，如伸展动作、按摩、热敷等。

（十一）三角纤维软骨盘损伤

紧急处理方法：

三角纤维软骨盘损伤的治疗需要注意以下几点。

（1）局部外敷消肿止痛中药，同时要给以适当固定，将前臂固定于中立位并限制腕与前臂的旋转活动，通常都能取得良好的治疗效果。

（2）如有尺骨小头向背侧隆起者，则须用压垫加压全扎固定。

（3）及时治疗新的损伤，要暂停或控制腕部运动。

（4）在伤后康复和练习安排时，急性伤者应注意暂停腕部活动，尤其是腕部旋转活动，要等损伤组织修复、愈合后才可以进行腕部正常练习活动，通常需要3～4周的时间。

（5）在腕关节屈伸和支撑动作没有疼痛后，可以逐渐加入腕与前臂的旋转动作。

（6）三角纤维软骨盘损伤者在练习时一定要佩戴保护支持带。慢性伤者进行练习时，所佩戴的保护带要对腕关节背伸和旋转活动有较大限制，如戴上护腕或在护腕外加弹力绷带加以包扎，以防止练习时再度受伤。

第十章　高校高水平乒乓球运动队的综合训练及其管理

　　近年来，在国家有关部门的号召与大学生兴趣的推动下，高校乒乓球运动队蓬勃发展，在大学生运动会中尽展青春风采，令人赞不绝口。但客观来看，虽然高校乒乓球运动队在运动水平和比赛方面取得了可喜的成绩，但在整体发展过程中仍然存在问题，如训练不全面、管理不到位等，如何全面提升高校乒乓球运动队的实力，科学管理高水平乒乓球运动队，仍然有待探究。本章主要就高校高水平乒乓球运动队的综合训练及其管理进行探讨，内容包括高校乒乓球运动员体能与身体功能训练、心理训练、核心技能训练；高校乒乓球运动队训练管理方法、管理机制创新及管理的发展建议。通过这些研究，为我国高校主管乒乓球高水平运动队建设的部门更好地开展训练和管理工作提供依据，进而进一步推动运动队训练的科学化和运动员竞技能力的提升。

第一节　高校乒乓球运动员体能与身体功能训练

一、乒乓球运动员专项身体素质训练

（一）专项力量训练

1．上肢力量训练

（1）徒手挥拍练习（规定练习次数和时间）。

（2）持拍推球练习。

（3）持拍手进行掷远和扣球击远练习。

（4）持铁制球拍做各种挥拍动作练习。

（5）持轻哑铃做变速模仿削球练习。

（6）持轻哑铃连续模仿击球动作练习。

（7）持轻哑铃做变速模仿正手扣杀练习。

（8）持轻哑铃做变速模仿拉弧圈球练习。

（9）反握持哑铃弯举，同时做内旋动作。

2．下肢力量训练

（1）采用杠铃负重半蹲，进行静力训练，用时10～30秒；半蹲，做侧滑步行进；下

蹲，做慢速动力训练，用时 6 秒—6 秒—6 秒；蹲起，做慢速动力训练，用时 6 秒—6 秒—6 秒。

（二）专项速度训练

1. 动作速度训练

（1）在限定时间内用最高速度或频率完成练习动作，如在 20～30 秒内用右手快速摸球台两角。

（2）采用领跑、助跑和音响、灯光等信号发出速度感觉指令，以提高动作速度的练习。

（3）利用器械重量变化后的后效作用进行练习，如先用铁拍做挥拍练习，再用正规球拍做挥拍练习。

（4）变换各种形式和方向的快速跑或其他动作的练习，如立卧撑，十字变向跑，各种躲闪、急停、迅速转体等练习。

（5）发展速度的游戏练习，如二人对面站立，先将左手置于身后，发令开始后，设法用自己右手摸对方后背，摸中 1 次得 1 分，得分多者为胜。

2. 反应速度训练

（1）重心不停交换，根据教练员信号，迅速起动做侧身步、跨步、交叉步等。

（2）根据教练员口令做相应动作，如"上旋"——做扣杀或推挡动作；"下旋"——做拉球或搓球动作；"弧圈"——做正手快带或反手推挤动作。

（3）在单线对攻中，突然有一方变线。

（4）在行进中听信号后，突然做准备姿势，然后迅速做交叉步、侧身步等。

（5）用多球做接发球练习。根据对方发球动作，迅速判断旋转性质和落点，然后做出反应和动作。

（6）二人想象比赛。要求运动员观察对手做出击球动作后，再做出反应和动作。

（7）两名运动员用多球在同一方位交替发球，另一名运动员在对面球台练习接发球。

（8）运动员对墙距 1.5 米左右站立，教练员在其背后用多球对墙供球，运动员连续还击从墙上反弹回来的球。

（9）目视教练员向上击球，要求运动员按旋转球落台反弹的方向，原地转一周后，沿球台跑一圈。

3. 移动速度训练

乒乓球运动员的移动速度是指在最短时间内，通过步法移动，迅速到达击球位置的能力。提高专项移动速度，应尽量结合打乒乓球的步法特点进行练习。

（三）专项耐力训练

（1）3 分钟交叉步训练（在两端线之间）。

(2) 3分钟推、侧、扑步法训练,徒手或用多球训练。

(3) 3分钟花样跳绳:正摇、反摇、交叉摇、(双摇跳50次+单摇跳50次)×5、(双摇跳30次+单摇跳50次)×5等练习。

(4) 800~1500米变速跑。运动员6~10人列成纵队,听信号从排尾跑到排头,在这段距离内要加速跑,或用滑步、交叉步等。

(四) 专项灵敏训练

(1) 2人分为一组,进行多球训练打目标比赛。在球台两角附近放置两个目标(拍套或球拍等),二人比赛看谁击中目标多。

(2) 3人一组,分两队各站在球台一端,进行类似双打的三人轮换击球训练。要求每个队员还击后做一次俯卧撑,然后再准备打一板球。规定双方打中等力量的球,不得扣杀。

(3) 传球抢截游戏。将运动员分为两组,每组3~4人。手持球拍在限定范围内进行传球抢截游戏。

(4) 追逐游戏。追人者手持球拍托球,在限定的范围内追逐别人,将乒乓球击到被追者身体算捉住了被追者。然后被追者变为追人者,依次进行。

二、乒乓球运动员身体功能训练

随着运动训练的不断发展与完善,身体功能训练越来越受重视。身体功能训练不是针对某一个关节或肌肉的训练,而是针对人这个整体的训练。人身体的各部分密切联系,人体就是一个整体,通过整体的训练来有效提高与充分发挥身体的能力,减少能量流失。身体功能训练对动力链的整体效果非常重视,要求有序结合各个链条进行训练,从而优化整合效果。

(一) 身体功能训练的特点

1. 强调核心力量

躯干在连接上肢和下肢的运动过程处于中间位置,是十分重要的枢纽,核心力量的强弱起到十分重要的作用。核心力量强能够使上下肢力量传递更加有效,减少能量的损耗,提高能量传递的效率。同时强大的核心力量能够为肢体提供一个稳定的基础,为肢体的发力提供一个强有力的核心,这就使上下肢的动作更协调,提高了肢体的稳定性,只有在稳定的基础上才能进行其他练习,稳定性是基础。

2. 强调无损伤

身体功能训练在进入这个流程之前会有一个身体功能动作的筛查,功能动作筛查的目的就是通过7个功能性的动作,检查人体的伸、屈、旋转等基本的功能动作是否能够正确完成,在完成过程中是否产生疼痛,在没有疼痛的基础上才开始进行身体功能动作的流程,如果产生疼痛,就进行医疗帮助,直至身体恢复。

3. 注重身体的恢复

没有训练就没有恢复,没有恢复就没有更好的训练,训练和恢复应该摆在同等的位置,这在身体功能训练中得到很好的体现,恢复不仅仅是在训练后简单的自然恢复,还要在训练中采用各种物理或者化学的方式加速机体的恢复等,其中按摩棒、拉伸、泡沫轴等都可以起到这种作用。恢复在运动训练中的地位对于我国的大多数教练来说没有占据很大比重,运动训练后的拉伸放松、训练结束后的放松和恢复在基层体校中很容易被忽视,尤其对青少年而言,没有良好的恢复很容易造成运动员生长发育的迟缓,容易引起运动损伤,造成职业生涯的过早衰退。

(二)身体功能训练流程及其在高校乒乓球训练的运用

身体功能训练的理念和思路符合大学生身心特点,因此在高校乒乓球运动队训练中可以引入这种训练方法。在高校乒乓球运动队训练中,应该加强对大学生运动员身体素质的锻炼,技能的培养应该在强有力的身体素质之上,不能仅仅只是重视技术和战术的培养。

为了在乒乓球训练中更好地实施身体功能训练,教练员应了解身体功能训练的流程和具体实施方法,在具体实施中要根据本校乒乓球运动队的实际情况有的放矢地进行训练。

第二节 高校乒乓球运动员心理训练

心理素质是乒乓球训练的重要内容。通过心理训练,乒乓球运动员参加乒乓球训练和比赛所需要的各种心理因素能够得到稳定的加强和提高,并能够学会采用正确的方法调节自己的心理状态,从而充分发挥自己的技战术水平。

乒乓球运动速度快、技巧多、精确度高、多变化,比赛紧张激烈,对手打法各不相同,领先、相持、落后等比赛状态频繁交替,因此运动员容易在赛场上出现心理障碍,为避免心理障碍阻碍比赛发挥,需在日常乒乓球训练中加强心理训练。激烈的乒乓球比赛要求乒乓球运动员情感积极稳定,意志勇敢顽强,自我控制能力高等,所以要加强一般心理训练和专项心理训练,赛前训练尤其重要,通过训练提高乒乓球运动员的心理素质,使其更好地适应比赛环境。

乒乓球心理训练的方法如下。

一、表象训练法(念动训练法)

表象训练法是运动员有意识地、积极地利用头脑中已有的表象,并配合适当的语言暗示进行训练的一种方法。在进行运动训练时,以清晰、成功的运动表象克服空虚、紊乱的心理状态,用成功的表象来使焦虑、紧张等不良情绪得到改善。

二、集中注意力训练

集中注意力训练是采取一些方法措施使运动员在训练和比赛中全神贯注于此的训练。运动员的不同心理活动是对特定对象的指向和集中，运动员要能够在训练和比赛中将注意力集中到某一关键点上，或合理分配注意力、适度转移注意力，这都是乒乓球运动员需要具备的能力，这直接影响训练效果或比赛成绩。在训练中通过注意力的集中与转换，可以使运动员对比赛更加专注，这样比赛场上的各种干扰因素对运动员的影响就会降低。

三、模拟训练法

模拟训练是培养乒乓球运动员适应能力的有效方法，教练员对一些类似于比赛的条件进行设计，使运动员在接近比赛的环境下进行训练，有身临其境之感，逐步适应这些环境，从而使承受和应变能力得到提高。

四、意志训练法

意志训练法是采用一定方法手段使运动员勇于克服困难，树立自信，从而努力实现既定目标的训练方法。为有效培养乒乓球运动员的意志品质，在乒乓球训练中教练员常采用的方式有鼓励、施压、诱导、思想教育等。通过这些方式，增强运动员的自信心，激发其顽强拼搏的意志。

五、放松训练法

放松训练法是运动员专心让自己的身心放松下来的一种训练方法。具体包括自我暗示、静坐与默念、肌肉骨骼放松等训练方式。这些训练方式可以使乒乓球运动员的不良情绪、神经紧张得到缓解甚至消除，调节身心，使其以良好的状态进行训练或比赛。

乒乓球运动员不可能在一朝一夕间就形成良好的心理素质和品质，必须将心理素质的训练纳入乒乓球训练计划中，只有长期系统地进行训练，才能不断提高乒乓球运动员的心理素质，为其整体竞技水平的提高而提供保障。

第三节　高校乒乓球运动队训练的管理方法与机制创新

一、高校乒乓球运动队训练管理方法

（一）行政管理法

行政管理法是指通过利用各种行政组织的职能及相关行政手段，对乒乓球运动队的训练工作实施管理的方法。行政管理法在乒乓球运动队的训练管理中是较为常用的方法之一，该方法具有针对性、指令性、权威性，能够充分发挥组织、指挥、调节、控制等功能，从而强化管理效果。

（二）目标管理法

目标管理法是指根据高校乒乓球高水平运动队训练的整体规划及计划，制订一定阶段的训练目标，然后通过实施、检查来达到预期目标的管理方法。目标管理法能够避免高校高水平乒乓球运动队在训练中少走弯路，明确方向和目标，有针对性地开展训练工作。

（三）评估与奖惩法

评估与奖惩法是指通过持续监督和控制训练工作目标的完成程度，根据完成的具体进度来给予奖励或惩罚的管理方法。采取这种方法对乒乓球训练中表现好的运动员或文化成绩好的运动员给予表扬、奖励，肯定其成绩，从而在运动队的训练中起到示范、激励和推动的作用。此外，对于消极训练或文化成绩差的运动员，要进行适当的批评教育或相应惩罚，使其认识到自己的问题与不足，不断改正。

（四）宣传教育法

宣传教育法是指通过各种形式的宣传教育途径对高校高水平乒乓球运动队训练进行管理的方法。发挥宣传教育管理法的引导性、说理性、灵活性、多样性和表率性等特征与优势，启发高校乒乓球运动队训练的管理者和运动员的积极性和自觉性，从而顺利实施相关管理制度，发挥管理的教育作用。

（五）数量分析管理

数量分析管理以定量分析为主，其包含理论基础、数学模型、方法步骤、管理手段四个要素。常见的数量分析方法有网络计划方法、可拓工程方法、博弈论方法等，下面简要分析网络计划管理方法。

网络计划管理方法的基本原理是将一项工作分成各种不同的作业，然后按照作业顺序进行排列，通过网络图来统筹规划并控制整个工作或项目，从而在节约资源的同时提高工作效率。

二、高校乒乓球运动队训练管理机制的创新

高水平乒乓球运动队训练管理机制的创新应从管理观念、管理组织、管理方法、管理制度等方面着手，下面具体分析。

（一）管理观念的创新

管理观念的创新主要是指管理思维和理念的创新，通过观念创新，可以实现思想解放，使高水平乒乓球运动队的发展与我国经济与社会的发展需要保持一致。管理观念的创新具体表现为实现以下几个转变。

(1) 从"物本管理"向"人本管理"的转变。

(2) 从"命令管理"向"服务管理"的转变。

(3) 从"静态管理"向"动态管理"的转变。

(4) 从"封闭管理"向"开放管理"的转变。

（二）管理组织的创新

现阶段，我国高校高水平乒乓球运动队管理中存在的问题主要集中在职权和职责划分、管理幅度选择、管理部门设计等方面，这些问题直接影响管理者管理能力的发挥及管理效果。为了完善这些问题，需加强对训练管理组织的创新，促进资源优化配置、机构整合和各岗位人员尽职尽责，提高管理效率和效果。

当前，我国高校高水平乒乓球运动队训练管理的组织结构以金字塔结构为主，该结构存在层次重叠、管理幅度小、工作效率低、部门之间存在隔膜、工作人员积极性和创造性不高、社会参与度低等问题。为解决这些问题，提高训练管理的质量与效率，需加强对管理组织结构的创新，建立扁平型、网络型的组织结构，减少管理层次，促进决策层和执行层之间的相互沟通，提高新结构的适应能力。

（三）管理方法的创新

在高校高水平乒乓球运动队训练管理中，无论是管理者行使管理职能，还是落实管理工作以及实现管理目标，都需要采用科学有效的管理方法。因此必须保证管理方法科学、可操作，而且要根据社会的发展需要和时代的进步而不断进行创新。对此，管理者必须深入分析各个管理方法的特点、优缺点，了解不同管理方法的适用范围，从管理对象的具体情况出发对管理方法进行整合与创新，切实提高管理水平。

（四）管理制度的创新

在高校高水平乒乓球运动队训练管理的制度创新中，一般采取以下两种创新方式。

首先，推陈出新，改革旧的规章制度，促进已有制度的完善。

其次，制订新的训练管理制度。

第四节　高校乒乓球运动队训练管理的发展建议

一、保证生源质量

国家鼓励在高校建设高水平运动队，主要是为了将体育教育与文化教育结合起来，将教育的功能充分发挥出来，以理论来指导实践，以实践检验理论，使体育教育与文化教育相互补充。因此，高校应将自身的科研、人才等优势充分利用起来，大胆革新，对适合本校高水平乒乓球运动队发展的路径进行探索。

我国在招收高水平运动员时，在质量把控方面可以借鉴国外的一些经验，如美国大学生运动员的生源主要是中学，学校以良好的条件吸引有较高运动天赋的学生，但同时要求学生的文化学习成绩达到一定的要求，而不只是看其运动水平如何。这对我国有很好的启发，我们在高校高水平乒乓球运动队建设中，应首先将注意力集中在生源的根源上，将中小学乒乓球特长生作为主要渠道，这样能够确保生源质量，对优秀的乒乓球后备人才进行培养。高校应发挥带头作用，对中小学乒乓球运动的发展给予激励，提高生源质量。

二、改变训练模式

进入高校的高水平乒乓球运动员面临身份的转变、学习和训练内容的转变，因此不能再继续采用传统的训练模式对乒乓球运动员进行训练了，要针对高水平运动员的现实情况而改变模式，在训练中加强理论知识教育，用科学的理论来指导实践，提高实践效果。具体来说，要让运动员对乒乓球技术的原理、技战术合理性的支撑点有充分的了解，使其学会用科学的理论知识对技术实践进行验证，打破固有思维定式和按部就班训练的模式，创造新的风格，向"打文化球"的新高度努力，从而不断提高综合素质水平。

受过高等教育的大学生运动员，不管是认识与理解运动规律的能力，还是领会教练员意图及随机应变的能力，都普遍高于文化水平较低的运动员，这是毋庸置疑的事实。高等学府的学习氛围和文化背景能够使大学生运动员受到更好的熏陶，使其掌握的理论知识更充实、全面，这能够有效指导乒乓球运动员的训练实践，而且可能达到事半功倍的训练效果。

三、加强对乒乓球运动员的思想教育，学训并重

高校高水平乒乓球运动员拥有较高的技术能力，但普遍文化水平较低，而且在接受文化教育时存在消极学习的现象，对此，高校体育部门应联合各院系共同对乒乓球运动员的学习和训练进行管理。教练员在日常训练中，也要加强对运动员的思想教育，让运动员知道在学校里，学生是他们的第一身份，他们应按照学校规定完成文化课程，不断提高自己的文化修养，拥有良好文化修养的运动员更能够自我约束，积极训练。

四、高校管理部门相互配合

负责高校高水平乒乓球运动员训练的部门和其他部门应相互配合，对大学生运动员的学习和训练情况及时了解，共同对运动员的学习训练计划进行科学合理的制订，遇到问题要协商解决，不要互相推卸责任，从而有效避免、减少死角，培养运动员的好习惯，提高运动员的思想道德水平、文化素养和竞技水平，使运动员走向积极健康的循环发展之路。

第十一章 高校乒乓球健身运动的研究意义

第一节 高校学生身体健康现状

一、身体素质概述

（一）体质

医学界认为体质是指群体和个体在遗传和环境的影响下，有机体在生长、发育和衰老过程中形成的结构、机能和代谢上相对稳定的特殊状态。这种特殊性决定了机体生理反应的特异性，机体对某种致病因素的易感性和所产生病变的倾向性。医学界对体质的认识，强调了体质研究的重点是个体的特殊状态，带有共性特征的群体体质是建立在个体特征基础上形成的普遍规律；人体体质特征是从受精卵就开始形成，并伴随个体的生长、发育和衰老的全过程；且体质形成的机理是遗传和环境共同作用的结果。

一个国家国民体质状况是其综合国力的重要组成部分，从社会发展的总体趋势看，国民体质的改善和增强是国家经济发展的结果，同时也是社会发展的动力。"发展体育运动，增强人民体质"一直是我国体育工作的基本方针，"体质"是中国体育界关注和研究健康问题的一个独特视角。中国体育界对体质的定义是：人体的质量，是在遗传性和获得性基础上表现出来的人体形态结构、生理功能和心理因素的综合的、相对稳定的特征。体质的范畴包括人体形态结构、生理功能和心理因素等方面，体质强弱就是由这些方面综合反映出来的。

（二）身体素质

素质，是指一种事物所具有的基本特征，一般用于指人。"国民素质"是指国民在先天的生理条件的基础上，通过后天的学习与实践所获得的与现代化建设相适应的德、才、学、识、体能的总和。其内涵是国民在生活、工作和社会交往中所具备的自身条件及认识世界和改造世界的能力。这些条件是多方面的，主要包括身体、科学文化、思想、道德、心理和能力，其实质是德、智、体诸条件的有机结合和统一、与素质有关的概念是素质教育。

国家教委对此作了明确解释："素质教育是以提高民族素质为宗旨的教育。它是依据《教育法》规定的国家教育方针，着眼于受教育者及社会长远发展的要求，以面向全体学生、全面提高学生的基本素质为根本宗旨，以注重培养受教育者的态度、能力，促进他们在德智体等方面生动、活泼、主动地发展为基本特征的教育。素质教育要使学生学会做人、学会求知、学会劳动、学会生活、学会健体和学会审美，为培养他们成为有理想、有道德、有文化、有纪律的社会主义公民奠定基础。"

身体素质是素质的一种，通常指人体的基本活动能力，是人体各器官系统的机能在肌肉工作中的反映。1984年版《体育词典》中指出："身体素质是指人体活动的一种能力. 指人体在运动、劳动与生活中所表现出来的力量、速度、耐力、灵敏及柔韧性等机能能力。"美国《健康、体育、娱乐、舞蹈协会》把身体素质概括为两个意思，即与健康相关的身体素质（即健康素质）和与运动相关的身体素质（即运动素质）。健康素质是指与提高健康水平和增强体质有关的因素，如心血管耐力、肌肉力量和耐力、柔韧性等，这是一般人都需要的，为衡量健康水平和体质好坏的标准之一。运动素质是指正确完成运动技术的能力，如速度、反应、爆发力、灵敏性、协调性和平衡能力等，这是运动员特有的，需要根据运动项目特点和要求采用专门的手段方法去练习和发展，是衡量运动员训练水平和运动能力的标准之一。身体素质的积极作用和意义主要表现在以下几个方面：第一，人们生活和工作中不可缺少的基本活动能力。第二，有利于掌握复杂、先进的技术和提高运动成绩。第三，有利于承受大负荷训练和高强度比赛。第四，有利于在训练比赛中保持稳定、良好的心理状态。第五，有利于预防伤病、延长运动员的运动寿命。身体素质是体质的重要组成部分，在一定程度上可以看作是人体形态结构和机能的综合表现。可见，身体素质不仅和运动能力密切相关，它是完成技术动作的基础，而且与人的健康水平、日常活动、工作的能力紧密相连。身体素质不仅仅是人体运动的机能能力，而且也是人体劳动和生活的机能能力，与人健康、高效地生活、娱乐和工作有着密切的关系。

季成叶等认为，不同群体、年龄的大学生的生长发育水平呈现出显著的"生长长期变化"，突出表现为大学生的生长速度不断加快，青春期发育和性发育的年龄不断提前，而与此同时，大学生的身体机能、素质和心理等未能同步提高，一些常见的疾病未能得到很好的控制。这些问题的存在，势必影响我国大学生的健康成长，因此，针对大学生体质下降的趋势，其身体机能、素质和心理素质方面的提升更为迫切。本文选用身体素质而非体质也是基于这个考虑。

大学生体质下降问题是近几年公众和体质学专家关注的焦点。但是，从体质包含的范畴来看，轻谈体质下降未必合乎实际。由体质的概念可知体质包括：身体的发育水平、身体的功能水平、身体的素质和运动能力水平、心理的发育水平、适应能力。可见，体质所包含的范畴很广，部分指标如心理的发育水平、适应能力等评价标准不明确。身体的发育水平也很难说明体质下降或提高，如营养状况改善过多就有可能导致营养过剩。因此，说体质下降并不确切。综合考虑相关研究成果，涉及大学生体质下降的文献及言论，一部分是把本不属于体质的部分如近视等健康因素加入,另一部分仅指身体素质下降。而身体素质这一指标概念明确,易于量化,而且,从1990—2015年大学生主要身体素质的变化趋势可以看出,大学生身体素质的下降是长期的、绝对的,而其提高则是短暂的、相对的。因此,以大学生身体素质下降来命题比较恰当。

(三) 身体活动和体育锻炼

世界卫生组织(WHO)在其2002年世界健康报告中,列举出进行体育锻炼具有减少心血管疾病、中风、恶性肿瘤、II型糖尿病等严重疾病的发病危险等诸多健康效益,并明确指出身体活动缺乏是一个主要的公众健康问题。身体活动也叫体力活动。按照美国疾病控制中心的定义,体力活动是指任何骨骼肌收缩并消耗能量,而引起的身体的移动;身体锻炼是身体活动的一种,是有计划的、有结构性、并重复进行的、并用于保持和增强体质的身体活动,身体活动是人类活动的基础,维持健康也必须有一定水平的体力。身体活动因其多样的形式和复杂的影响因素而很难准确测量和评估。如果能对其进行合理分类,则比较容易对身体活动进行测量和评估。一般根据日常生活的背景可以将身体活动分为职业性、交通性、家务性和休闲性身体活动四种类型。对于本书的研究对象——学生来说,职业性身体活动包括学生体育课、有组织的课外体育活动、在校期间的上、下楼梯等;交通性身体活动包括学生往返学校以及购物或游玩采风的积极的交通方式;家务性劳动指走读学生在家时从事的诸如打扫卫生、做饭洗碗、照顾老人和儿童以及洗衣服等,对于寄宿学生,则一般指在校打扫宿舍卫生以及洗衣服等;休闲性身体活动是指课外自觉体育锻炼、春游及夏令营等户外身体活动等。

二、我国大学生身体素质下降的影响因素分析

(一) 遗传和营养因素

遗传和营养是影响大学生身体素质发展的重要因素。

1. 遗传

所谓遗传,是在染色体上占有一定位置的遗传单位,即基因从亲代传给下一代,使亲代的性状在下一代表现的现象。随着遗传学尤其是分子遗传学的迅速发展,有机体的遗传与变异越来越被人们所认识。人体的遗传性状是身心发展的前提条件,它对身体素质的形成和发展提供了可能性。

相关专家对34对双生儿身体成分和某些素质相关研究的基础上,采用跟踪法对其中13对进行双生对内相关比较各项指标双生间的一致性,结果表明:平衡能力、爆发力(纵跳)、速度素质(跑楼梯)等身体素质比身体成分受遗传因素的影响更大。另有研究表明肌肉相对力量主要受遗传因素的影响,遗传系数为0.643,而肌肉的绝对力量则主要受环境的影响,其遗传系数为0.35,后天环境影响可达0.65。一般耐力(有氧代谢能力)的遗传系数为0.70~0.93,专项耐力(无氧代谢能力)遗传系数为0.70~0.99。反应速度的遗传系数为0.75,动作速度的遗传系数为0.50。柔韧素质的遗传系数为0.70,环境因素为0.30。

2. 营养

营养问题是影响大学生身体素质的另一重要因素。近几年来，我国学生的身体素质有较大提高。尤其是速度、力量大幅度提高，提高幅度之大，以至于在后 10 年里，连续下降的幅度都低于增长幅度。这表明随着生活水平的提高，人们营养状况的改善对身体素质提高的重要性，同时也说明了另外一个问题，即，人们的身体素质水平不是随着生活水平的提高而无限增长。它通常是在基本满足人们的生活水平后，有一个快速增长阶段，当达到一定水平后处于平缓阶段，营养过剩还会导致身体素质下降。也就是说营养不良或过剩都会导致身体素质降低。造成这种结果的主要原因，一是超重和肥胖者体脂含量较高。皮下脂肪增厚，使肌肉收缩时产生摩擦，降低了肌肉收缩的速度和爆发力，使动作灵活性和协调性受到影响；二是体脂过多，负担过重，影响运动速度和耐力；另外，由于人的体重增加，其瘦体重和体脂肪均增加。瘦体重的增加使人力量增加，腰腹收缩力增加，而体脂肪增加，则使肌肉收缩时产生的摩擦力增加。两者作用的结果是人体静力量有所增加。中国大学生肥胖率日趋增长，目前城市男生肥胖率达 14.2%，已经超过了世界卫生组织公布的 10% 的"安全临界点"。由此可推断，造成目前大学生身体素质下降的其中一个原因是超重和肥胖率的持续增长。

因此，提高学生身体素质举措之一应该是想办法控制学生超重和肥胖率的增长。首先应该重视对营养知识的宣传和指导。有人说，中国的营养盲多于文盲，这话不无根据。公众对营养知识的兴趣和知晓率低，重视的人也不多，才会使国民超重和肥胖率不断攀升。因此，重视对大学生营养知识的普及是解决这一问题的基础。另外，根据前人的研究，超重和肥胖儿童和大学生可能拥有肥胖基因。显然，对拥有不同基因的学生安排同样课时的体育课，产生的影响也不尽相同。可见，从理论上讲，英国学校对肥胖学生实施特殊干预具有一定的合理性。因此，除正常体育课以外，为超重及肥胖学生安排特殊的身体活动或生活方式训练的内容以及指导很有必要，也是有可能战胜肥胖问题的。最后，还应对大学生超重和肥胖的具体情况进行分析，以利于后期干预对策的研究和制定。

（二）环境

遗传性状对体质的发展提供了可能性，而体质强弱的现实性，则有赖于后天环境的影响。环境在很大程度上影响人的行为，对各类身体活动行为也是如此。以体育锻炼为例。据报道，体育锻炼参加者在开始阶段一般并未明确意识到社会环境对实施锻炼方案的重要，但在持续锻炼一段时间以后，锻炼者几乎必然会把环境因素作为影响锻炼坚持性的重要方面。可见，外部环境可通过影响大学生参与体育锻炼进而影响其身体素质。

（三）行为与生活方式因素

行为与生活方式是影响大学生身体素质的直接因素。随着经济的发展，人们业余生活也发生了很大的变化，闲暇时间参加体力活动的比例不断下降，人们把更多的时间用在看电视、上网和玩电子游戏等久坐少动的活动上。

身体素质是指人体的基本活动能力，是人体各器官系统的机能在肌肉工作中的反映。而身体活动也称体力活动，是指由于骨骼肌收缩导致的明显能量消耗增加的各种身体活动。可见，大学生自身身体活动量的大小可以反映身体素质的水平。体力活动包括职业性体力活动、与交通有关的体力活动、与家务劳动有关的体力活动及闲暇时间的体力活动。随着科学技术的发展，新技术、新设备的应用，机动车辆使用的增加和家务劳动的减少，职业性体力活动的强度降低，导致体力活动减少，久坐少动生活方式时间的增加。

三、如何提高大学生身体素质

大学生身体素质下降是一个整体性的问题，它不是由某一个因素导致的，不应由单独某个部门来负责。而且，大学生身体素质下降事关中华民族未来，不能仅把它看作是学校或体育部门的事，需要国家、社会、学校、家庭的共同关注以及大学生个人的努力，各有关方面协同配合、齐抓共管才能实现大学生身体素质整体水平的提高。

对影响大学生身体素质的外部自然环境因素分析得知：高校体育场馆面积呈逐年下降趋势，体育师资不足。可见，对影响大学生自然环境中，有待改善的方面包括：大学体育场馆面积与学生数成比例增加，增加学校体育器材配备；在继续逐步配齐高校体育师资的基础上，重点补充体育师资，使其与高等学校扩招的情况相适应。社会环境因素主要包括应试教育制度及伴随它产生并进一步强化这种制度的措施及文化背景。应试教育排斥和挤占体育资源；国家的独生子女政策，使应试教育的弊端进一步彰显。因此，一方面，在应试教育短期内得不到根本改变的情况下，积极推动体育升学考试的改革和完善，被动提高学校体育工作的地位应成为提高大学生身体素质近期的工作重点；另一方面，加快实现从"应试教育"向"素质教育"的转变。

使学校体育工作地位真正得以提升则应成为提高促进大学生包括身体素质在内的整体素质提高的长远目标。此外，想要提升大学生的身体素质，就要从小抓起，即在一定程度上控制小学生入学年龄。最后，对独生子女政策的调整也需提上日程。

对影响大学生身体素质自身因素中的遗传和营养因素研究得知：遗传对身体素质的发展提供了可能和前提条件；营养条件的改善也成为影响身体素质的因素，即营养不良和营养过剩都会导致身体素质的下降。尽管营养主要是家庭的原因，但对于它的干预还应该通过家庭和学校的共同配合，从而使学生的营养水平保持在合理的范围内，使其身体素质达到较高的水平。

针对影响大学生身体素质的自身因素中生活方式与习惯因素进行研究，即对大学生身体活动水平的调查研究显示，随着经济的发展和生活方式的改变，大学生日常生活中身体活动减少，体育锻炼活动量得不到加强和提高甚至个别方面出现下降。按照用进废退的原则，身体活动总量减少导致大学生身体素质下降。因此，提高大学生身体素质应从其身体活动量减少的环节开始着手：增加学生体育课运动强度；增加大学生课外体育活动时间；鼓励大学生参加力所能及的家务劳动；采取措施增加学生参与课外体育锻炼的时间；积极组织学生春游、夏令营等户外活动。无论是针对影响大学生身体素质的遗传和营养因素，还是环境因素，或者行为与生活方式因素，想要从根本上对其进行干预和改善都需要国家、社会、学校、家庭和大学生共同的参与和配合。

(一) 政府加强大学生体育工作，完善相关政策法规并保障其执行力度，以提高大学生身体素质

第一，增加对学校体育事业及体育基础设施的投资力度。首先，相关部门对体育基础设施的评估与检查应采用更客观的方法。如对学校体育场馆面积总体情况进行评价时，宜采用能真实、客观地反映整体水平的人均体育场馆面积。其次，在大的教育环境发生改变时，如"撤点并校"及大学扩招等，相应的体育配套措施要跟上，按照改变后的学生规模进行学校体育场地设施的配置与建设。"撤点并校"从20世纪80年代就开始了，但与之相对应的体育设施的补充仍然是个空白；学校在扩大学校规模的同时，对体育设施扩充的力度和速度远远落后于扩招的学校数和学生数。此外，学校体育师资不断完善，尤其是重点高校师资水平已经达到国家要求，但普通高校仍然缺额较大，大学体育师资水平甚至呈现逐渐降低的趋势。保证师资力量是提高大学生身体素质的关键。建议国家教育主管部门对学校师资配置政策进一步细化，提出体育在内的各学科教师的配备要求。相应地，国家应出台门政策，通过体育院校定向招生、免费教育和特殊岗位补贴等措施为农村和西部落后地区培养体育师资，支持和鼓励体育院校毕业生到那里的学校任教。同时，在继续增加重点高校体育师资的基础上，优先补充普通大学体育师资。最后，各级教育行政部门和学校应依法加强对学校体育的投资力度，把体育经费纳入年度教育经费预算予以保证，并做到随着教育经费的增长而同步增长，学校的经费要按比例专项用于学校的体育工作。同时，加大对学校体育基础设施的投资力度，使学校体育条件与大学生健身需求相适应，使更多学校体育设施满足学生上课及体育锻炼的基本要求。依据学生规模进行学校体育场地设施建设，并将此作为"十二五"时期各级政府考核和各类学校评估的基本标准和要求。在对学校体育设施投资时，应该根据各类学校的具体情况，有重点地补充和完善。本书对学校体育场馆的统计发现，大学生人均占有体育场馆面积最低，且下降幅度最大。因此，国家对学校体育设施的投资，应当优先补充缺口最大的大学学校。

第二，应充分发挥政府在校外教育发展中的主导职责，体现校外教育的公益事业主体特征，加大对体育活动场所的投入，完善相关政策法规的针对性和可操作性。积极发挥税收等经济杠杆作用，促使经营性活动场所向大学生优惠或免费开放。机关和企事业单位等公共体育设施资源及各类学校体育场馆在课余和节假日向大学生开放。此外，应尽快建立健全在各级党委、政府领导下，教育、体育、卫生部门和共青团组织等共同组成的综合领导体制及联席会议制度，统筹协调解决工作中的重要问题。要将大学生体育和大学生身体素质列为国家战略的重要内容。

第三，落实与安全相关的问题。在拓展学校体育的职责与功能的过程中，为保证学生上下学过程中的安全问题，学校可以以体育教师为主组织"步行校车"活动。这一活动形式需要国家交通管理部门的积极配合，建立安全、卫生、适合学生集体步行或骑自行车上下学的道路环境，以利于"步行校车"等积极的上下学交通方式的尽早引入。

(二) 发挥学校提高大学生身体素质的主渠道作用

大学生大部分时间都在学校度过，国家相关政策的制定基本上也是通过学校这个中介

作用于学生的。因此，学校的干预对其身体素质的提高意义重大。在对大学生身体素质进行干预的过程中，应把加强大学生身体素质作为全面推进素质教育的切入点，进一步深化教育制度，切实把体育教育、体育活动作为教育教学的重要内容进行科学合理的安排，充分发挥体育在推进素质教育方面的重要作用，在构建和谐校园方面的特殊功能，在建设优秀校园文化方面的特殊作用，使我国大学生体育工作得以全面、和谐发展。

第一，要切实增强学校领导、教师及学生对体育价值意义的认识，树立正确的体育价值，充分认识到提高大学生身体素质的重要性、必要性和紧迫性。"健康第一"是指导我国教育事业发展的基本准则。要在各类学校、家长和学生中有计划、有组织、系统地开展社会教育活动，从观念与行为两个方面消除或减轻影响学生体质健康的危险因素，使学校、家长和学生自觉地接受"健康第一"的教育思想。这样，才能真正动员更多的大学生自觉、有恒、有趣地参与到"阳光体育运动"中，真正实现"要我锻炼"向"我要锻炼"的转变，并最终促成广大大学生树立"终身体育"的信念。在此过程中，应充分发挥高等院校的积极作用。

在安全教育师资培养方面，以现有的体育教师为安全教育的实施主体。内容包括对学生体育运动安全的交通安全、野外环境生存等各个方面。其次，体育教师通过学校体育"健康第一"教育理念促进"安全第一"的贯彻落实。例如，普遍认为的运动容易导致身体受伤是错误的观点。事实上，正因为缺乏运动才容易受伤。学校领导完全可以成为良性循环的推手：重视学校体育工作，使学校体育促进学生"健康"，越来越"健康"的学生更容易避免"安全"事故，越来越安全的校园呼唤重视体育工作。最后，设立专项基金或落实有关保险，为学生意外事故的赔偿提供条件。

第二，拓展学校体育的职责与功能。应拓展视野，将学校体育的着眼点从体育教学和课外活动延伸到学技的课外、校外、家庭、社区等更长远的身体活动需求上。传统意义上的学校体育不承担学生的课余及节假日教育的义务，但家庭、社区等校外体育的发展滞后却形成了衔接上的缺位和盲点。因此，充分发挥学校在学生正常教学以外的作用应是当前体育发展的理性选择。具体来讲，就是利用学校体育场地设施及师资等方面的资源，结合学生的特点与社区体育和家庭体育相结合，开展形式多样的体育表演、竞赛及锻炼等，为学生节假日体育健身创造条件。步行或骑自行车具有增加学生身体活动量、缓解交通压力和环保等多方面益处，然而这一多赢的活动形式在现实中却在逐渐减少。随着交通流量的增加，安全问题阻碍了这一活动形式的开展。国外发展得如火如荼的"步行校车"和"自行车火车"等形式的集体上下学的交通方式为我们提供了解决安全问题的途径。同时，在国内自发形成的"步行团队"说明了这一活动形式在中国开展的必要性和可行性。学校应该对民间组织的"步行团队"因势利导，使其逐渐发展壮大起来；与此同时，应尽早把国外的"步行校车"引入中国学校，使学生乃至整个社会环境从中受益。"步行校车"增加学生日常身体活动量，是课外体育活动的有效补充和延伸，它的组织和管理可以选用体育教师以及部分家长作志愿者。

(三)大学生要树立"体育生活化"理念

未来一代总要走向世界,与国际接轨。当与国外大学生进行竞争时,如果身体垮了,那么比赛还没有正式开始就可能会被淘汰。因此,大学生应树立远大的理想和长远的目标,应该重视自己的全面发展尤其是身体素质的提高,"磨刀不误砍柴工",为未来积蓄竞争的优势。行政力量和社会、学校和家庭对学生的影响毕竟是外在推动力,要改善大学生身体素质,关键还在于大学生本身。由于我国经济条件的改善,闲暇时间的增加,政府推出了全民健身计划,并加以积极引导,因此已经初步具备了形成体育生活方式的基本条件。对于大学生来说,大部分集中在学校,体育生活方式形成的条件更加充足:体育锻炼设施相对较多、体育教师的专业指导等。因此,大学生应当尽早建立"体育生活化",树立无时无刻都可以运动的观念,而不能以没有时间为借口放弃运动。体育锻炼应当贯穿在生活的各个层面,而不限于必须有完整的时间和标准的场地。

除此以外,大学生应该增加其他活动以增加日常身体活动量。如选择积极的交通方式外出或往返学校,参与力所能及的家务劳动,经常参加春游、夏令营等户外身体活动,在增加自己身体活动量的同时,也可以达到增强社会实践能力。

第二节 乒乓球运动在高校的开展状况与趋势分析

一、乒乓球运动在高校中的开展情况

乒乓球作为当今学生首选体育项目之一,在国内高校中普遍开展。许多学校都在校园建设的时候把修建体育场馆作为计划和目标。每年乒乓球的选修课都会招来很多人的踊跃报名。但在这种看似很火爆的乒乓球教学运动背后,仍然有一些因素在制约着高校乒乓球运动的发展。

(一)教师在教乒乓球过程中对高校体育发展的作用

在过去乒乓球教师乒乓球专业技术不高,只是放任学生自己练习。他们的宗旨是能把球发出去就可以。而现在,高校乒乓球教学则讲究培养学生的专业技能,使学生的综合素质得到全面提高。

教师应该向学生传授乒乓球的基本知识、技能和战术,让学生不仅仅练习打乒乓球的基本功,同时还要注重提高学生的综合素质,增强学生的体质。教师还应该让学生独立学习,让学生们自己体会要领,使学生认识到独立思考的重要性,培养学生的积极态度,让学生能在学习乒乓球过程中寻找到乐趣,为自身的乒乓球发展打下良好的基础;还要努力地创造条件提高那些具有竞技运动才能的学生,争取为国家培养和输送优秀的人才。所以,为让学生能掌握乒乓球锻炼的要点,教师在教学方法上要注重培养学生的学习能力,使学生具备自己练习技术的能力。所以,教师在教乒乓球的过程中能促进高校乒乓球整体水平的提升。

（二）在高校乒乓球教育中学生应该如何进行学习

教师应该根据不同水平的学生制订不同的教学计划，比如说可以选择多球练习来增强学生乒乓球技术水平。高校乒乓球学习和其他体校乒乓球练习不一样，高校应该多重视乒乓球的理论知识，通过学生自己的领悟，把理论知识带入到实际的乒乓球练习中。让学生在练习中找到自己的不足，然后加以改正，这才能更好地体现高校教育。

二、大学生参与乒乓球运动的健身价值体现

（一）高效地提高人的身体素质

大学生长期参加乒乓球运动，乒乓球所特有的速度快、变化多的特点决定了参与者在很多面均可受益。全身的肌肉和关节组织得到活动，从而提高了动作的速度和上下肢活动的能力。及有效地发展反应、灵敏、协调和操作思维能力。随着水平的不断提高，活动范围的加大，运动量的加大，不仅相应地提高了速度素质、力量素质和身体的灵敏性、协调性，而且使肌肉发达、结实、健壮，关节更加灵活稳固。

1. 调节改善神经系统灵活性

大学生经常参加乒乓球运动，能增强中枢神经系统对其他系统与器官的调节能力，提高反应速度。打乒乓球时，球在空中飞行的速度是很快的，正手攻球只需 0.15s 就可到达对方台面。在这样短暂的时间内，要求运动员对高速运动的来球方向、旋转、力量、落点等全面进行观察，迅速作出判断，并及时采取对策，迅速移动步法，调整击球的位置与拍面角度，进行合理的还击，而这一切活动都是在大脑指挥下进行的，经常从事乒乓球练习，可大大提高神经系统的反应速度。

2. 改善心血管系统和呼吸系统的功能

经常参加乒乓球运动，能使心血管系统的结构和机能得到改善，心肌变得发达有力，心容量加大，每搏输出量增多，一般健康成年男子安静时心率在 65~75 次/秒，成年女子为 75~85 次/秒；而受过乒乓球训练的运动员，安静时，男子心率为 55~65 次/秒，女子为 70 次/秒左右，心搏徐缓和血压降低。提高心脏的工作效率，有利于身体的新陈代谢，提高整个身体机能水平。乒乓球运动集健身、竞技、娱乐性于一体。经常打乒乓球能提高视觉的敏锐性和神经系统的灵活性，使人心情舒畅，想象力丰富，利于提高学习和工作效率；能改善人的心血管、脑血管系统的机能，使人的反应加快，身手敏捷，动作协调，四肢灵活、柔韧，形体健美；能提高控制情绪的能力及培养机智果断、勇敢顽强、勇于进取和敢于拼搏的优良品质与作风。此外，生活、工作中产生的不良情绪，也可在打乒乓球锻炼中得到缓解和宣泄，起到积极的心理调节作用，提高社会的适应能力。

3. 提高大学生心理素质

乒乓球是一项竞技性和娱乐性很强的运动，由于激烈的竞争，成功和失败的条件经常转换，参赛者情绪状态也非常复杂，参赛者经受这些变幻莫测、胜负难料的激烈竞争的锻炼，体验了种种情绪，同时，在比赛中要对对方战术意图进行揣摩，把握自己的战术应用，因此使练习者的心理素质得到了很好的锻炼。

4. 参加乒乓球运动能增强大学生的快速力量

当参与者打球挥拍的一刹那，就要把全身的力量打在很轻的乒乓球上，挥拍的速度越快，打在球上的力量越大。打球还有个巧劲，不能打得过高过远，把球打出球台去。所以必须做到动作灵活，身手敏捷，这样锻炼下去，就能提高手臂的快速力量和身体的爆发力，对以后从事各种工作有很大帮助。打乒乓球还能使身体得到全面的发展，打球的时候，不但持拍手要用力打，非持拍手要保持身体平衡，而且身体和两腿也要根据球的方向来回移动。据研究，打一场乒乓球，两腿要移动 1000～2000m，挥拍击球 1000 多次，这样就使全身各个肌肉群得到锻炼，加速了全身的血液循环，心跳加快，呼吸加深，新陈代谢旺盛，内脏器官的功能提高，体质逐渐增强。

（二）参加乒乓球运动能培养大学生机智灵活的性格

在挥拍的一刹那，既要判断对方来球的方向、路线、速度、落点，又要根据对方的站位和准备姿势，攻其不备。这就需要大脑皮质在很短的时间内认真思考，做出正确的判断。在打球的时候，既要勇敢向前，主动进攻，又要机智沉着，小心应战，所以打乒乓球对神经系统的灵活性、敏锐性、判断性有很强的锻炼作用。

（三）参加乒乓球运动能预防大学生视力的下降

视力下降是影响青少年健康的三大"杀手"之一。大学阶段，学生的眼球正处于发育阶段，调节能力很强，眼球壁的伸展性较大。睡眠过少、用眼过度、光线不佳、饮食不当、过度疲劳都会造成近视。参加乒乓球运动时，双眼必须紧紧盯着穿梭往来、忽远忽近，旋转多变的快速来球，使眼球不断运动，血液循环加快，神经机制提高，因而能使眼睛消除或减轻疲劳，起到预防近视眼的作用。面对我们学生视力日渐下降的严重形式，建议大学生积极参加乒乓球运动，预防视力的下降。

（四）参加乒乓球运动能开发大学生的智力

作为体育运动可以锻炼身体，强健肌肉，也可锻炼反应能力、观察能力、判断能力。同时打乒乓球作为业余爱好可使大学生的生活更加丰富。美国科学家在《怎样提高你的智力》中提到：如果时间允许你有一位合适的对手作陪练，打乒乓球是提高手眼配合的好途径，它需要敏捷、复杂的行动与当机立断的反应，它还有许多奥妙之处，技术、整体配合、节奏感、计谋，对大脑及体能均有很高的要求，在期待与压力并存时，竞赛将充分反应你非凡的自我完善及自律精神，打乒乓球是开动脑筋的好方法。

（五）使人心情舒畅，精神愉快，陶冶情操

参与乒乓球运动是一种时尚的文化娱乐活动，能使人们在精神上得到一种乐趣和享受，具有锻炼意志，调节感情之功效。乒乓球运动具有明显的竞技性特点和娱乐功能。又使其成为一项培养勇敢顽强、机智果断等品质和保持青春活力，调节神经的有效运动。由于乒乓球运动的这些特点和锻炼价值，使得乒乓球运动员和该项运动的爱好者们逐渐形成了良好的心理品质并在其他某些方面超出常人。据心理学人士运用心理测验法对我国部分省市优秀少年儿童乒乓球运动员心理品质的研究结果表明：他们普遍表现为智力水平较高，操作能力优于普通学生，情绪稳定，自信心、自持力、独立性、思维敏捷性均较强，智力因素与个性因素发展协调。在日常生活中,这些人常常显得机敏过人、动作灵活、协调。总之,乒乓球运动的确具有其他运动所不曾有的某些独特功能,令参与者获益终身。

(六)乒乓球健身运动对社会适应能力的影响

社会适应能力即个体适应社会环境的能力,其体现在能够调节内外环境的变化,使个体与社会环境能达成协调统一的状态。良好的社会适应状态是指一个人的外显行为和内隐行为都能适应复杂的环境变化,能为他人所理解,为社会所接受,因而能保持正常的人际关系。体育活动能促使人们对社会环境的适应能力达到一种良好的适应状态。

1. 有利于提高人体适应各种自然环境的能力

人类生活在大自然中,由于自然环境时刻发生着变化,所以要求个体逐渐地适应和面对各种环境变化,如季节变化、气候变化,寒冷温热,只有适应才能生存发展。"物竞天择,适者生存",所以,人们只能千方百计地提高自身免疫力的能力来适应自然环境的变化,以便更好地生存发展。一方面,他们通过改变周边条件,如改变居住条件,改善空气的质量来适应环境的变化;另一方面,通过改变自身的条件来改变自身适应自然环境的能力。虽然改变自身条件的方法很多,但体育锻炼是提高人体适应自然环境的最行之有效的方法之一。长期参与乒乓球运动健身锻炼,不仅能增强体质、强壮体格,而且身体的各个组织系统在中枢神经支配下,承受外界刺激的能力和各组织系统之间的协调能力都将得到加强。如反应和判断能力会随着参与运动时间的变长而逐渐增强,这对适应复杂多变的自然环境具有重要的意义。

2. 有利于促进人际关系的发展

大学是一个社会的缩影,大学生作为特殊的群体共同学习,在学校需要相互交流。彼此参加乒乓球运动切磋球技,达到相互学习,共同提高,建立良好的人际关系的目的。

人际交往是指社会活动中人与人之间进行信息交流和感情沟通的联系过程。从某种程度上说,它反映了个人或团体满足其社会需要的心理状态,人际交往的发展变化取决于双方对社会需要的满足程度。良好的,融洽的,和谐的人际关系,是人们向往生活,追求生活的重要一部分,也是充实完善自己的知识结构的基础。在繁重复杂的社会生活和工作任务之中,除了个人努力之外,和谐的人际关系,轻松快乐的生活环境也是必不可少的,良好的人际关系是心理健康的重要表现之一,是每个个体健康发展的"软"环境,不良的人际关系会导致心理障碍和心理疾病的产生。良好的人际关系是个体心理稳定,健康发展的需要。

由于乒乓球运动本身具有社会性、群体性的特征,它不仅要求个人能力的发挥,而且还要求集体能力的协调一致,配合默契,这就必须使得个人与集体、个人与教师(教练)、裁判、观众、对手之间形成良好的协调关系。乒乓球运动健身是增进人们之间交往的良好手段之一,在进行乒乓球运动时,缩短了人与人之间的社会距离,也给参与者提供了一个相互了解,相互沟通的交际平台。另外,在活动中形成的合作、竞争、遵守规则的意识和行为,通常会迁移到日常社会生活、学习和工作中,从而促进人与人的和谐相处和人际关系的和谐发展。

3. 有利于提高社会生活的适应能力

社会是一个由政治、经济、文化等诸因素构成的社交场所，每个个体在社会中扮演着不同的角色。在与他人交往的过程中，能根据不同的社会环境进行相应的调整，做出恰当的、合乎角色的反应。而乒乓球运动健身，恰好能为人们学会承担社会角色提供优越的环境与适宜的条件。比如，可以根据自己的特点选择以进攻打法为主还是防守打法为主、以发上旋球强攻为主还是发下旋球抢拉为主，通过与该打法相适应的角色行为而产生相互的社会关系。由此而生成的社会关系中，每个角色都有获胜的权利，获得嘉奖的机会和按照规则进行有效击球的权利，同时在体育规则、道德规范与行为模式的约束下，有利于人们满足对具有特定身份人的行为的期望，有利于人们懂得"做什么像什么"的社会价值。为将来走向社会岗位，更好地适应各行各业的需要，为本职工作奠定良好的思想基础。

三、如何让高校乒乓球运动发展得更好

（一）多举办乒乓球比赛

健身性乒乓球比赛是普通大学生自己的比赛，针对没有训练经历的大学生，给普通大学生一个交流的平台，学生通过参加健身性乒乓球比赛来检验自己技战术水平，体会比赛的乐趣，同时提高了参与健身性乒乓球活动的积极性。鼓励各省市学校举办各种水平的健身性乒乓球比赛来促进乒乓球运动的发展，增进省市之间、学校直接、班级之间的交流，形成良好的校园乒乓球文化，渲染高校大学生乒乓球锻炼的校园、社会气氛。

健身性乒乓球比赛要有制度可依，确立相关的责任单位，这就要求体育系统和教育系统在有力结合的基础上，还要建立专门的责任部门来负责高校健身性乒乓球比赛的举办。目前有教育部学生体育联合秘书处设大学生乒乓球协会—各省教委学生体协—学校乒乓球协会，但竞技比赛开展较多，学生健身、学校体育归教育部体育卫生艺术司管理，学校体育和高校竞技体育归属不同的部门管理。简化管理，由中国乒乓球协会直接领导各省乒乓球协会，同时各省乒乓球协会领导各高校的乒乓球协会的三级管理机制。乒乓球协会除了负责乒乓球竞赛的管理和组织外，也要加强对健身性乒乓球活动的宣传，加强两个部门直接的合作。各高校乒乓球协会直接负责健身性乒乓球比赛的组织和宣传。并及时的给予学校和学生奖励和激励的相关机制，更好的调动各类领导和教师提倡学生参与健身性乒乓球比赛。同时学校的乒乓球协会定期的组织学校内部的健身性乒乓球比赛，鼓励班级乒乓球协会多举办班级内部的乒乓球比赛。

（二）建立健全相关政策增加资金投入

健身性乒乓球活动的开展离不开经济的支持，因此如何获得稳定的资金来源是健身性乒乓球活动生存和发展的关键。充分发挥我国"举国体制"的优越性，加大政府对高校健身性乒乓球活动的资金投入。尽管这种体制目前更多的服务与竞技体育而非群众体育，而现在我们政府已经认识到发展群众体育的重要性，并且出台了相关政策法规来发展高校群众体育的发展。

加大政府对健身性乒乓球活动的财政投入，为了拉近不发达地区高校健身性乒乓球活

动的开展，提高学生的体质健康水平，在资源配置的时候，政府要更加注重不发达地区的资金投入。

社会主义国家发挥政府的职能，出台相关法规政策来鼓励大中小企业赞助高校健身性乒乓球活动。对于提供赞助的企事业，采取减少或者免收税务的方法。另外加强媒体的合作，对为群众体育事业提供赞助的企业在企业产品的推广广告上给予一定的优惠政策。这样企业得到了真正的实惠，更多的企业主动地投入到支持学校健身性乒乓活动开展的事业中来。

1. 增加乒乓球场地设施投入

场地设施的短缺是制约高校乒乓球课和课外乒乓球锻炼开展的重要因素，加大对场地设施的投入力度，使学生能够有场地参与乒乓球活动是高校健身性乒乓球活动开展的根本。乒乓球活动的开展对场地的要求不高，乒乓球台的价格相对便宜，一个有 2 万学生的高校只需配备 60 个球台，乒乓球场地设备的投入相对别的项目来说要低很多。此外还可以设置室外乒乓球台，更加地降低了器材场地的造价。

高校有了充足的场地设施，可以采用免费或降低现有收费标准的方法来向学生开放，鼓励学生参与到课外乒乓球活动。充足的场地设施有效地提高高校乒乓球课的教学质量，为学校扩大乒乓球课的选课率提供了物质保障。校外的业余乒乓球俱乐部，采用政府体育基金补贴的方式，打折向学生开放。鼓励学生走出教室，走出校园，去社会上感受健身性乒乓球运动氛围。

2. 扩大乒乓球教师队伍提高教学质量

高校由于资金短缺，利用加大乒乓球教师工作量的方法来应对学生对乒乓球课程的需求。

充足的资金支持下，高校引进专业的乒乓球教师，降低乒乓球教师的学生授课课时，使高校乒乓球教师有时间去备课和乒乓球学术上的研究，从根本上做到给乒乓球教师减负。乒乓球教师的教学任务减轻后有利于乒乓球课质量的提高，提倡了高校乒乓球教师参与学术创新，加大在乒乓球教师职称评定上学术上的要求。学校还可以派送现有乒乓球教师利用节假日参与乒乓球行业组织的教师培训班，了解学习乒乓球领域的新知识，与时俱进的发展乒乓球运动。

乒乓球教师经常参与行业培训对乒乓球课程设置创新方面有很大的作用，提高学生上乒乓球课的质量，把最先进的技战术等知识及时的传授给学生。

3. 建立乒乓球社会体育指导员制度

由于缺乏课外指导放弃参与健身性乒乓球活动高校学生不在少数，建立乒乓球社会体育指导员制度，让更多综合能力强的乒乓球人才参与到这个行业里面。在培养乒乓球社会体育指导员注重高校和体校综合培养的方式，体校的乒乓球技能强的运动员通过在高校里理论的学习，同样高校中理论能力强的学生可以到体校学习乒乓球技能，体校和高校联合培养出高水平的乒乓球社会指导员。

提高乒乓球社会体育指导员工资待遇，社会体育指导员作为一个职业，优厚的工资福利待遇可以吸引更多的年轻人从事这一行业，壮大现有的队伍，指导大学生参与健身性乒乓球活动。

4. 奖励机制

在健身性乒乓球活动开展过程中引入奖励机制可以加快健身性乒乓球活动开展的步伐。建立健全表彰奖励制度，奖励为发展健身性乒乓球活动做出贡献的个人和集体，发挥激励机制的作用，调动社会力量的支持高校乒乓球运动的发展。

对全国健身性乒乓球活动开展好的省、市、高校给予资金上的支持外，创造更多的机会把乒乓球超级联赛、高校乒乓球联赛的主场设在这些省、市的高校学校的校园。这些学校校园乒乓球文化形成可以激励其他学校开展乒乓球活动。形成高校纷纷开展健身性乒乓球活动的竞争局面。调动学生参与健身性乒乓球活动的积极性给予学生一定的物质和精神鼓励，学生参与健身性乒乓球比赛获得相应名次的可以在就业和升学中给予优先推荐的政策，同时还有相对数额的金钱奖励。

（三）加大宣传力度，打造高校乒乓球文化品牌

1. 发挥竞技乒乓球运动对健身性乒乓球活动的宣传促进作用

（1）提高学生对竞技乒乓球比赛的关注度。借助与大学浓厚的体育文化氛围，赛事举办方每年国内乒乓球超级联赛的比赛现场适当的放在大学校园里面，拉近乒乓球和学生的距离，让学生近距离的观赏高水平的乒乓球比赛，欣赏冠军的风采。除了打常规的乒乓球比赛外，超级联赛中加入表演赛、让分赛等比赛。在比赛的休息阶段加入一定的娱乐节目，加强和演艺界合作，请明星助阵。现场设置大屏幕比赛视频，从不同角度显示乒乓球运动员比赛的魅力，比赛间隙播放乒乓球动漫，增加记分牌的面积，渲染乒乓球比赛现场气氛。我们要培养专业的体育展示团队，进行考核培训。增加体育展示的创新，每个城市或者几个城市设置一个体育展示的团队，他们有着专业的乒乓球音频视频设备，专业的组织和应对比赛的能力，增加乒乓球比赛的吸引力。

（2）打造大学生自己的竞技乒乓球品牌——高校乒乓球联赛。我国高校大学生有3000多万，这个市场对于竞技乒乓球来说是一个非常大的市场。很有必要打造高校自己的竞技乒乓球品牌来宣传乒乓球运动，活跃大学生业余活动。美国的第一运动橄榄球就是从高校发展起来的，橄榄球在美国高校有橄榄球联盟，并且以及成为学校所在地最有影响力的文化活动之一。那么乒乓球运动作为我们的国球也完全有必要组织高校乒乓球联赛。

在我国高校举行高校乒乓球联赛有着坚实的群众基础，通过举办高校乒乓球联赛来宣传国球文化，更多的大学生近距离接触乒乓球。高校乒乓球联赛的举行，更能发挥明星效应在大学生中的作用，因为高校乒乓球联赛打造的乒乓球明星都是大学生身边的同学，更贴近学生的生活，拉近了竞技乒乓球和健身性乒乓球活动的距离。

每个高校有权利招收乒乓球运动人才组成高水平乒乓球队，为得到优质生源，大学可以采用丰厚的体育奖学金制度以吸引中学的乒乓球人才，这样也能刺激中小学竞技乒乓球水平的提高。充分发挥社会主义体制的优越性，增大政府对赛事的财政投入，联赛主办方可以发挥地方优势，得到当地优秀企事业的赞助。有力强大的财政支持，高校乒乓球联赛

就可以运作,由教体部门的主办,每周双休日用半天,每校各设主场,采取主客场机制,一学期下来,计算联赛排名,予以奖励,校队可带动更多的同学参与。从市级比赛一直打到省级、国家级,这样每个周末和假期都有高校乒乓球比赛的举办,扩大了乒乓球比赛的宣传力度。这种通过半职业化的道路引导高校竞技乒乓球的发展,吸引更多的大学生关注这项运动,扩大联赛在高校中的影响,吸引更多的财力和人力资源的支持。高校乒乓球比赛越多,对比赛的需求越多,关注比赛的学生也就越多,高校乒乓球市场也就越多,能拉到企业的赞助也就越多。

教育部给予政策支持,鼓励高校招收高水平乒乓球队,加大降分幅度,建立健全高水平运动队的培养体系,走新体教结合的道路,突出提高学生知识水平的同时,加强学习间竞争压力,促使学校优化办学,吸收体校的高水平运动人才。我们要坚持竞技乒乓球运动能带动高校健身性乒乓球活动。以赛事为桥梁,实现健身性乒乓球活动与竞技乒乓球运动的融合,发挥乒乓球运动强身健体的功能。

2. 增加对健身性乒乓球活动的宣传

在就业等各种压力下,高校学生体质等状况问题日益体现出来。参与健身性乒乓球活动可以有效地缓解压力和促进学生社交活动的能力,加强对健身性乒乓球活动的宣传显得尤为重要。国际乒联网站、中国乒协网站、中国乒乓球网等网站中加大对大众乒乓球的宣传,增加内容板块,使每个乒乓球爱好者能从网站上找到满意的答案。除了对竞技乒乓球比赛结果的报道为,还要丰富乒乓课堂的内容,设定资料库使乒乓球爱好者查找到技战术、教学比赛视频等内容,为各种乒乓球水平的大学生提供帮助。另外加强与乒乓球器材商的合作,通过器材商的广告赞助来优化网站同时和知名器材厂家进行网站链接,使乒乓球爱好者直接进入器材的网站进行器材的购买。

(四)出台相关政策,加快学校体育课程改革进度

高校乒乓球课的目的不是为了考试,而是一个大的 party,学生在乒乓球课上学到自己想学的知识,体会到健身性乒乓球活动带给他们的乐趣,养成锻炼的习惯。乒乓球课在高校是一个很好的健身性乒乓球活动的传播途径。

1. 高校乒乓球课程内容改革

高校乒乓球课程改革,课程内容的设置,特别要从完善具有针对性的乒乓球课程内容方面着手,为大学生的乒乓球锻炼行为提供理论、实践上的指导。在乒乓球内容的设置上既要考虑调动大学生的参与积极性,开放乒乓球项目,从运动量、运动强度的安排上注重因人而异。

提高高校乒乓球课程的教学质量,建立多元化教学模式。教学内容中体现因学生而异,不同的学生对乒乓球课的要求不一样,教师可根据兴趣爱好,制订教学方案中发挥学生的能动性。另外教师的教学方法也可体现多样性,传统的乒乓球教学对培养学生乒乓球锻炼的习惯不利。一节乒乓球课上,从开始到结束从调动学生的主体能动性出发,运用多种教学方法。比如情景教学,教师根据学生爱好安排学生进行教学比赛的组织和裁判工作,出现错误时,教师及时指出并改正。这样学生既学习了裁判知识又锻炼了组织能力。

学生在乒乓球课上不但学会了打球还学会看球、判球。

2. 高校乒乓球课程效果评定的改革

乒乓球课效果评定方面，要注重因人而异。乒乓球教师在上乒乓球课之前给每个学生制订乒乓球深档案，根据教师在乒乓球课上的观察，设定不同的考核指标。乒乓球课程的考核往往停留在技术和考勤上，而对于有一定基础的学生来说技术的考核不能达到督促学生学习的目的，改用采用战术、裁判或者组织比赛能力的进行考核。

新的效果评定方式达到对每个学生起到督促的效果，通过乒乓球课的学习，使学生在乒乓球课上有所收获，增加学生对参与健身性乒乓球活动的兴趣，能自发主动的参与课外乒乓球活动中去。

（五）乒乓球社团的多样化

乒乓球社团应该为高校乒乓球爱好者提供在一起练习的机会，提高学院教育的精神文明建设，以提高乒乓球爱好者的竞技水平为宗旨。社团不应当仅仅局限于校内，也可有校际社团。为了丰富同学们的课余生活以及提高他们的乒乓球技术水平，乒乓球社团应该尽可能多地举办比赛，比如学年开始的新生杯比赛，同时也要协助学院举办校际比赛，促进高校间同学们的互相交流，也为乒乓球爱好者提供一个施展自身实力的舞台，在学院中形成一种文化。乒乓球社团应为乒乓球爱好者们提供了一个学习与提高的平台，力争使每个人都有所收获，让自己感觉到大学生活是那么多姿多彩。

（六）设置教学目标带动学生学习

教师应该给学生制定目标，其中包括短期目标和长期目标，让学生尽自己所能去达到目标。学生在不同时期学习乒乓球的时候身心发展也不同。教师要根据学生的实际情况去带动学生的学习，不要给学生太大的教育压力。教师设定多个中期目标，每个中期目标中又可包含几个短期目标，使学生能够循序渐进地达到最终的目标。这样就会使学生达到一个目标，又有一个新的目标摆在面前，唤起学生学习乒乓球的欲望，也能使学生得到良好的教育。

四、高校发展乒乓球运动的趋势

（一）乒乓球在高校学生生活中发挥重要作用

乒乓球运动在促进学生身体健康、改善学生的学习生活方式、提高学生在校的生活质量等方面，发挥着越来越明显的作用。乒乓球运动对增进高校学生的健康发挥着独特的贡献。乒乓球运动对高校学生生理机能也起着特定作用，还在促进学生的心理健康方面有着特殊的作用。乒乓球运动能缓冲压力，能帮助学生保护心血管和免疫系统不受到压力的影响。现在高校学生学习和就业压力大，乒乓球运动能使人心情愉悦，能缓解学习上的压力。乒乓球活动是放松的重要手段，能帮助学生缓解日常生活的压力，防止学生因为压力而身患疾病。乒乓球运动能改变学生的生活方式，帮助学生锻炼自己的独立生存能力，还能防止当代大学生养成长时间玩电脑的坏习惯，有更多的时间锻炼身体的习惯。

（二）乒乓球运动能影响高校学生的情感

乒乓球运动是一种感情色彩极其强烈的、高尚的、文明的体育活动，能给人们带来复杂多样的情感体验。同样，乒乓球教育可以培养学生的团队精神，学生能从乒乓球运动中体验到愉悦感和快感，乒乓球运动是提高高校教育质量的积极渠道之一。

（三）从乒乓球运动的角度来看高校学生的发展

乒乓球运动有助于培养高校学生的思维方式。乒乓球运动不仅能起到锻炼效果，还能增强学生的竞争意识和拼搏精神，开阔视野；使学生奋发图强、勇于进取。让学生在积极参与乒乓球运动的同时加强相互之间的了解，增进学生的友谊，加强同学之间的学习和交流。乒乓球运动能激发学生积极进取的精神，提高学生的竞争意识。学生可以在乒乓球高强度的激烈竞争的氛围中，领略竞争的快乐和真谛，陶冶学生的竞争意识，增强竞争的审美功能，从而使学生能用公平竞争的观念和态度去正确对待高校生活中的各种竞争，能积极地创造自己的生活。

第三节　高校乒乓球健身运动开展的时代意义

乒乓球健身运动在中国已经有多年的历史，全国乒乓球健身运动爱好者人数众多，无论是在中心大城市、还是偏远的小山村，总能找到挥舞乒乓球拍的身影。尤其是在高校里，乒乓球健身运动一直是众多莘莘学子的酷爱。在不同时期，高校乒乓球健身运动的开展有其不同的时代意义和价值。

一、高校乒乓球健身运动的开展是创建和谐社会与和谐校园的有效手段

构建和谐社会，是十六大四中全会提出的我国在新世纪、新阶段的宏伟目标，也将是我国今后很长一段时期内的重要任务。和谐社会可以从以下三个方面来体现：人与人之间和谐相处，人和社会和谐相处，人和自然和谐相处。研究标明：经常参加体育运动的群体和谐度比不经常参加体育运动的群体和谐度高。体育运动能增强人与人之间的和谐度，人与社会之间的和谐度，人与自然界之间的和谐度，有效促使和谐社会的建设。和谐校园是和谐社会的重要组成部分。在高校开展乒乓球健身运动，可以有助于学生提高身体和心理素质、形成正确的价值取向和行为准则、培养人际交往能力、树立合作意思、正确对待挫折与逆境，从而有效地促进和谐校园的建设。同时，高校开展乒乓球健身运动可以培养更加全面发展的高素质人才，这些人走向社会后，能在和谐社会建设中提供巨大的正能量。高校的乒乓球健身运动的开展，还可以通过带动周边社区的乒乓球健身运动从而促进和谐社区和和谐社会的建设。

二、高校乒乓球健身运动的开展是促进校园文化发展，促进社会主义先进文化建设的重要组成部分

《中共中央关于加强党的执政能力建设的决定》强调：要把文化发展的着力点放在满足人民群众精神文化需求和促进人的全面发展上。判断文化先进与否的标准看其是否有利于促进人的全面自由发展，是否有助于促进社会关系的和谐与完善，是否有利于促进生产力的发展。高校是国家文化传承创新的重要载体，是推进社会主义文化强国建设的主要阵地，担负着培养中国特色社会主义事业合格建设者和可靠接班人的历史重任，在引领中国特色社会主义文化建设中发挥重大作用。我国一代代乒乓运动健儿刻苦训练、勇攀高峰，为国家和民族赢得无数荣誉，也形成了为广大人民所接受的"乒乓文化"和"乒乓精神"，这些都是先进文化的重要组成部分，在高校积极开展乒乓球健身运动，一方面可以发挥"乒乓文化"和"乒乓精神"的育人功能，另一方面还能满足大多数学生的精神文化需要和促进人的全面发展，能培养大学生良好的人际交往能力，促进校园文化建设，促进和谐校园和和谐社会创建，提高大学生未来的社会主义建设者的身心健康从而提高社会生产力发展，是社会主义社会主义先进文化建设的重要组成部分。

三、开展高校乒乓球健身运动是促进世界乒乓球健身运动均衡发展标本兼治的有力措施

按照国际奥委会的精神，一项运动如果被少数国家所垄断，在国际上普及程度不高，或者观赏性不强，难以有更大的推广价值，就有可能从奥运项目中剔除出去。进入 21 世纪后，乒乓球竞技水平欧亚差距日益明显，乒乓球健身运动发展失衡已是不争的事实，"亚洲是重心，东亚是轴心，中国是核心"的世界乒坛局面已经形成。这样的情况导致了乒乓球在世界上其他地区受欢迎的程度大大降低，目前很多国家都不太愿意申办乒乓球世界杯、乒乓球世锦赛等重要比赛，而对于足球世界杯、篮球世锦赛等赛事的申办，多数国家都趋之若鹜。为了促进乒乓球健身运动的全世界均衡和可持续发展，我国做出了很多努力，包括派出为数众多的援外教练去支援一些竞技乒乓球健身运动比较落后的国家、邀请欧洲、美洲、非洲的一些选手来我国和国家乒乓球队集训等。星星之火可以燎原，一个乒乓球健身运动的爱好者可能影响几个甚至几十个身边的人成为乒乓球健身运动爱好者。目前我国高等教育规模日益扩大，在校全日制研究生、本科生、专科人数众多，这批人毕业离校后就将走向全国各地，如果他们都是乒乓球健身运动的爱好者，那不知道会影响多少人成为乒乓球爱好者。因此，在高校大力开展乒乓球健身运动，不但是促进对我国乒乓球群众运动的有力措施，而且对世界范围内的乒乓球健身运动的均衡发展也意义非凡。

第四节 高校乒乓球健身运动运行机制的构建

《现代汉语词典》中解释：机制泛指一个系统中，各元素之间相互作用的过程和功能。

多用于自然科学，也用于社会科学，可以理解为机构和制度，或制度加方法或制度化了的方法。为了更好地在高校开展乒乓球健身运动，有必要构建切合实际的一套运行机制。

一、设立专门的组织机构并正常运转

设立专门的管理机构是高校能否更好地开展乒乓球健身运动的重要条件，组织机构能够宣传、推动、组织乒乓球健身运动在高校的普遍开展，可以通过组织赛事来激发各高校开展乒乓球健身运动的积极性。我国目前在组织机构的设立上做得比较好，某些省份还成立了大学生体育协会乒乓球分会，例如，湖北先后成立了湖北省大学生乒乓球协会、湖北省大学生乒乓球联盟以及黄冈地区高校乒乓球联盟等非官方体育机构，同时，湖北省教育厅也有专门的体卫艺处负责学校体育运动的开展，不少高校也有了自己的乒乓球协会或乒乓球俱乐部。

二、加快乒乓球健身运动场馆建设和科学化管理

乒乓球场馆是高校普及乒乓球健身运动的基础，从前期调研的结果来看，尽管这些年各大高校乒乓球场馆建设有了很大的进步，但还是不能很好地满足学生的学习和健身锻炼的需要，其主要原因有以下几点：

（1）乒乓球场地设施总量不够。
（2）高校扩招过快，学生增长速度快于场馆增长速度。
（3）高校乒乓球场馆课余有偿开放，一定程度上侵占了学生利用场馆的机会和权利。

因此，要想在高校更好地开展乒乓球健身运动，有必要继续加大高校乒乓球场馆的建设力度。在加大建设力度的同时，科学合理地对现有场馆进行管理，优先保证学生的学习和健身锻炼，对于学生的学习和锻炼之用，应实行无偿开放。在确有余力的情况下，才对社会有偿开放。

三、资源共享，提高高校乒乓球课程的开设率和教学质量

我国有高校近千所，其遍布全国各地，由于地理差异、风俗文化等的不同，导致各高校体育课程的开展也是千差万别，有些高校资源比较充足，有些高校资源严重不足。在目前人力、财力和物力还不够的情况下，教育行政部门可以出面促成各高校实行资源共享，允许学生跨校选修乒乓球课程并承认学分，提高乒乓球课程的开设率和教学质量，允许学生跨校免费或优惠使用乒乓球场馆进行学习和健身锻炼，已达到乒乓球资源利用社会效益最大化。

四、多方筹措资金，定期开展高校各级各类乒乓球竞赛

乒乓球比赛是检验大学生乒乓球学习和训练效果的有效手段，也是提高大学生参加乒乓球健身运动积极性的有效途径。从前几年高校乒乓球比赛的开展情况来看，比赛开展不

是很多，比赛的组别也不是很多，主要集中在高水平的层次上，普通爱好者鲜有参赛机会。其主要原因，还是经费有限。为了进一步普及高校乒乓球健身运动在高校的普及，专门组织机构有必要想办法多方面筹集经费，尤其是和一些乒乓球器材生产和销售商家合作，在高校定期开展不同级别、不同水平的乒乓球比赛，让更多的乒乓球爱好者能有机会参赛，同时也为他们的产品进行广告宣传，达到双赢的效果。

参考文献

[1] 曲红军. 高校乒乓球教学理论与实战技巧训练研究 [M]. 北京：中国时代经济出版社，2013.

[2] 曹爱斌. 砂板乒乓球运动 [M]. 北京：中国书籍出版社，2018.

[3] 李小兰，汤洋，赵欣慧. 高校乒乓球教学理念与实践探析 [M]. 北京：九州出版社，2018.

[4] 李佳. 高校乒乓球教学与训练的思维创新 [M]. 长春：吉林出版集团股份有限公司，2017.

[5] 吴成亮，刘冬柏，陈勇. 高校乒乓球健身理论与实践研究 [M]. 北京：中国纺织出版社，2016.

[6] 李林，杨成波. 乒乓球竞赛组织与管理 [M]. 成都：电子科技大学出版社，2014.

[7] 张环. 乒乓球运动教学与训练指导 [M]. 北京：中国科学技术出版社，2017.

[8] 黄安平. 乒乓球文化与技术研究 [M]. 北京：光明日报出版社，2017.

[9] 郑伟. 高校乒乓球健身理论与实践研究 [M]. 青岛：中国海洋大学出版社，2016.

[10] 徐大鹏，谢争，李莉. 乒乓球 [M]. 南京：江苏科学技术出版社，2018.

[11] 姜涛. 乒乓球教育 [M]. 长春：吉林大学出版社，2010.

[12] 李艳梅. 乒乓球教育理论与实战技术 [M]. 哈尔滨：哈尔滨地图出版社，2018.

[13] 李荣芝，顾楠. 乒乓球运动的历史与文化 [M]. 上海：同济大学出版社，2016.

[14] 沈洪. 快乐乒乓 [M]. 上海：上海教育出版社，2014.

[15] 程小鹏. 高校乒乓球运动教育功能的拓展与实践研究 [M]. 长春：吉林大学出版社，2013.

[16] 张燕晓. 现代乒乓球运动多维度探究举要 [M]. 北京：科学技术文献出版社，2018.

[17] 温娇. 高校乒乓球运动教学创新与运动队建设研究 [M]. 北京：中国原子能出版社，2019.

[18] 施之皓. 现代乒乓球运动教程基本理论与技战术 [M]. 北京：高等教育出版社，2018.

[19] 黄安平. 乒乓球文化与技术研究 [M]. 北京：光明日报出版社，2017.

[20] 安丽娜. 乒乓球运动教育理论与技术训练研究 [M]. 北京：中国纺织出版社，2017.

[21] 吴飞，陈占奎. 乒乓球实战攻防技术 [M]. 北京：金盾出版社，2016.

[22] 程云峰，张虹雷．乒乓球运动［M］．杭州：浙江大学出版社，2015．

[23] 张天羽，周文龙．乒乓球文化发展与运动教学研究［M］．长春：吉林人民出版社，2021．

[24] 张钰晨．乒乓球运动的多元发展与教学训练创新研究［M］．北京：九州出版社，2019．

[25] 王锋斌．乒乓球项目教学与训练方法研究［M］．长春：吉林科学技术出版社，2021．

[26] 查显屹．乒乓球教学模式与创新研究［M］．长春：吉林教育出版社，2018．

[27] 李林，杨成波．乒乓球竞赛组织与管理［M］．成都：电子科技大学出版社，2014．

[28] 施之皓．现代乒乓球运动教程基本理论与技战术［M］．北京：高等教育出版社，2018．

[29] 黄安平．乒乓球文化与技术研究［M］．北京：光明日报出版社，2017．

[30] 安丽娜．乒乓球运动教育理论与技术训练研究［M］．北京：中国纺织出版社，2017．

[31] 吴飞，陈占奎．乒乓球实战攻防技术［M］．北京：金盾出版社，2016．